Truth In History 21

石田三成

家康を驚愕させた西軍の組織者

まえがき

　関ヶ原の戦い（1600年）の際、西軍を糾合した石田三成は、徳川家康が率いる東軍と戦って敗れ去った。その所業のゆえに、徳川幕府の開設後、三成は「天下の悪臣」とされた。
　勧善懲悪という言葉があるが、徳川の世となれば、絶対条件は〈家康＝善〉なので、当然、〈三成＝悪〉と位置づけられる。なにせ、彼は神君家康公に刃向かい、乾坤一擲の勝負を挑んだのだから……。
　それが、勝者・敗者の帰結するところ。時代が創りあげた価値観といっていいだろう。
　だが、価値観が多様化する現代では、たとえば「三成にも、彼なりの正義があったのではないか？」といった問題提起がなされ、再び三成は脚光を浴び始めている。
　本書では、復権著しい三成を取り上げ、多面的なアプローチを通じて、彼の**実像**を浮き彫りにし、目指したものを明らかにしていきたい。
　〇そのためには、先入観や思い込みを極力排除すること。
　〇事実をベースとする仮説を構築し、検証していく手法を採ること。

　ポイントは、**「通説を疑え」**にある。読者のイメージとはいささか異なる記述が、本書に登場するのは、そのためと思っていただきたい。
　ありきたりの話に終始せず、「本当にそうなのか？」という問題意識を常に抱き、当時の常識・感覚で三成の生涯を再検証していく。
　どこまで可能かはわからないが、それが私なりのスタンスである。

　ここで、本書の理解に資するべく、あらかじめ三成の生涯をダイジェストで記しておきたい。
〇**石田三成**　生没年：1560（永禄3）年〜1600（慶長5）年
　通称は佐吉。近江国坂田郡（滋賀県長浜市）の地侍・石田正継の子として生まれる。兄に正澄がいる。
　10数歳のころ、長浜城主・羽柴秀吉（後の豊臣秀吉）に仕えた三成は、賤ヶ岳の戦い（1583年）で手柄を立て、次第に秀吉の側近官僚として頭角を現していく。
　秀吉の関白就任（1585年）のとき、三成も従五位下治部少輔に任官し、「石田治部」と呼ばれる身分になる。以来、豊臣公儀（秀吉政権）の取次と

[本書に登場する主な武将・大名]

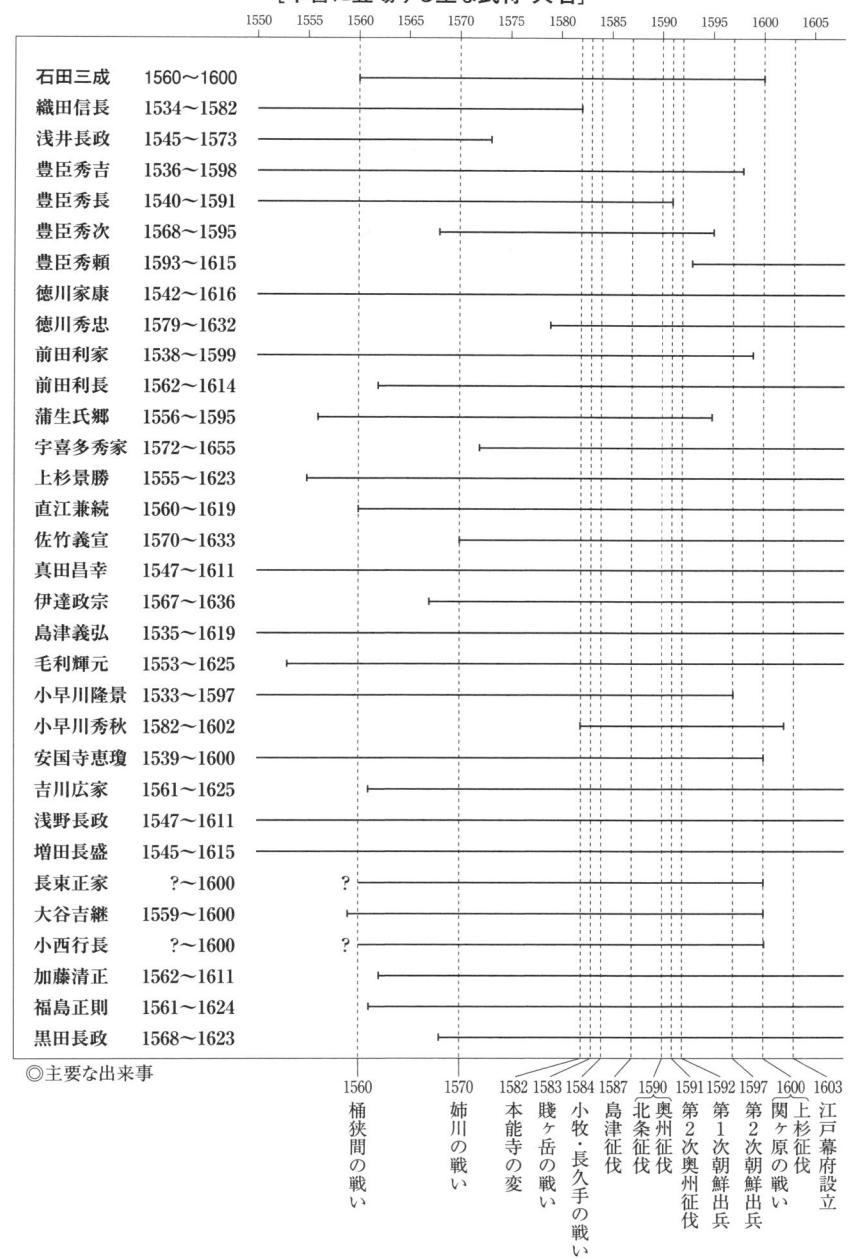

武将名	生没年
石田三成	1560〜1600
織田信長	1534〜1582
浅井長政	1545〜1573
豊臣秀吉	1536〜1598
豊臣秀長	1540〜1591
豊臣秀次	1568〜1595
豊臣秀頼	1593〜1615
徳川家康	1542〜1616
徳川秀忠	1579〜1632
前田利家	1538〜1599
前田利長	1562〜1614
蒲生氏郷	1556〜1595
宇喜多秀家	1572〜1655
上杉景勝	1555〜1623
直江兼続	1560〜1619
佐竹義宣	1570〜1633
真田昌幸	1547〜1611
伊達政宗	1567〜1636
島津義弘	1535〜1619
毛利輝元	1553〜1625
小早川隆景	1533〜1597
小早川秀秋	1582〜1602
安国寺恵瓊	1539〜1600
吉川広家	1561〜1625
浅野長政	1547〜1611
増田長盛	1545〜1615
長束正家	?〜1600
大谷吉継	1559〜1600
小西行長	?〜1600
加藤清正	1562〜1611
福島正則	1561〜1624
黒田長政	1568〜1623

◎主要な出来事

- 1560 桶狭間の戦い
- 1570 姉川の戦い
- 1582 本能寺の変
- 1583 賤ヶ岳の戦い
- 1584 小牧・長久手の戦い
- 1587 島津征伐
- 1590 北条征伐
- 1590 奥州征伐
- 1591 第2次奥州征伐
- 1592 第1次朝鮮出兵
- 1597 第2次朝鮮出兵
- 1600 上杉征伐
- 1600 関ヶ原の戦い
- 1603 江戸幕府設立

して、三成の活躍が始まる。

　1587（天正15）年、秀吉が**島津征伐**を行った際、三成は兵站・物資輸送の奉行に就いたといわれ、島津氏の降伏後はその処遇面でも尽力した。また交易港・博多の復興にも努めている。

　東西一統を目指す秀吉が、東国の**北条征伐**（1590年）に乗り出すと、三成は武蔵・忍城攻めを行い、続く**奥州征伐**にも従軍した。さらに東西一統が成就した後には、奉行として陸奥の検地を行っている。

　このころ、東奔西走する三成は近江・佐和山城主（滋賀県彦根市）となり、19万4000石を領したといわれる。

　だが、秀吉の野望はとどまることを知らず、**朝鮮出兵**（1592年）に着手する。そのとき、三成は船奉行として〈九州→朝鮮半島〉の軍事輸送面を担い、渡海後は目付（軍監）、朝鮮奉行を務めている。

　いったん、朝鮮と講和を結んだ秀吉は、1597（慶長2）年、朝鮮再出兵を敢行するが、翌年に逝去する。そのため、豊臣公儀の**五奉行**に就いていた三成は博多へ赴き、朝鮮からの将兵撤退の任務を果たしている。

　秀吉の没後、徳川家康の台頭は著しく、また政権内部の確執（武断派VS文治派）も激化していく。文治派の代表というべき三成は、武断派の攻撃を浴びたため、五奉行解任、佐和山城での蟄居を余儀なくされる。

　1600年、**上杉征伐**のために家康が関東に下ると、その隙を狙った三成は大谷吉継とともに、上方で「家康打倒」の兵を起こす。

　三成に呼応したのは、五大老の毛利輝元・宇喜多秀家、小西行長、島津義弘などの諸将――。

　かくして、三成の西軍と東軍（徳川軍）は、9月15日の**関ヶ原の戦い**で激突するが、西軍は敗れ去る。

　三成は戦場から逃走したものの、程なくして東軍に捕えられ、10月1日、小西行長らとともに京都で処刑された。享年41。

[本書に登場する主要地名]

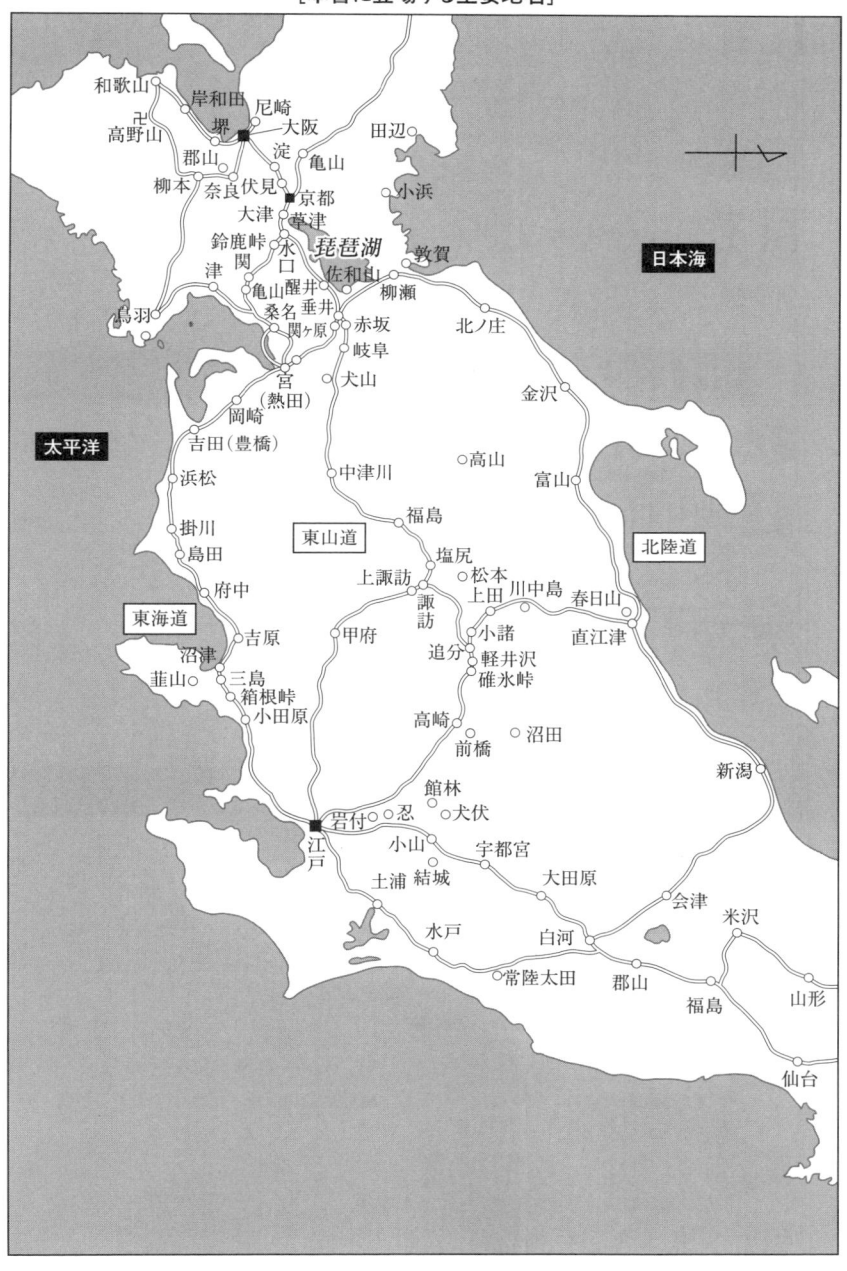

Truth In History 21

石田三成 家康を驚愕させた西軍の組織者

目次 contents

まえがき ……………………………………………………………… 002

Ⅰ 近江国と三成

1 近江国とは？ …………………………………………………… 014
近江の地勢／近江の守護

2 戦国期の近江 …………………………………………………… 018
戦国大名・浅井氏の台頭／織田信長の上洛／姉川の戦い——浅井氏滅亡／
武士の生き方——被官の体質／近江出身の諸大名

3 石田三成の誕生 ………………………………………………… 026
三成の出自／謎の石田系図

4 秀吉との出会い ………………………………………………… 030
「三献の茶」の逸話／秀吉に出仕

Ⅱ 秀吉の天下取りと三成

1 織田信長の軌跡 ………………………………………………… 036
信長の東西一統構想——官位の活用／織田軍団の編成と安土城／
本能寺の変の衝撃——秀吉の中国大返し

2 羽柴秀吉の台頭 ………………………………………………… 041
清洲会議の開催／賤ヶ岳の戦い／賤ヶ岳の七本槍／
西の毛利・東の上杉——秀吉への服属

3 関白・豊臣秀吉 ………………………………………………… 050
小牧・長久手の戦い／佐々征伐——三成・兼続出会い伝説／巨大化する秀吉帝国／
官位制度とは？／秀吉の関白就任

4 青年大名・石田三成 …………………………………………… 059
治部少輔の官職／取次・三成——文官の職務

5 東西一統への道 ………………………………………………… 063
上杉景勝の上洛／公儀の東国取次

III 東西一統と三成

1 島津征伐 I ……070
戦国期の九州情勢──島津氏が席巻／惣無事令の発布／島津征伐の布告

2 島津征伐 II ……075
秀吉の出馬／降伏後の処分／九州国分け──九州取次・輝元案／島津義久の上洛

3 豊臣公儀の権力構造 ……083
公儀での序列／秀吉の東西支配イメージ／毛利輝元の上洛

4 東国の情勢 ……086
関東・奥両国惣無事令の発布／北条氏のスタンス──関東独立政権／奥羽の情勢──伊達・蘆名・最上氏

5 北条征伐のキッカケ ……092
北条氏規の上洛／沼田領問題の裁定／島津氏取次の三成／東国への三成の関与──佐竹氏取次

6 北条征伐 I ……098
両軍の動員／豊臣公儀軍の攻勢／佐竹一統の小田原参陣

7 北条征伐 II ……105
三成の忍城攻め／三成の判断力／北条氏の滅亡／関東国分け──家康の移封

8 奥州征伐 ……111
奥州仕置／秀吉の東西統治構想／刀狩と検地／大崎・葛西一揆の勃発／第2次奥州征伐／関白秀次の誕生

IV 豊臣公儀と三成

1 佐和山城主・三成 ……124
佐和山城入封の時期／重臣・島左近

2 第1次朝鮮出兵 ……127
秀吉の唐入り構想／出兵の準備──船奉行・三成／遠征軍の朝鮮上陸／三成の渡海──軍奉行の役割／明との講和

3 国内の情勢 ……135
毛利氏の後継者問題／豊臣公儀の次世代──小早川秀秋のケース／三成の検地 I ──島津氏のケース／三成の検地 II ──佐竹氏のケース

4 矛盾を内包する公儀 ……142
蒲生氏郷の死──三成による毒殺説／豊臣秀次事件──二重政権の矛盾／豊臣秀次の切腹──連座した大名／三成と浅野長政──宇都宮氏の後継者問題

5 第2次朝鮮出兵 ……149
再出兵に至る経緯──明との外交折衝／三成と清正の確執／第2次出兵の編成──総大将は秀秋／戦況──蔚山城の戦い

V 秀吉の死と三成

1 公儀統治体制の強化 ……………………………………… 158
秀吉の国内統治構想——坂東・坂西の儀／公儀の構成——五大老の原型／
上杉景勝の会津移封

2 三成の動向 ……………………………………………… 163
上杉・蒲生氏の移封対策／小早川秀秋の処分／三成讒言説／幻に終わった三成転封

3 秀吉の死 ………………………………………………… 168
五大老・五奉行／五奉行・三成——その評価／秀吉の遺言／秀吉最後の政権構想／
秀吉の死

4 秀吉死後の政情不安 …………………………………… 176
朝鮮出兵への対応／朝鮮からの撤退——2つの訴訟

5 三成の失脚 ……………………………………………… 180
家康の置目違反／島津領国の内乱／親三成大名の分断／
前田利家の死——七将の武装蜂起／三成襲撃事件／
三成に対する処分——輝元・家康の仲裁／三成の失脚——佐和山引退

VI 上杉征伐と三成

1 三成の佐和山蟄居時代 ………………………………… 196
上方の政局／家康暗殺未遂事件——利長派の陰謀／前田征伐——利長派の壊滅

2 上杉景勝の謀反 ………………………………………… 201
景勝の会津帰国——軍備の理由／三成・兼続密約説——家康を東西挟撃／
景勝謀反の訴え

3 上杉征伐前夜 …………………………………………… 207
景勝への上洛勧告／直江状——讒言者の糾明を／豊臣公儀の対応

4 上杉征伐 ………………………………………………… 212
上杉包囲網の構築／上杉氏の諜報活動／公儀軍の出陣

5 三成の謀反 ……………………………………………… 218
大谷吉継の加担／吉継変心の謎／共同謀議——毛利輝元の関与／
首謀者の思惑——三成の時間差マジック

VII 関ヶ原の戦いと三成

1 豊臣公儀の決裂 ………………………………………… 228
三成の思い——嫡子・重家の将来／家康の北上／
内府、違いの条々——家康への弾劾状／小山評定／家康の戦略

2 三成の戦略Ⅰ ……………………………………………………… 235
西軍の対応／各地の合戦

3 三成の戦略Ⅱ ……………………………………………………… 239
真田昌幸のスタンス／三成の情勢分析Ⅰ──真田昌幸への書状／
三成の情勢分析Ⅱ──佐竹義宣への書状

4 三成の戦略Ⅲ ……………………………………………………… 244
楽観的な三成──家康迎撃策／西軍の編成／西軍の伊勢・美濃進攻

5 東国の模様 ……………………………………………………… 252
東軍の動向／上杉景勝の動き──関東乱入／真田成敗／三成と昌幸の関係／
九州の情勢──毛利輝元の関与

6 家康の出陣 ……………………………………………………… 260
清洲城参集の諸将／岐阜城攻撃──木曾川渡河作戦／家康の出馬／家康の到着

7 西軍の動向 ……………………………………………………… 266
大垣城籠城／三成最後の書状Ⅰ──西軍は戦意なし／
三成最後の書状Ⅱ──西軍は烏合の衆

8 決戦前夜 ……………………………………………………… 272
東軍の作戦／三成の関ヶ原転進／関ヶ原転進の謎

9 関ヶ原決戦Ⅰ──9月15日早朝 ……………………………………………………… 276
西軍の布陣と陣容／東軍の陣容

10 関ヶ原決戦Ⅱ──天下分け目の15日 ……………………………………………………… 281
東西両軍、戦闘開始──午前8時／東西両軍の激闘──午前10〜12時／
西軍の敗走──午後

11 関ヶ原決戦Ⅲ──終結 ……………………………………………………… 286
西軍の敗北／佐和山城の落城

12 三成の最期 ……………………………………………………… 290
三成の逮捕──東軍の落ち武者狩り／西軍諸将のその後Ⅰ／
西軍諸将のその後Ⅱ──毛利輝元／三成の最期──運命の10月1日／東軍の論功行賞

Ⅷ 人物略伝

- **豊臣諸侯列伝** ……………………………………………………… 304
  石田三成／大谷吉継／宇喜多秀家／毛利輝元／島津義弘／小早川秀秋／吉川広家／
  安国寺恵瓊／小西行長／加藤清正／福島正則／黒田長政

- **豊臣公儀** ……………………………………………………… 324
  関白・豊臣秀吉／内大臣・徳川家康

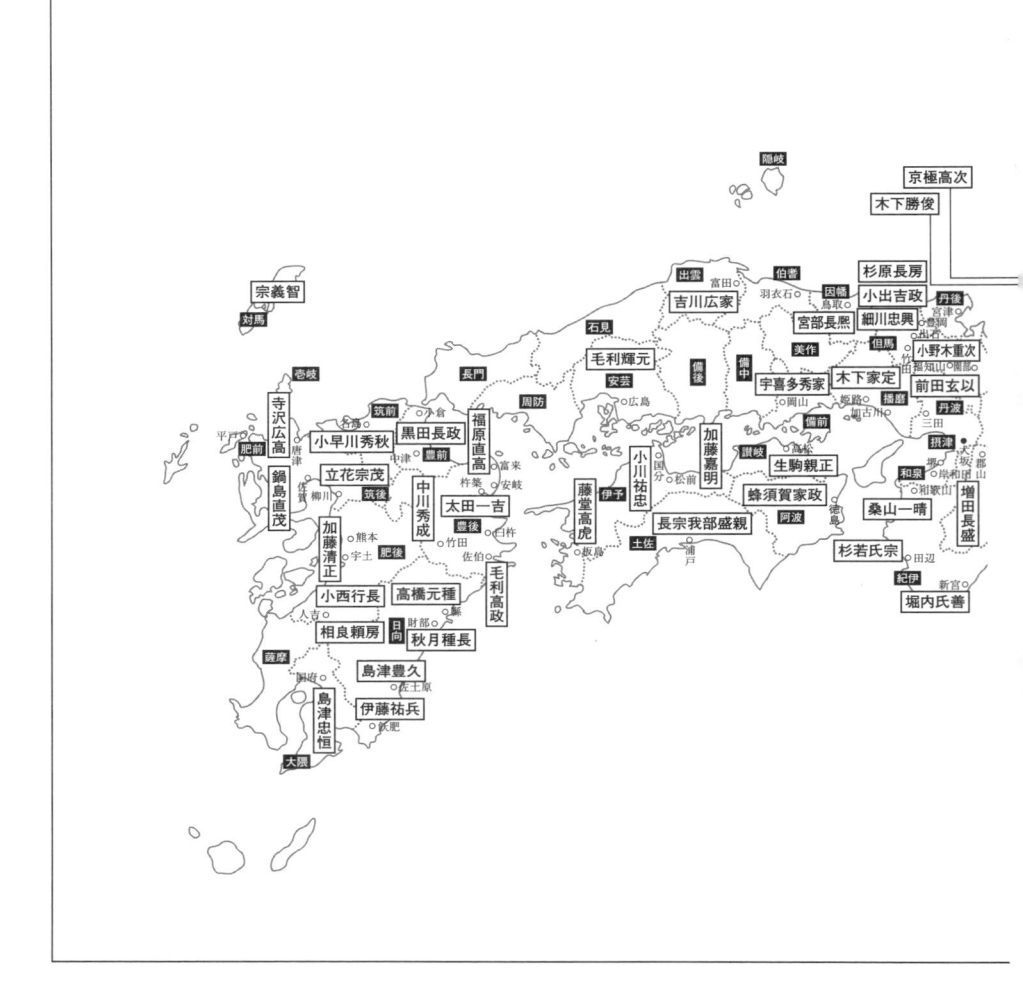

[豊臣公儀の大名配置図（関ヶ原以前）]

中国・四国・九州地方の大名配置

山陰・近畿周辺
- 隠岐
- 京極高次
- 木下勝俊
- 出雲 富田：吉川広家
- 伯耆 羽衣石
- 因幡 鳥取：宮部長熙
- 杉原長房
- 小出吉政
- 丹後 宮津：細川忠興
- 但馬：小野木重次
- 美作
- 木下家定
- 前田玄以
- 石見
- 毛利輝元
- 安芸 広島
- 備後
- 備中
- 宇喜多秀家 岡山
- 備前
- 播磨 姫路 加古川：加藤嘉明
- 丹波 福知山／篠山
- 摂津 大坂
- 生駒親正
- 蜂須賀家政
- 和泉 岸和田
- 増田長盛 大和
- 桑山一晴
- 紀伊 田辺／新宮
- 堀内氏善
- 杉若氏宗

四国
- 讃岐 松山
- 伊予 国分：小川祐忠
- 阿波 徳島：蜂須賀家政
- 土佐 浦戸：長宗我部盛親
- 藤堂高虎

九州・対馬・壱岐
- 対馬：宗義智
- 壱岐 平戸
- 肥前 唐津：寺沢広高
- 鍋島直茂
- 筑前：小早川秀秋
- 黒田長政
- 立花宗茂 柳川
- 筑後
- 豊前 中津 富来：福原直高
- 豊後 杵築 安岐 日出 府内 佐伯 臼杵 竹田：中川秀成／太田一吉／毛利高政
- 肥後 熊本：加藤清正
- 宇土：小西行長
- 人吉：相良頼房
- 日向 延岡 財部：高橋元種／秋月種長
- 薩摩：島津忠恒
- 島津豊久 佐土原
- 伊藤祐兵 飫肥
- 大隅

10

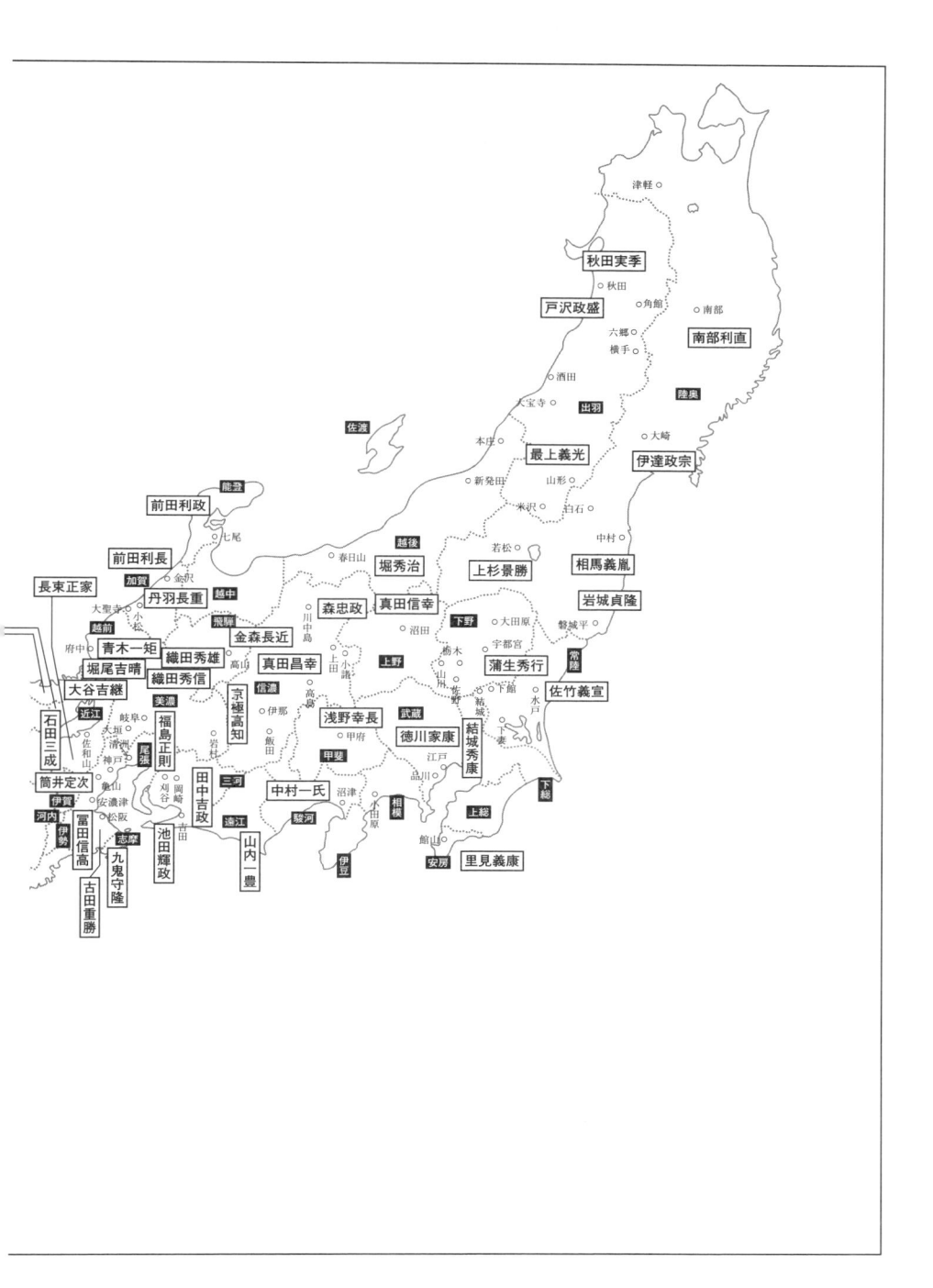

関ヶ原合戦前夜の東日本 大名配置図

東北・北陸
- 秋田実季
- 戸沢政盛
- 南部利直
- 最上義光
- 伊達政宗
- 相馬義胤
- 岩城貞隆
- 蒲生秀行
- 佐竹義宣
- 上杉景勝
- 堀秀治
- 前田利政
- 前田利長

中部
- 長束正家
- 青木一矩
- 丹羽長重
- 堀尾吉晴
- 織田秀雄
- 織田秀信
- 大谷吉継
- 金森長近
- 森忠政
- 真田昌幸
- 真田信幸
- 浅野幸長
- 結城秀康
- 徳川家康
- 里見義康

近畿・東海
- 石田三成
- 筒井定次
- 冨田信高
- 九鬼守隆
- 古田重勝
- 福島正則
- 京極高知
- 田中吉政
- 池田輝政
- 山内一豊
- 中村一氏

国名
能登、佐渡、越後、出羽、陸奥、常陸、下野、上野、武蔵、甲斐、下総、上総、安房、伊豆、駿河、遠江、三河、尾張、美濃、信濃、飛騨、越中、加賀、越前、近江、伊賀、伊勢、志摩、河内

地名
津軽、秋田、角館、南部、六郷、横手、酒田、大宝寺、大崎、本庄、新発田、山形、米沢、白石、中村、若松、磐城平、春山、大田原、宇都宮、栃木、結城、佐野、水戸、館、沼田、川中島、高山、小諸、上田、飯山、高遠、伊那、岩村、甲府、江戸、品川、小田原、相模、館山、沼津、吉田、岡崎、刈谷、岐阜、大垣、岩村、佐和山、神戸、亀山、安濃津、松阪、七尾、金沢、小松、大聖寺、府中、小浜

第 I 章
近江国と三成

西暦	和暦	齢	主な出来事
1560	永禄3	1	三成が近江で誕生　桶狭間の戦い
1570	元亀1	11	姉川の戦い
1574	天正2	15	秀吉が長浜城築城
1582	天正10	23	秀吉の備中・高松城攻め

1 近江国とは？

近江の地勢

　石田三成が生まれ、後に領国としたのは琵琶湖を抱く近江国。現在の近畿地方の滋賀県である。まずは、その国から紐解いていきたい。

　律令制が敷かれていた平安期では、日本68か国[※1]には**五畿七道**という行政区分が存在した。

　まず、五畿とは京都周辺の山城（京都府）、大和（奈良県）、摂津（大阪府、兵庫県の一部）、河内、和泉（ともに大阪府）の5か国であり、その他の63か国が七道に区分された。

　七道とは、現在でいう地方であり、都を起点とする街道（幹線道路）が地方へ走っている。西から順に西海道、南海道、山陽道、山陰道、北陸道、東山道、東海道。現代の鉄道や高速道路にも、その名残があるから、比較的わかりやすいと思う。

　ちなみに、明治維新後に政府が新設した8番目の地方が、現在の北海道となる。

　京都に隣接する近江は、**東山道**に分類される最初の国だ。現在の地名でいえば、京都から大津を経て琵琶湖東岸（湖東）を辿る街道は、米原付近で右に折れ、美濃（岐阜県）に繋がり、信濃（長野県）を経て東国へ向う。

　それとは別に、米原付近を直進して北に進めば、越前（福井県）で北陸道に繋がる。これが北国街道である。

　当時、物流の中心は日本海航路であり、北陸道諸国（出羽、越後）の物資は、日本海側の良港を経て越前・敦賀（福井県敦賀市）に荷揚げされ、北国街道、琵琶湖縦断などのルートで都へ運ばれたのだ。航海術が未熟だった時代では、波が荒く、港の少ない太平洋航路はあまり機能していなかった。

　ついでながら、京都から琵琶湖西岸（湖西）を辿り、朽木谷（高島市）を経て、若狭（福井県）に通じる街道もあった。これが若狭街道で、一名、鯖街道という。日本海で水揚げされた鯖は、酢でしめて都に運ばれた。今に残

※1　68か国：日本は66州と2島（壱岐、対馬）から構成された。州とは、中国風の表現。西海道11か国は、9州プラス2島となる。なお、淡路、佐渡、隠岐も国である。

[五畿七道]

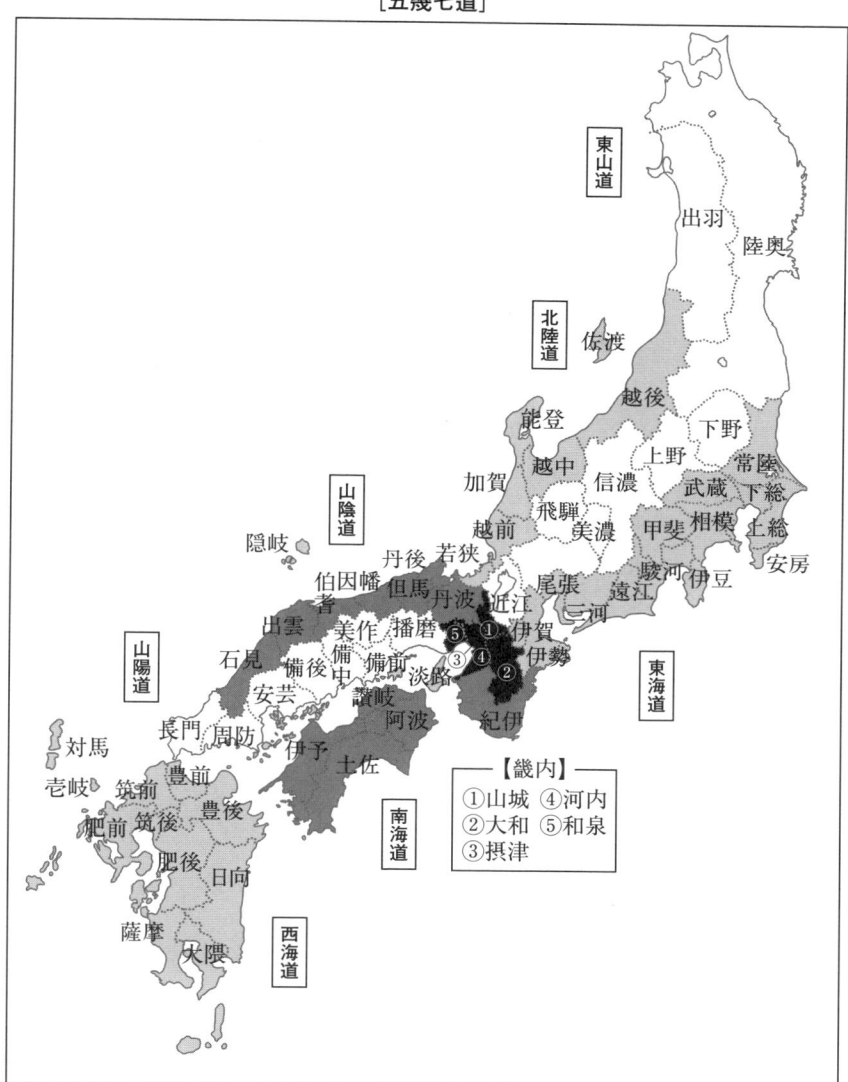

【畿内】
①山城　④河内
②大和　⑤和泉
③摂津

る京都名物「鯖寿司」からも、連想できると思う。

　要するに近江は、東国（東山道）と北国（北陸道）に繋がる**交通の要衝**だった。この点は、ぜひ記憶に留めていただきたい。

　改めて触れるが、後に一大会戦の場となる美濃・関ヶ原は東山道の要地で、ここからも北国（北陸道）に通じる街道があった。

紛らわしいが、これを北国街道脇往還※2という。東山道から北陸道に抜ける道は、各地で北国街道、または北国街道脇往還と呼ばれた。そう考えたほうがわかりやすい。

近江の守護

　日本の諸国別生産高（実高）は、1582（天正10）年から始まった太閤検地で、初めて把握された。その検地奉行の1人が石田三成であり、豊臣公儀（秀吉政権）や徳川幕府の大名石高制に繋がっていく。

　太閤検地によれば、近江の実高は78万石。広大な陸奥（福島県、宮城県、岩手県、青森県）を除けば、日本最大の規模を誇っていた。

　近隣諸国では、尾張（57万石、愛知県）、伊勢（57万石、三重県）、美濃（54万石、岐阜県）、越前（50万石）が、近江に続く大国となる。

　その近江は12郡から構成され、琵琶湖西岸の地域を除けば、大きく江南（南近江）と江北（北近江）に区分されていた。大雑把に、江南の幹線道路が東山道、江北が北国街道と思っていい。

○江南：滋賀郡、栗太郡、甲賀郡、野洲郡、蒲生郡、神崎郡
○江北：愛知郡、犬上郡、坂田郡、浅井郡、伊香郡
○湖西：高島郡

　なお、比叡山延暦寺のある滋賀郡を、湖西に区分するケースも多い。

　三成でいえば、彼は江北の坂田郡石田（長浜市）に生まれ、後に居城とした佐和山城（彦根市）も坂田郡に所在した。

　それは改めて触れるとして、鎌倉幕府以来、源頼朝創業の功臣である佐々木氏が近江守護を務め、一族は近江各地に分布した。

　その佐々木氏の本流が六角氏、有力な一族が京極氏で、姓はそれぞれ屋敷を構えた京都六角堂、京都京極の地名に由来する。

　室町初期、「婆沙羅大名」※3として名を馳せた佐々木道誉は京極氏の当主で、近江、飛騨、出雲、若狭など6か国の守護を兼帯し、室町幕府侍所の所

※2　脇往還：七道に準じる街道で、主要地域間を結ぶ。
※3　婆沙羅大名：婆沙羅とは、自由奔放に振る舞うこと。京極（佐々木）高氏の法号が、道誉である。
※4　三管領四職：室町幕府が定めた家格（武家身分）。管領には、足利一族の斯波、細川、畠山氏の3氏が交替で就いた。軍事を統括する四職には、赤松、一色、山名、京極氏の4氏が交替で任命された。いずれも有力な守護大名である。

[近江国12郡]

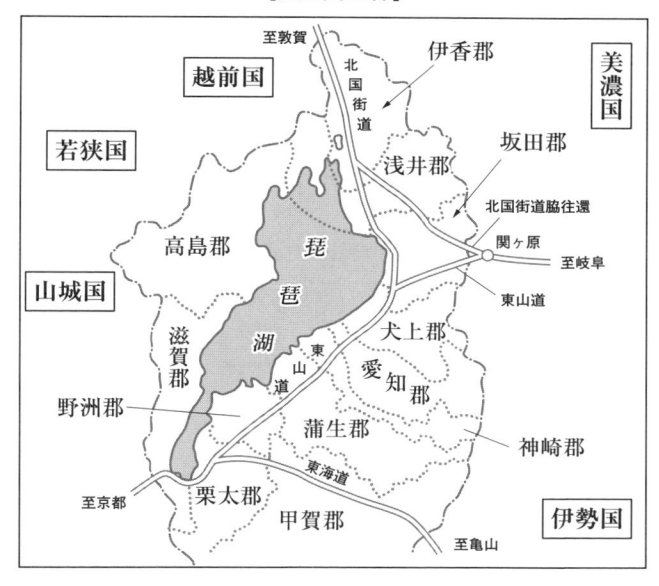

地図中の記載:
至敦賀／越前国／北国街道／伊香郡／美濃国／若狭国／坂田郡／浅井郡／北国街道脇往還／関ヶ原／至岐阜／高島郡／琵琶湖／東山道／山城国／滋賀郡／犬上郡／東山道／愛知郡／野洲郡／蒲生郡／神崎郡／東海道／至京都／栗太郡／甲賀郡／伊勢国／至亀山

司（長官）を務めた。以来、京極氏は三管領に継ぐ四職※4（侍所所司）の1つとして、高い格式を誇った。

しかし、代々の近江守護は嫡流の六角氏とされ、京極氏は近江半国の守護に甘んじた。近江にかぎっては、京極氏は江北の「分郡守護」という扱いであり、京都に近い江南は六角氏が支配した。

蒲生郡にあった六角氏の居城を、観音寺城（近江八幡市）という。後に織田信長が建てた安土城は、その近くである。

ただし、江南の中でも滋賀郡は、比叡山延暦寺の勢力が非常に強い地域。また高島郡は、佐々木氏の流れを汲む高島一族の勢力圏で、比較的独立色が濃かった。朽木谷を支配した朽木氏は、高島一族の1つである。

やがて六角氏、京極氏は、戦国大名と発展していき、六角氏は義賢の代に全盛期を迎えた。義賢は、三好氏に追われた足利将軍家（12代義晴、13代義輝）を庇護、支援したことで知られる。

一方の京極氏では、高清の代になって家督争いが勃発し、それを機に被官の浅井亮政が勢力を伸ばし始める。長政の祖父にあたる人物だ。

織田信長の妹・お市の方が嫁いだ**浅井長政**。歴史を彩った浅井三姉妹、すなわち茶々（淀殿、豊臣秀吉の妻）、初（常光院、京極高次の妻）、小督（江

与の方、徳川秀忠の妻）の父である。

[浅井氏系図]

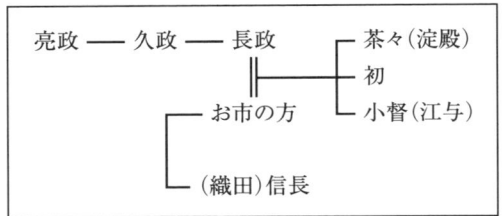

```
亮政 ── 久政 ── 長政 ┬ 茶々（淀殿）
                ‖   ├ 初
          お市の方  └ 小督（江与）
          └（織田）信長
```

2 戦国期の近江

戦国大名・浅井氏の台頭

　浅井氏の出自は判然としないが、その姓のとおり、江北・浅井郡の**国人**で、京極氏の「根本被官12家」（『江北記』）の1つだったと記録されている。

　まず国人とは、一定規模の所領を有する地域領主を指し、地侍、土豪ともいう。ここでいう「国」とは、行政単位の「国、郡、郷」ではなく、一定の支配地域を意味する。仮に山に登って見渡せる範囲でも、支配地域であれば「国」といった。その際、規模の大小は関係ない。

　従って、行政単位の「国、郡、郷」の中に、相当数の国人衆がひしめき合っていたことになる。近江でいえば、浅井氏は浅井郡の有力国人の1つ。

　次に根本被官とは、「当初から従っていた郎党」の意味。ならば、「譜代家臣と同じではないか」と思われるかもしれないが、ニュアンスは多少異なる。

　被官は従者ではあるものの、主人を選択できる権利を有していた。

　それが、主人に忠誠を尽くす家臣と違う点であり、被官は利害関係に応じて、主人からの命令や要請（たとえば合戦への参戦）を拒んだり、ときには背いたりもした。

　国人にとって、何よりも大事なのは、自らの所領を守ること。そのために、それを認め、保護してくれる主人の被官となるのだが、完全に従属しているわけではない。あくまでも〈ギブ＆テイク〉の関係にある。

　言い換えれば、国人は武士としての独立性が認められていた。主君に対する家臣の〈奉公＆忠義〉が、絶対視され始めるのは、江戸期になってから。

そう考えていい。

　戦国期では、被官が主人を裏切り、敵に寝返っても、非難の対象とはされなかった。そのことを、外国人宣教師フロイスは、「日本では変節や叛逆は、ごくありふれた行為だ。変節は不名誉とされず、叛逆が非難されることもない」（意訳）と記している。

　京極氏の内紛に乗じ、国人一揆[※5]を結成した浅井亮政は、1525（大永5）年のころ、実質的な江北の支配者にのしあがる。下剋上である。

　浅井亮政・久政父子は、江北3郡（坂田、浅井、伊香）を、その**分国**（領国）として固めたが、所領を接する江南の六角氏は、浅井氏への攻撃を執拗に繰り返す。

　一方で、家運の傾いた京極氏も支持勢力（重臣の上坂氏など）を糾合し、江北で勢力回復を狙う。窮地に陥った2代久政は、越前の朝倉氏を頼るが、やがて六角義賢と結んだため、江北は六角氏の属国となる。

　その証左は、嫡子・長政の初名に求められる。

　3代長政は、当初の諱（実名）を賢政といった。「賢」は六角義賢からの偏諱、一字拝領である。また賢政は、六角氏重臣の娘を正室に迎えた。これらの事実は、明らかに従属関係を意味している。

　が、1559（永禄2）年、独立を目論む賢政は、父の久政を強制隠居させ、妻を離縁することで、義賢と手を切る。タイミングとしては、織田信長が今川義元を破った桶狭間の戦い（1560年）の前年にあたる。

　当然、義賢は攻撃を加えるが、撃退に成功した彼は、諱も長政と改める。3代長政に幸いしたのは、程なくして六角氏に内紛が勃発し、勢力が衰え始めたことだ。以降、長政は上記の3郡に加え、愛知、犬上、高島郡までも支配するに至る。

　かくして長政は、江北を分国とする戦国大名へと成長していく。その居城は浅井郡・小谷城（長浜市）。

　ただし、国人衆に担がれた一面は否めず、絶対的な権力者とは言い難い。上述のとおり、国人衆は長政に対して、完全に臣従しているわけではない。

※5　国人一揆：守護などと戦うため、地縁で結ばれた国人（小領主、地侍）が結束し、集団行動を取ること。一揆は「旗（揆）を1つにする」に由来する。

織田信長の上洛

　尾張を平定した織田信長は、隣国の美濃に侵攻し、1567（永禄10）年に斎藤氏を滅ぼす。居城を岐阜城に移した信長は、「天下布武」の印を用い、天下統一（東西一統）の意識を明らかにする。

　諸説あるのだが、1567年末、信長は長政と**織田・浅井同盟**を結ぶ。

　〈美濃→近江→京都〉の道筋、すなわち東山道ルートの確保が狙いであり、同盟の証として、信長の妹・お市の方が長政の後室となる。

　信長上洛の意図は、足利将軍家の再興にある。三好一党に京都を追われた足利義昭は、当時、越前・朝倉義景の許に寄寓していた。信長は義昭を迎え入れ、翌1568（永禄11）年に京都を目指す。

　上洛の途上、江北は浅井分国なので、織田勢の通行は問題ない。が、三好一党に味方する江南の六角義賢父子は、観音寺城に籠って、織田勢に激しく抵抗した。そこで信長は観音寺城を攻略し、六角氏は甲賀郡へ落ちて行く。そして、上洛を果たした信長は、義昭を15代将軍の座に就ける。

　1570（元亀1）年、実力者となった信長は、朝倉義景に上洛を要請するが、義景は応じようとはしない。

　理由を簡単に記そう。室町幕府・三管領の筆頭は斯波氏であり、将軍に継ぐ家柄を誇った。

　副将軍の斯波氏は、越前、尾張、遠江（静岡県）の守護を兼ねたが、在京していたので、守護国に守護代を置いた。

　その守護代が、被官の朝倉氏（越前）、織田氏（尾張）、甲斐氏（遠江）であり、序列は〈甲斐→朝倉→織田氏〉とされた。もともと、織田氏は越前の出身であり、尾張の守護代に就いたため、同国に移った経緯がある。

　ところが、斯波氏に家督相続問題が勃発する。それが応仁の乱（1467年）の一因となるのだが、遠江は駿河守護・今川氏によって侵食され、甲斐氏は没落する。また、越前は実力を蓄えた朝倉氏が我が物にしてしまう。幕府はそれを認め、朝倉氏は越前の国主となる。

　そのため、戦国期の斯波氏は尾張にいたが、織田氏に奉じられた名目上の守護に過ぎなかった。

　信長の家柄は、守護代の家老職。斯波氏からすれば、陪臣（家来の家来）となるが、斯波氏を奉じた信長は、やがて守護代などの織田一族を滅ぼし、尾張を平定する。

上洛後、将軍義昭が信長に副将軍就任を求めたのも、このような事情を踏まえてのものだ。信長が斯波氏を相続すれば、室町幕府の体制が復活できるからだ。三管領四職は、室町幕府独自の職制、**武家身分**※6である。
　が、信長はその申し出を断ったため、義昭との間に溝が生まれる。

　話を戻すと、朝倉義景は、信長の下風に立つことを嫌った。家格が重要な要素だったのは、いうまでもない。そこで、彼は上洛の催促を謝絶する。
　1570年4月、朝倉攻めを決意した信長は、大軍を率いて越前に出兵する。ところが、織田勢が金ヶ崎城（福井県敦賀市）を攻撃している最中に、同盟したはずの浅井長政が、背後で叛旗の兵を挙げる。
　『信長公記』によれば、その報に接した信長は虚説※7と思ったという。
　「浅井は歴然とした縁者（妹婿）であり、しかも江北一円を与えているのだから、不足のあるはずがない」（意訳）と。
　では、なぜ、長政は信長を裏切ったのか？
　それは、かつて浅井氏が六角氏と争ったとき、終始、朝倉氏が浅井氏をバックアップしたからだ、とされる。
　朝倉氏への恩義と、信長との同盟の板挟み状態に陥った長政は、最終的に朝倉氏を選択した。同盟締結の際、長政は信長に朝倉攻めをしないよう求めていた、ともいう。
　ともあれ、思いがけない挟撃のリスクに曝された信長は、撤退を決意する。これが「金ヶ崎崩れ」であり、信長最大の危難、厄難といわれる。その退却の 殿 を務めたのが、木下藤吉郎こと後の**羽柴秀吉**。
　朝倉勢は、信長追撃に転じる。が、江北は浅井分国なので、今や北国街道は通行不能。また、江南でも六角氏が旧領回復の兵を挙げる。突如、琵琶湖東岸（湖東）は敵国と化し、交通が遮断されたのだ。
　やむなく湖西の若狭街道を辿った信長は、一時期、浅井氏に従っていた朽木元綱（高島郡の国人）を説き伏せ、帰還ルートを確保した。
　これを「朽木越え」といい、信長はかろうじて京都に逃げ戻ることができた。信長に従う者、わずか10騎という。

※6　武家身分：軍事政権である幕府が、武家を統率するために定めた独自の家格。朝廷官位（公家身分）とは別である。公家のトップである関白には、五摂家（藤原氏嫡流）しか就けない。それと同様に武家の世界でも、副将軍というべき管領に就けるのは、足利一族3氏と決められた。豊臣秀吉は武家出身でありながら、関白に就いたので「武家関白」と呼ばれる。
※7　虚説：根拠のない噂。

この顛末からも、近江の地勢が理解いただけると思う。ちなみに、豊臣公儀で大名となった朽木元綱は、西軍として関ヶ原の戦いに参戦するが、東軍に寝返る。

大文字 姉川の戦い——浅井氏滅亡

復讐の念に駆られた信長は岐阜城に戻り、1570年6月、浅井攻めに乗り出す。当時の織田分国は尾張、美濃、伊勢、江南。そこから1万8000人の大軍を動員する。加えて同盟する徳川家康も援軍3000人を送る。

一方の長政は砦を固めるとともに、朝倉義景に派兵を求め、朝倉勢1万人が近江に出陣する。

①織田・徳川連合軍：2万1000人
②浅井・朝倉連合軍：1万5000人

動員兵力は誇張されるケースが多く、かつ諸説あるので、大きく「①が優勢」と捉えていただきたい。

『信長公記』では、「朝倉勢8000人、浅井勢5000人で、合計1万3000人」と記録し、信長は敵を「越前衆、浅井衆都合3万」と、書状に記している。

小谷城の南方6kmの姉川を挟んで、両軍は対峙する。姉川は坂田郡と浅井郡の境を流れ、琵琶湖に注ぐ。その布陣は〈①＝姉川南岸、②＝姉川北岸〉であり、ここに戦端が開かれる。

世にいう姉川の戦い。信長が「野も田畠も死骸ばかりに候」と記す激戦の詳細は省くが、合戦は①の勝利に終わる。②は総崩れとなり、朝倉勢は越前に敗走し、浅井勢は小谷城などに籠る。

さらに織田勢は、小谷城の出城である**横山城**（長浜市石田町）を開城させ、「浅井の居所・小谷へ押し入り、城下のみならず、江北中に放火した」（意訳、『織田信長書状』）という。その横山城に、信長は羽柴秀吉を置く。

だからといって、この時点で、浅井氏が滅びたわけではない。というのも、足利義昭を軸とする信長包囲網（武田信玄、石山本願寺、朝倉義景、浅井長政など）が構築されたためだ。

その苦境を信長が打破すべく、「将軍追放、朝倉攻め、浅井攻め」を決行したのは、3年後（1573年）のこと。

織田勢に包囲された小谷城は落ち、浅井久政・長政父子は自刃を遂げる。浅井氏の滅亡である。そのとき、城を出たお市の方と娘3人は、信長に保護

される。

　もちろん、浅井氏に殉じた家臣もいるが、3年の間に織田陣営に寝返った有力被官（国人衆）は、数多い。
　姉川の戦いのとき、浅井勢は次のような陣立てを敷いた。
〇第1陣：磯野員昌（かずまさ）
〇第2陣：浅井政澄（まさずみ）
〇第3陣：阿閉貞征（あつじさだゆき）
〇第4陣：新庄直頼（しんじょうなおより）

　浅井一族の政澄は別として、上記の有力被官はいずれも信長陣営に転じた。
　まず、先陣を務めた磯野員昌の場合。
　姉川の戦いの後、彼は居城の佐和山城に戻り、城を固める。が、南下してきた織田勢に包囲される。
　小谷城からの援軍はなく、孤立状態に陥った員昌は城を明け渡したため、信長から高島郡を与えられる。ただし、その後、信長の勘気に触れて、所領を失ってしまうのだが。
　次の阿閉貞征は、浅井氏滅亡の前に信長に通じ、所領を安堵された。本能寺の変（1582年）のときは、明智光秀に味方して長浜城（秀吉の居城）を攻めた。光秀が敗れると、秀吉に降伏したが、許されずに殺害された。
　そして新庄直頼は、秀吉によって大名に取り立てられた。関ヶ原の戦い（1600年）では西軍に加わったが、後に許されて常陸（茨城県）で3万石を与えられる。

　明治以降の「軍部」の概念が、邪魔をするのだが、当時、兵は使い捨てではない。人口は少なく、戦闘に従軍できる成年男子の数には限りがある。
　武士の価値観（被官の意識）に加え、そういう事情があるから、降伏または寝返ってきた国人衆を、戦国大名は罰することなく、むしろ積極的に自らの軍勢に繰り入れたのだ。
　降伏すれば許され、基本的に所領は安堵される――。それが時代のルールである。

武士の生き方――被官の体質

　豊臣公儀では、多くの近江出身者が大名に取り立てられた。石田三成もそ

の1人だが、ここで少し紹介しておきたい。

本書の後半でも登場するが、**藤堂高虎**という大名がいる。

秀吉から伊予・板島8万3000石（愛媛県宇和島市）を与えられた高虎は、関ヶ原の戦いでは東軍に属した。そのため、徳川幕府では伊勢・伊賀22万石（津藩、後に32万石）の大大名にまで出世した。

実は15歳のとき、高虎は一兵卒として姉川の戦いに従軍している。当時の主人は、上記の阿閉貞征。

それを振り出しに、高虎は磯野員昌、織田信澄（信長の甥）、羽柴秀長（秀吉の弟）などに仕え、秀吉の直臣となる。

後年、高虎は「武士たる者は、七度主人を変えねば、武士とは言えぬ」と、豪語したという。

知名度は低いが、もう1人、**小川祐忠**という大名についても触れておこう。関ヶ原の戦いのとき、いったんは西軍に属したものの、小早川秀秋に呼応して、東軍に寝返った大名の1人である。

もともと、小川氏は佐和山を領する国人（六角氏の被官）だったが、祐忠のころは浅井長政に従っていた。しかし、姉川の戦いの後、祐忠は信長に降伏し、その旗本となる。信長が安土城を築いた際は、瓦奉行を務めている。

だが、信長が本能寺の変（1582年）で横死を遂げると、祐忠は主人を〈明智光秀→柴田勝豊（勝家の養子）→羽柴秀吉〉と変え、関ヶ原の戦いに至るが、家康は彼を改易（取り潰し・所領没収）処分とする。

結果として、藤堂高虎と小川祐忠は明暗を分けたが、彼らのケースは主人を転々と変えた典型であり、そこに前に述べた**被官**の体質を見ることができよう。

さまざまな事情はあるにせよ、彼らは己の立身出世のために、機を見て敏に動いたのだ。それが最優先課題で、武士の価値観である。

近江出身の諸大名

後に豊臣公儀で大名（諸侯）となった者は、旧日本帝国陸軍参謀本部がまとめた『関ヶ原の役』によれば、214人を数える。その中で、近江出身者を掲げておこう。石高順で、括弧内は判明している出身郡である。
○増田長盛：大和・郡山20万石（浅井郡）、五奉行の1人
○宮部長熙：因幡・鳥取20万石（浅井郡）、浅井氏に属した宮部継潤の子
○石田三成：近江・佐和山19万4000石（坂田郡）、五奉行の1人

○蒲生秀行：下野・宇都宮18万石（蒲生郡）、蒲生氏郷の子
○田中吉政：三河・岡崎10万石（高島郡）、最初の主人は宮部継潤
○京極高知：信濃・伊奈10万石、旧守護家・京極高次の弟
○藤堂高虎：伊予・板島8万3000石（犬上郡）
○寺沢広高：肥前・唐津8万石
○京極高次：近江・大津7万400石、妻は浅井三姉妹の次女・常光院
○小川祐忠：伊予・府中7万石（犬上郡）
○大谷吉継：越前・敦賀5万石
○長束正家（なつか）：近江・水口12万石（栗太郡）、五奉行の1人
○脇坂安治：淡路・洲本3万3000石（浅井郡）
○古田重勝：伊勢・松阪3万石
○石田正継：近江の内3万石（坂田郡）、三成の父
○新庄直頼：摂津・高槻2万4000石（坂田郡）
○朽木元綱：近江・朽木2万石（高島郡）
○垣見一直（かきみかずなお）：豊後・富来（とみき）2万石（神崎郡）
○石田正澄：近江の内1万5000石（坂田郡）、三成の兄
○片桐且元（かつもと）：摂津・茨木1万2000石（浅井郡）

　浅井氏に江北を奪われた京極氏は、一時期、京都の足利将軍家に奉公したりしたが、京極高次・高知兄弟の姉妹が秀吉の側室（松ノ丸殿）となったため、豊臣公儀では大名に取り立てられる。
　次に何らかの形で、本人または父が浅井氏に属していたのは、宮部長熈、田中吉政、藤堂高虎、小川祐忠、脇坂安治、新庄直頼、朽木元綱、垣見一直、片桐且元。
　だからといって、彼らが豊臣公儀の中で、「近江閥」を形成したわけではない。浅井氏は、国人衆の盟主に過ぎなかったからだ。
　成り上がった同輩の浅井氏よりも、旧主筋にあたる江北の守護・京極氏を崇めた。それが、当時、家柄を大切にした武士の感覚であろう。
　歴史本では、「豊臣公儀の末期、近江閥（淀殿派）と尾張閥（北政所派）の諸大名が激しく対立した」「近江生まれの三成は、浅井長政の長女・淀殿を崇敬した」としばしば記されるが、それは現代感覚からの類推だと思う。
　秀吉の夫人らは、けっして仲違いしていたわけではない。また浅井氏は、敬慕の対象となるほどの名門ではない。

ちなみに、江南の守護・六角氏の有力被官だったのが蒲生氏。蒲生氏は、〈賢秀―氏郷―秀行〉と続くのだが、六角義賢の没落後、賢秀は信長に降り、嫡子・氏郷を人質として差し出した。

信長の娘を娶った氏郷は、やがて豊臣公儀で陸奥・会津92万石の太守となる。また、三成の盟友とされる大谷吉継の父・吉房は、一説に六角氏に仕えたといわれる。彼らについては、章を改めて触れたい。

3 石田三成の誕生

三成の出自

後の石田三成——。

通称・佐吉は、1560(永禄3)年、坂田郡石田(長浜市石田町)に生まれた。桶狭間の戦いがあった年で、浅井長政が急激に台頭したころだ。

江北の坂田郡は、琵琶湖の東北に位置し、伊吹山から出る姉川が小平野を形づくっている。石田の近くには横山城があり、浅井氏滅亡(1573年)のときは、信長の部将・羽柴秀吉が城番を務めていた。三成が14歳のころである。

ここで簡単に通称と諱(実名)について、触れておきたい。当時のルールとして、日常では通称を用いる。たとえば、三成の場合は佐吉、後に官位を得てからは治部少輔(治部、治部少)となる。

では諱は、どういう場合に記されるのか、といえば、書状の場合や記録・系図など。口頭ではありえない。そもそも諱とは「忌み名」であって、「日常的な使用を憚る」という意味だ。

時代小説やドラマでは、会話の中に「明智光秀が謀反」「石田三成、大谷吉継が挙兵」といった表現が、頻繁に登場する。しかし、正しくは「惟任日向守が」「石田治部、大谷刑部が」となる。

ただし、通称・官位ベースで記すと煩雑になるので、本書では最小限に留めたいと思う。

三成の父は諱を正継、兄は正澄という。ただし、それは改名後のもので、当初はそれぞれ為成(政成、晴成)、重成(一成)と名乗ったらしい。いずれも、「成」がつくのが特徴で、三成もそれを受け継いでいる。

父・正継の通称は、十左衛門、藤左衛門、左吾右衛門という。

[石田三成関係地図]

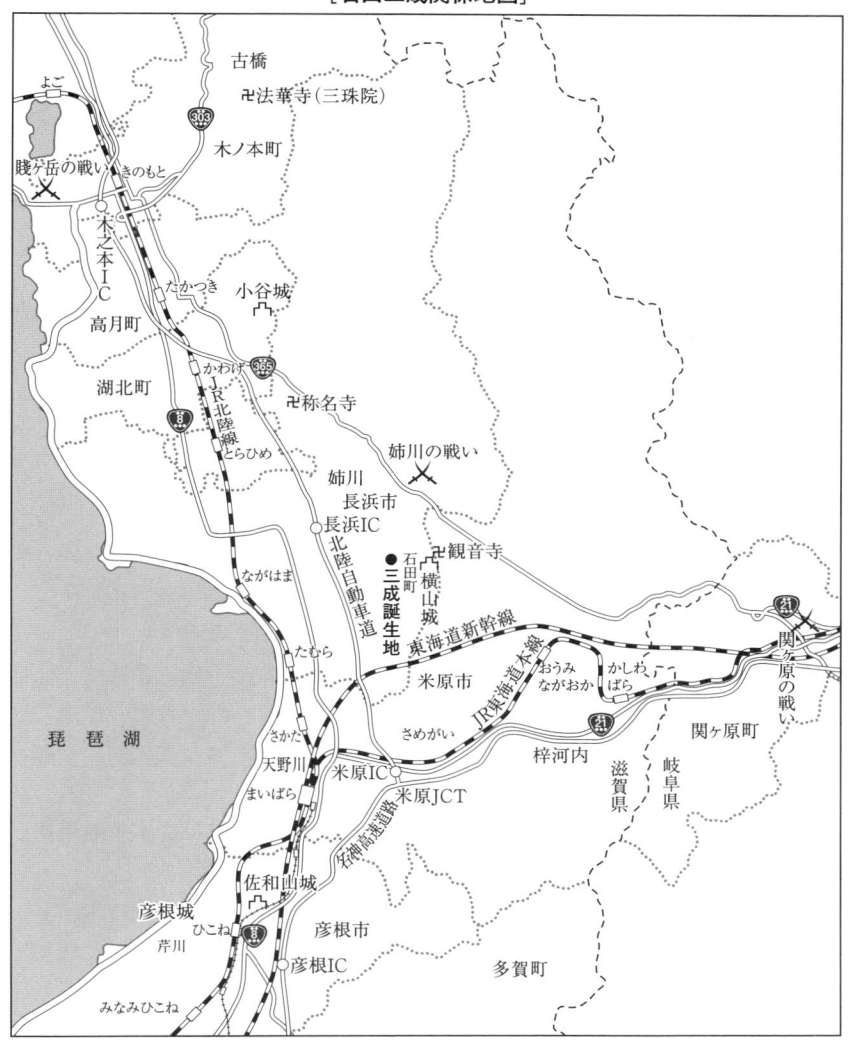

　彼は坂田郡石田の地侍で、教養人だったのは間違いない。といっても、一定規模の所領を有する国人クラスではなく、在郷に居住する小規模な武士だったようだ。
　石田一族では、長楽庵(ちょうらくあん)という人物が祐筆(ゆうひつ)（文官）として浅井氏に仕えた、といわれるが、正継自身が浅井氏に従った確実な史料は存在しない。

後年、正継は京極氏代々の菩提寺・清滝寺(米原市)に丁重な手紙を出している。また正澄は、晩年の秀吉が醍醐の花見(1598年)を開催したとき、側室・松ノ丸殿(京極氏の出身)に随行している。

　前者からは、正継が旧守護家を崇敬していたことが窺われ、後者は単なる割り当てだったのかもしれないが、縁があったからこそ、と捉えることもできる。

　確実ではないが、かつて正継は京極氏の重臣・上坂氏に属していた。上坂氏は、坂田郡の有力国人。おそらく、そういう関わりがあったのだろう。

　父の履歴ですらこのような状態だから、それ以前となると、不明な点が多いのだが、石田氏は**石田次郎為久**の後裔と称した。

　後に三成は、父のために京都・妙心寺内に寿聖院を建立する。そこに伝わる過去帳『霊牌日鑑』に「先祖は為久で、その8代目が為成」と記されている。

　この記録は、三成の嫡子・重家が残したものだから、そういう伝承があったことは間違いなさそうだ。なお重家は、関ヶ原の戦いの後、仏門に入って寿聖院3世となり、三成らの菩提を弔っている(後述)。

　ところで、石田為久といっても、知らない方が大半だと思う。

　為久は、鎌倉幕府創業に功績があった相模・三浦氏の一族。相模国大住郡石田(神奈川県伊勢原市)に居住し、石田姓を称した。源平合戦のころ、近江・粟津(大津市)の合戦で、木曾義仲(源頼朝に敵対した従兄弟)を射止めた剛勇の武士である。

　三成は『源平盛衰記』を愛読したと伝えられるが、それは「木曾殿最期」の章で活躍する先祖を偲んだからかもしれない。

　なお、三成の家紋として知られる「**大一大万大吉**」[※8]は、為久の旗印といわれる。

謎の石田系図

　代々、受け継ぐ諱の一字を**通字**といい、豊臣関白家の「秀」や徳川将軍家の「家」が代表例。それを念頭に置いて、3種類の系図を見ていただきたい。

※8　大一大万大吉：ドラマや小説などでは、〈大＝天下〉として、「1人が万民のために、万民は1人のために尽くせば、天下は吉となる」の意味とする。三成は「民を大切にして、平和を目指す理想的な政治家」となるわけだが、かなり現代的な解釈であろう。実際は「縁起の良い字を連ねて、武運を祈った旗印」。これを掲げた先祖・石田為久は、武功を挙げた。三成は、それにあやかろうとしたのだ、と思う。

```
[三浦氏系図]
為継 ── 義継 ─┬─ 義明 ── 義澄 ── 義村
              │
              └─ (蘆名)為清 ── ○ ── ○ ── (石田)為久
```

```
[石田氏系図①]
為久 ……為成 ─┬─ 重成
              └─ 宗成
```

```
[石田氏系図②]
正継 ─┬─ 正澄 ── 朝成
      └─ 三成 ── 重家
```

　最初は、石田為久に関連する「三浦氏系図」。為久の諱は、三浦為継の「為」に由来することがわかると思う。それとともに、三浦嫡流が、〈為継─義継─義明─義澄〉と続く点にも着目していただきたい。

　ちなみに、義明は「三浦大介」といい、鎌倉武士（源頼朝の御家人）の尊敬を集めた武将。以来、三浦介は武家のトップブランドとなる。戦国期、三浦介の名乗りを熱望した蘆名氏（三浦一族、陸奥・会津の戦国大名）は、織田信長の尽力で、その望みを叶えている。

　次は『霊牌日鑑』などに基づく「石田氏系図①」。ここで、三成（宗成）の父は為成とされ、先祖から「為」を受け継いでいるが、子が「成」を通字としたことは、一目瞭然であろう。

　実は他にも「石田氏系図」が残っており、三成の祖父を為広、父を系図①と同じく為成とする。

　最後に、三成の父兄が改名した後の「石田氏系図②」を見てみよう。父兄はともに生年未詳で、改名のタイミングも伝わっていないが、「石田氏系図①」と「石田氏系図②」の相関関係は、次のとおり。
○父：①為成→②正継
○兄：①重成→②正澄
○本人：①宗成→②三成

ここで、再び「三浦系図」を見ると、正継・正澄父子の前名に、三浦嫡流と符合する箇所があるのに気付く。
　諱に冠せられた「正」の謂(いわ)れはわからないものの、正継は三浦為継の「継」が、正澄は三浦義澄の「澄」が反映されているのは間違いない、と思う。
　なぜ、改名したのか？　その理由は明らかではないが、多少なりとも、家柄を飾ろうとする意識が働いたせいかもしれない。
　ともあれ、以上の内容を整理すれば、石田氏は父・為成（正継）までは「為」を、以降は「成」を通字とした。が、後に父兄だけは三浦嫡流に因む諱に改めた。三成には「成」を残したままで、となるのだろう。
　実は「成」も、読み方は「なり」「しげ」の2通りがある。たとえば、楠木正成は、「まさしげ」と読む。だが、三成の場合は「三也」と署名した書状が残っているので、「なり」とされている。

　それにしても、「三成」の諱は、いささか奇妙といっていい。
　なぜならば、諱に漢数字の「一」を用いるケースは、豊臣諸侯でもしばしば見受けられる。兄の諱も、元は「一成」だった、ともいわれるが、「三」を用いるケースは、あまりないからだ。
　通常、明智光秀のように「光」を、または「満」の字を充てる。豊臣諸侯では、他に石川三長（数正の子）がいる程度。その三長にしても、他に数長、康長を用いている。
　なお、下総（茨城県）の大名・多賀谷重経(たがやしげつね)の嫡子が「三経」を、また陸奥の大名・相馬義胤(よしたね)の嫡子が「三胤」を、それぞれ名乗っている。
　この「三」は三成からの一字拝領。わかりやすくいえば、三成が名付け親である（後述）。「三」の由来がわからないまま、記しておく。

4 秀吉との出会い

「三献の茶」の逸話

　三成と秀吉との出会いについては、『武将感状記』に載る「三献の茶」のエピソードがよく知られている。

　石田三成（当時は佐吉）は、ある寺の童子だった。

鷹狩りで喉の渇きを覚えた秀吉が、その寺に立ち寄り、「誰かいるか、茶を点じてこい」と所望すると、石田は大きな茶碗の七分、八分目にぬるい茶を入れて、持っていった。
　この茶を飲んだ秀吉は、舌を鳴らし、「気味よし。今、一服」という。そこで、前よりは少し熱目で茶碗半分弱の茶を、石田は捧げた。
　これを飲んだ秀吉が、試みに「今、一服」というと、今度はかなり熱い茶を小茶碗で出した。
　石田の気働きを感じた秀吉は、寺の住持に「この者は、近侍に使う才がある。取り立てて、奉行職を授けよう」といった。

　まさに、「栴檀（せんだん）は双葉より芳（かんば）し」（大成する者は、幼少のころより優れている）。若かりし三成の才気を、感じさせる話だ。
　しかし、「ある寺の童子だったとき」と記されているだけで、年代や場所は特定されていない。また、ラストの「奉行職云々（うんぬん）」は、三成の立身出世を知った上で、記された可能性が高い。
　とはいえ、完全否定できるほどの材料を、私は持ち合わせていない。言い換えれば、三成の若き日には、他に代わるべき話が伝わっていないのだ。
　以上を前提として、このエピソードを検証していこう。

　その前に、信長と秀吉の動きに触れておきたい。
　秀吉が横山城（小谷城から約6km）の城番を務めたのは、1570年（姉川の戦い）～1573年（浅井氏滅亡）。三成が11～14歳のころである。
　その間の信長は、足利義昭を軸とする「信長包囲網」と戦い続ける。
　1571（元亀2）年、伊勢・長島の一向一揆（本願寺勢力）を討伐し、比叡山を焼き討ちにする。1572（元亀3）年、織田・徳川連合軍は遠江・三方ヶ原で、武田信玄勢と戦う。
　が、翌1573（天正1）年に信玄は病死を遂げ、反信長勢力は衰退する。その機を捉え、信長は足利義昭を京都から追放する。ここに室町幕府は滅亡し、さらに信長は朝倉・浅井氏を滅ぼす。
　尾張・美濃に加えて、伊勢・近江・越前などを織田分国に加えた信長は、1573年、旧浅井分国の中から浅井郡、犬上郡、坂田半郡（計22万石）を、論功行賞として秀吉に与える。
　このとき、信長は40歳、秀吉は38歳。いまだ史上に登場していない三成は

14歳。

　秀吉が、木下姓から羽柴姓に改めたのも、このころとされる。ちなみに「羽柴」の姓は、信長の重臣である柴田勝家、丹羽長秀にあやかった創姓といわれるが、それでは筆頭格の柴田が丹羽の後塵を拝してしまう。序列が重視された時代では、ありえない話。

　これは、後世に考えられた「語呂合わせ」であり、羽柴の由来は端柴にあるのだろう。イエズス会の記録では、幼いころの秀吉は貧しく、「樹木を刈り取り、薪や柴を売って生活していた」とされる。

　さて、秀吉はいったん小谷城に入るが、山城を嫌い、琵琶湖湖畔に新たな城を築く。

　これが**長浜城**で、着工は1574年、完成は1575～1576年ごろといわれる。秀吉が初めて城主となったのは長浜城であり、完成期の三成の年齢は16～17歳になっている。

秀吉に出仕

　再び「三献の茶」に話を戻そう。

　まず年代では、秀吉の木下藤吉郎時代（～1572年）か、それとも羽柴姓（1573年～）になってからか、が問われることになる。

　印象論ではあるが、「秀吉の鷹狩り」の表現からは、「城主として余裕が生じたころ」という雰囲気が漂う。タイミングは、秀吉が羽柴姓を名乗った後、長浜城築城の最中。三成が15歳前後ではなかろうか？

　ただし、三成は「童子」と書かれており、15歳はいささか年嵩という点は残る。前述した藤堂高虎は、15歳で姉川の戦いに従軍したのだから。

　ひとまず年代は1574年（長浜城着工時期、三成は15歳）とし、次に舞台となった寺に移ると、大きく2つの説がある（27ページ地図参照）。

①**観音寺説**：坂田郡大原（米原市）

　木下藤吉郎時代の秀吉が、城番だった横山城は山城で、観音寺はその麓にある。当然、馴染みがあったはずで、長浜城主となった後、領内のこの寺を秀吉が訪ねても、何ら不思議ではない。

　この観音寺は三成の出生地に程近く、父・正継は檀那職を務めている。今でいうスポンサーであり、幼少期の三成が観音寺に預けられた可能性は、かなり高いと思う。

②**法華寺・三珠院説**：伊香郡古橋（木ノ本町）

もう1つ有力なのが、小谷城北方の三珠院。法華寺の塔頭であり、ここには、「幼いころの三成が手跡を学んだ」という伝承がある。また法華寺には、「正継の妻（三成の母）の墓」が残っている。

三成は母方の故郷で学んだとする説だが、①と比較すれば、秀吉との関わりが薄い点は否めない。また、在所からはかなり北に位置する。

ただし、関ヶ原の敗戦後、落ち延びた三成は、三珠院や村の者に匿われた、といわれる。ならば、三成と縁が深い寺なのは間違いない。

「三献の茶」を信じれば、15歳の三成は、観音寺で秀吉に出会ったことになる。が、エピソードの真偽は確認のしようがないのも事実であり、前述の『霊牌日鑑』では、「宗成（三成）は、18歳のとき、播磨・姫路城（岡山県姫路市）にいた秀吉に奉公した」とする。

いずれにせよ、三成の前半生は不透明な部分が多く、彼が史上に登場するのは、24歳のとき。

従って、41歳で処刑される三成が、光芒を放ったのは、わずか17年間に過ぎない。

なお注意すべきは、三成は秀吉の**家臣**となった点だ。被官の立場ではなく、秀吉を主人に仰ぐ。というのも、織田軍団の1つである秀吉部隊は、次のような構成となっていたからだ。

①寄騎（与力）

信長の命で、秀吉の寄騎とされた国人衆（尾張、美濃、近江出身者）。近江では、前述の阿閉貞征、宮部継潤らが秀吉付属となった。

軍事動員の際、彼らは秀吉の指示命令を受けるが、経済的には独立した立場。言い換えれば、被官の体質を残している。

②家臣

秀吉子飼いの家来、親衛隊。上記の寄騎（国人衆）とは異なり、経済的には秀吉に完全依存している。秀吉から褒賞を貰うには、合戦などで手柄を立てる以外に方法はない。

第 II 章
秀吉の天下取りと三成

西暦	和暦	齢	主な出来事
1560	永禄3	1	三成が近江で誕生、桶狭間の戦い
1570	元亀1	11	姉川の戦い
1574	天正2	15	秀吉が長浜城築城
1582	天正10	23	秀吉の備中・高松城攻め、本能寺の変、山崎の戦い、清洲会議
1583	天正11	24	賤ヶ岳の戦い
1584	天正12	25	小牧・長久手の戦い、三成が近江・蒲生郡で検地
1585	天正13	26	秀吉が関白就任、三成が治部少輔に叙任、佐々征伐
1586	天正14	27	上杉景勝の上洛（取次・三成）

1 織田信長の軌跡

大アウトライン 信長の東西一統構想──官位の活用

　羽柴秀吉に仕えた石田三成は、24歳のとき、賤ヶ岳の戦い（1583年）に従軍したとされる。

　そこで、同合戦の原因となる「本能寺の変」「清洲会議」に至るまでの動きを、年表形式で記しておきたい。

　明智光秀の謀反に遭った信長は、本能寺で横死を遂げる。が、中国出陣中（山陽道の毛利攻め）の秀吉は、急遽、畿内に戻り、天下分け目の「山崎の戦い」で光秀を破る。以降、秀吉が急速に台頭していく。

　なお、信長の嫡子が信忠、次男が信雄（伊勢・北畠氏を相続）、3男が信孝（伊勢・神戸（かんべ）氏を相続）である。

○1570（元亀1）年：姉川の戦い
○1573（天正1）年：浅井氏の滅亡
○1574（天正2）年：秀吉が長浜城着工、三成の仕官
○1575（天正3）年：長篠の戦い（織田・徳川連合軍が武田勢を撃退）、信長が家督を嫡子・信忠に譲る
○1576（天正4）年：信長が安土城着工
○1580（天正8）年：石山本願寺の降伏、柴田勝家が越前一向一揆を平定
○1582（天正10）年：3月　武田氏の滅亡、6月　本能寺の変（光秀の謀反、信長・信忠の自害）、同月　山崎の戦い、同月　清洲会議
○1583（天正11）年：賤ヶ岳の戦い

　東西一統を目指す信長で、留意すべきは1575年の動きである。天下布武に向けた布石、計略といっていい。

　まず、長篠の戦いで武田勝頼を破った信長は、2か月後、朝廷に申請して家臣を叙任させる。武田氏が壊滅した時点ではない。織田軍団が甲斐を攻めるのは7年後のこと。

　従って、かなり早いタイミングとなるが、任官に伴い、明智光秀は「惟任日向守」となる。惟任は九州の名族といわれ、日向守は国司。要するに、日向（宮崎県）支配の大義名分を打ち出したわけで、信長の**西国対策**が窺える

と思う。

　光秀と同時に丹羽長秀は、「惟住(これずみ)」(九州の名族)の姓を朝廷から賜り、また秀吉も「筑前守」に任ぜられる。いずれも、九州を意識した措置なのは、明らかだろう。

　そればかりでなく、〈丹羽長秀＝賜姓〉、〈羽柴秀吉＝任官〉とすれば、両方を認められた光秀が、織田軍団の中で最優遇されたことも間違いない。

　なお、信長の筆頭重臣というべき柴田勝家は、それ以前に修理亮(しゅりのすけ)に任官していたようだ。

　実態は有名無実と化しているにせよ、伝統的な**朝廷官位**の持つ重みは大きい。光秀の日向守、秀吉の筑前守は、勝手に名乗ったわけではなく、公式のものなのだから。

　やがて光秀が山陰道方面軍、秀吉が山陽道方面軍の司令官に就くのも、この西国対策の一環である。

　次に**東国対策**として、家臣を任官させた後、信長は家督を信忠に譲る。信忠は岐阜城と本国(尾張・美濃)も譲り受け、秋田城介(あきたじょうのすけ)に任官する。

　論議される機会が少ないが、キーワードは秋田城介にある。

　わかりやすくいえば、征夷大将軍に匹敵する武門の栄誉職。東国支配の権限を有する職制だ。そして、東山道の要・岐阜城を本拠とする信忠は、東国攻略の準備に乗り出す。

織田軍団の編成と安土城

　信長が安土城築城に着手したのは、翌1576年早々のこと。

　この信長の居城移転と、上記で述べた東西一統構想、信忠の家督相続などが、一連の流れであることは、理解いただけると思う。

　近年、安土城は建築技術が話題になり、天下布武のシンボルとされるが、本質は**軍事・交通対策**に求められる。

　その前に、織田軍団(信長の部将)のおおよその分担を示す必要があるだろう。多少、時期によって動きはあるが、五機七道に沿って記そう。なお、織田軍団は、西海道(九州)までは進出していない。

［西国対策］
○山陰道方面軍：明智光秀(丹波・因幡攻略、敵は毛利氏)
○山陽道方面軍：羽柴秀吉(播磨・備前攻略、敵は毛利氏)
○南海道方面軍：神戸信孝・丹羽長秀(四国攻略、敵は長宗我部氏)

［東国対策］
○北陸道方面軍：柴田勝家（越中・越後攻略、敵は上杉氏）
○東山道方面軍：織田信忠（信濃・甲斐攻略、敵は武田氏）
○東海道方面軍：北畠信雄（三河以東には、同盟する徳川家康がいる）

さて、安土城の意味合いは、以下の3点にあると思う。

①京都・岐阜ラインの確保

近江は京都に連なる国。安土城は、京都と岐阜城を結ぶ東山道を確保する意味合いが濃厚にある。人的には信長・信忠父子を結ぶわけで、織田分国の軍事上、**東山道**は生命線である。

織田分国内での軍事動員、東西への大軍移動を、イメージしていただければと思う。人的資源は限られ、大軍を動かすには幹線道路を確保する必要がある。仮に東山道ルートが寸断されれば、それは分国の危機に繋がる。ちなみに関ヶ原も、このライン上に位置する。

また、次男の信雄らが本拠とする伊勢（東海道）に通じる街道も、安土城の間近を走っている。要するに、織田分国の東部（織田一族の本拠である尾張、美濃、伊勢）を押さえる交通の要衝。それが安土城なのだ。

②北陸道への備え

米原の先は北国街道。北陸道に繋がる要路である。

もし北陸諸国を分国とする上杉氏が、織田分国に迫ったとき、近江では北から長浜城、佐和山城、安土城が防御拠点となる。

仮想敵国への軍事対策に加えて、この北国街道を押さえれば、前述した日本海物流を、確保できる経済的メリットもある。なお、有名な安土城下の楽市・楽座は、観音寺城で実施されていたのを、引き継いだもの。

③西国対策の押さえ

信長の西国対策（織田分国の西側にある敵国）の一面も無視できない。というのも、各方面軍を統括する部将の本拠は、近江にあったからだ。言い換えれば、軍勢（人的資源）確保の場所である。

すなわち、山陽道方面・羽柴秀吉の本拠は長浜城、南海道方面・丹羽長秀は佐和山城、山陰道方面・明智光秀は坂本城（滋賀郡）――。

安土城の信長は、居ながらにして、西国攻略の指揮を執ることができるわけだ。また東国攻略を担当させる信忠と、ホットラインが通じているのは、①のとおりだ。

つまり、信長は織田分国の軍事対策を図るために、安土城を築いたことになる。この観点は、秀吉の東西一統に受け継がれ、関ヶ原の戦いにも関連するので、ぜひ記憶に留めていただきたい。

六 本能寺の変の衝撃——秀吉の中国大返し

1582年、時代は大きく揺れる。秀吉に仕えていた三成は、23歳になっているが、まだ史上に姿を現していない。

東国侵攻を企てる信長は、東山道方面軍・信忠に武田攻めを敢行させる。また、東海道方面軍・徳川家康も武田分国に攻め入ったので、3月に武田勝頼はあっけなく滅び去る。武田傘下の国人衆が、ほとんど抵抗を示さなかったからだ。

それと同時期ににして、北陸方面軍・柴田勝家は上杉分国の越中（富山県）を攻撃し、越後（新潟県）に迫ったため、上杉景勝も窮地に陥る。

それまで、武田勝頼と上杉景勝は**甲越同盟**を締結し、「東では反北条氏、西では反織田氏」というスタンスだった。

この甲越同盟を崩せば、信長の目指す東国支配はほぼ達成される。遠交近攻策によって、盤面は劇的に変わる状態に差し掛かっていた。

というのも、関東諸国を席巻する北条氏政は、「親信長」路線だったからだ。氏政の思惑は、信長との縁組を実現し、その権威をバックとして関東に覇権を唱えることにあった。

武田氏の滅亡に伴い、旧武田分国の甲斐（山梨県）、信濃（長野県）、上野（群馬県）、駿河（静岡県東部）は、諸将に分配された。合戦の論功行賞、すなわち**国分け**である。

駿河を与えられた家康は、三河（愛知県）、遠江（静岡県西部）、駿河の太守となる。それ以外の旧武田分国は、東山道方面軍を率いた信忠の重臣に分割された。

中でも、〈上野＆信濃2郡〉を付与された滝川一益は、同時に**関東管領**に任命された。関東管領とは、東国を支配するNo.2のポスト。室町幕府の三管領に匹敵する。

ならば、信長に〈秋田城介・織田信忠—関東管領・滝川一益〉ラインによる関東支配構想があったことは、明らかだろう。合戦にせよ、占領地支配にせよ、大義名分が必要なのだ。それも権力と官位に裏打ちされた……。

その際、一益に付与された権限は次のとおり。

①関東の軍事動員権・裁判権

　一益は傘下国人衆に軍勢を提供させ、所領紛争などを取り扱う。また敵対者から没収した所領を管理する。

　逆にいえば、織田軍団に降伏した国人衆は所領を安堵されたわけで、彼らは経済的基盤を失ってはいない。信濃・小県郡から上野・吾妻郡一帯を支配した**真田昌幸**もその1人。

　信長自身も、「国の諸侍（国人衆）を我意（自分の思うよう）に扱ってはならない。懇ろ（丁重）にして当然であろう。とはいえ、帯紐を解くようではない。大切なのは、あれこれ気遣いすることだ。領地はかならず渡すこと」（意訳）という「掟」を定め、諸将に伝えている。

　国人衆は強きに靡く。風向きが変われば、どう動くかはわからない。

②関東諸侍からの取次

　東国（関東、奥羽）に割拠する戦国大名や国人衆が、中央政権を確立した信長に接触するとき、今後、すべて一益を通さなければならない。端的にいえば、中央との窓口一本化であり、一益がパイプ役を果たす。

　この**取次**という機能は重要であり、三成の重要職務にもなるので、改めて触れることにしたい。

　ところが、武田氏滅亡からわずか3か月後、6月2日に本能寺の変が勃発する。謀反を決意した明智光秀が、丹波・亀山城（京都府亀岡市）から京都に兵を進めたため、信長は本能寺で、信忠は二条御所でそれぞれ自害を遂げる。

　京都を制圧した光秀は、直ちに近江に向い、安土城を占領する。と同時に、光秀方の京極高次（旧江北守護）、阿閉貞征（旧浅井氏被官、光秀寄騎の国人）は、秀吉の本拠・長浜城を攻略し、近江平定はスムーズに進む。

　また光秀は、寄騎大名である細川藤孝・忠興父子（丹後）、筒井順慶（大和）らに味方を求めるが、彼らが同調することはなかった。

　当時、秀吉は**毛利攻め**の最中で、備中・高松城（岡山県高梁市）を水攻めにしていた。

　が、本能寺の報に接するやいなや、4日に毛利氏と和睦を結び、急遽、畿内に引き返す。これを、「中国大返し」という。なお、毛利氏の折衝相手が、小早川隆景、安国寺恵瓊である。

※1　池田恒興：母が織田信長の乳母とされる。恒興と嫡子が小牧・長久手の戦いで戦死を遂げたため、家督は輝政が継いだ。

そのころ、四国遠征を行うべく、大坂にいた南海道方面軍（神戸信孝、丹羽長秀、池田恒興※1）は、秀吉勢に合流する。

そして13日の**山崎の戦い**で、4万人に膨らんだ秀吉方は、光秀方1万6000人を撃破する。予想外のスピードで、大軍を帰還させたことが、最大の勝因であろう。が、伊勢にいた北畠信雄は手勢が少なく、父兄の弔い合戦に参戦できなかった。

これが大きな流れだが、中国大返しのとき、秀吉は淡路（徳島県）の光秀方を討伐するため、部隊を派遣した。

その戦闘で、秀吉方に加わった国人に対して、翌1583年1月、感状が送られる。時期は山崎の戦いの約半年後。内容は手柄に対する恩賞を約束するもので、署名は**石田佐吉三也**。

このとき24歳の三成は、秀吉の側近、取次として、初めて歴史上に姿を現したのだ。おそらく彼も、秀吉に従って山陽道をひた走ったのであろう。

余談ながら、同じころ、日和見で知られる筒井順慶※2（大和・郡山城）に、秀吉が加勢を求める使者として三成を差し向けた、という話が残っている。

順慶の重臣が、後に三成に仕える島左近勝猛。従って、「初めて三成と左近が出会ったのは、このときだ」と話は繋がるのだが、確実な史料には登場せず、後世の創作の可能性が高い。

2 羽柴秀吉の台頭

清洲会議の開催

山崎の戦いの約2週間後、6月27日。尾張・清洲城に織田氏の重臣4人が集まる。柴田勝家、羽柴秀吉、丹羽長秀、池田恒興である。北陸道にいた勝家以外は、山崎の戦いに参戦していた。

彼らが協議するテーマは、①織田氏の家督相続と②織田分国の分割問題。

信長の存在が大きいため、見過ごされがちだが、7年前に家督は信忠が継いでいた。信長のみならず、現当主も横死を遂げたため、清洲会議が開催された、と考えるべきであろう。

※2　筒井順慶：諱は藤政といい、順慶は法名。明智光秀の寄騎大名で、相婿だったとされる。しかし、**本能寺の変の後、光秀からの援軍要請を断り、秀吉方に付く**。「洞ヶ峠まで兵を出し、天下の形勢を観望した」という日和見の逸話が有名だが、実際は郡山城にいたようだ。

この会議には、他家を継いでいる北畠信雄、神戸信孝は参加していない。間もなくして、彼らは織田姓に戻るのだが……。それと、関東管領・滝川一益は、本能寺の変の後、北条氏政・氏直父子の攻撃を浴びたため、出席できなかった。
①**家督相続問題**
　重臣筆頭の柴田勝家は、弔い合戦に臨んだ信孝を推す。一方で、光秀討伐の功績大である秀吉は、「信忠の遺児・三法師が筋目だ」と主張する。信長の孫になる三法師（後の秀信）は、わずか3歳で岐阜城に居住していた。
　意見は対立したが、残りの2人が秀吉に同調したため、後継者は三法師と決まる。なお、誰からも信雄を推す声はなかったようだ。信孝は聡明ながら、信雄は暗愚だったとされる。
②**織田分国の分割問題**（旧明智方の所領を含む）
　三法師が元服するまでの対応として、次のように定めた。光秀成敗の論功行賞も含んでいる。なお、この措置が**国替え**の嚆矢といっていい。
○三法師：近江・坂田郡3万石。安土城に移り、秀吉が後見人を務める。ただし、安土城は焼失したため、引き続き岐阜城にいたようだ。
○織田信雄：尾張、伊勢、伊賀の3か国を領し、清洲城を本拠とする。彼は異母弟の信孝との仲が悪く、後継者から外されたことも不本意だったようだ。
○織田信孝：美濃を領し、岐阜城を本拠とする。彼は勝家と親密になり、勝家の後室としてお市の方（浅井三姉妹の母）を嫁がせている。ただし、この縁組は、秀吉仲介説もある。
○羽柴秀勝：信長の4男で、子供が誕生しない秀吉の養子になっていた。秀勝には、丹波（旧明智領）が分割された。
○柴田勝家：越前・加賀に加えて江北3郡。越前・北ノ庄城（福井県福井市）を本拠とする。なお、このとき秀吉から譲られた長浜城に、勝家の甥・勝豊が入る。その重要性は繰り返さないが、北陸道を基盤とする勝家にとって、江北3郡を獲得できたことは大きい。秀吉による懐柔策と思われる。
○羽柴秀吉：京都の所在する山城を領する。上記の丹波も、実質的に彼の支配下に入る。
○丹羽長秀：若狭及び近江2郡。光秀の本拠だった坂本城を与えられる。
○池田恒興：摂津3郡。現在の大阪府、兵庫県の一部である。
○滝川一益：北条氏に敗れ、本領のある伊勢に戻った一益にも所領が付与された、といわれる。

[織田氏系図]

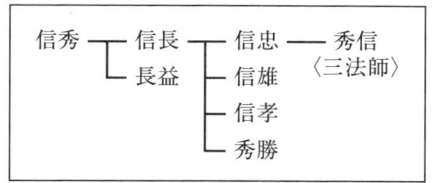

```
信秀┬信長┬信忠──秀信
    │    ├信雄 〈三法師〉
    │    ├信孝
    │    └秀勝
    └長益
```

賤ヶ岳の戦い

　清洲会議で主導権を握った秀吉が、重臣の筆頭格に躍り出る。それに反発する古参の柴田勝家は与党を集め始め、ここに織田分国での内部抗争が勃発する。
○**秀吉党**：織田信雄、丹羽長秀、池田恒興、堀秀政、細川藤孝・忠興、筒井順慶
○**勝家党**：織田信孝、滝川一益、佐久間盛政、佐々成政、前田利家

　ここで、いったん織田分国の外に目を転じよう。
　秀吉は、越後の上杉景勝に接触し、「勝家挟撃」を画策する。上杉分国は柴田領に隣接し、景勝にはかつて勝家の猛攻を浴びた恨みがある。
　一方の勝家は、四国の長宗我部元親との連携を企てる。合従連衡の応酬、といっていい。
　さらに、東国の模様も記しておこう。
　本能寺の変の後、東国では織田軍団が撤退したため、旧武田分国（甲斐、信濃、上野）が徳川家康、北条氏政・氏直、上杉景勝の3勢力の草刈り場と化していた。
　詳述は避けるが、家康は〈駿河→甲斐・南信濃〉、氏直は〈武蔵→上野→甲斐〉、景勝は〈越後→北信濃〉と侵攻し、三つ巴の対立状態となる。
　が、本能寺の変の2か月後、8月に家康と氏直は和睦し、**徳川・北条同盟**を結ぶ。条件は、国分けと縁組である。
①国分け：徳川氏は甲斐・信濃、北条氏は上野を分国とする。
②縁組：家康の娘が氏直に嫁ぐ。

　ある意味、勝手な談合であり、北信濃を占領した景勝が、徳川・北条同盟

と敵対したのはいうまでもない。それでなくても、上杉氏と北条氏は宿敵の関係にある。

また、国分けの犠牲となったのが、当時、家康に属していた真田昌幸だ。というのも、彼は信濃・上田（長野県上田市）から上野・沼田（群馬県沼田市）の一帯を領していたが、徳川・北条同盟の締結に伴い、**沼田領**の明け渡しを求められたからだ。

もちろん代替地を昌幸に与える条件ではあったが、彼は「沼田領は家康から貰ったものではない」と激しく反発し、景勝を頼る。

この問題が北条征伐（1590年）の遠因になるのだが、いささか話が先に進みすぎるので、改めて述べることとしたい。

要するに本能寺の変は、織田分国のみならず、直ちに東国にも地殻変動をもたらしたのだ。それが秀吉の東西一統に大きな影響を与え、やがて三成も奔走することになる。

話を秀吉に戻すと、彼は西の毛利氏へ備えつつ、その年末（1582年）に長浜城主・柴田勝豊を調略する。彼と叔父・勝家との不和に付け込み、柴田勢の江北進出に対する楔を打ち込んだのだ。

勝家党が畿内の秀吉を討つためには、勝家が北国街道を〈越前・北ノ庄→近江〉、織田信孝が東山道を〈美濃・岐阜→近江〉と進む必要がある。

その交通の要衝が、江北の長浜。逆に秀吉の立場では、ここを押さえれば、北国街道＆東山道の軍勢を防御できる。

翌1583年1月、まず滝川一益が伊勢で蜂起し、秀吉方と小競り合いを起こす。秀吉は討伐に向かう。勝家党による陽動作戦だ。

その隙を狙い、3月、勝家は江北の伊香郡柳ヶ瀬（余呉町）へ兵を進め、着陣する。一方、伊勢から戻った秀吉は、伊香郡木之本（木ノ本町）の砦に入る。

両勢は、1か月以上、琵琶湖東部の余呉湖付近で対峙する。

戦線の膠着状態を見てとった織田信孝（岐阜城）は、秀吉の背後を襲おうと企てる。が、動きを察知した秀吉は、東山道を美濃へと向かう。しかし、

揖斐川の氾濫で大垣から先へは進めない。

秀吉の美濃移動は、柴田勢に動きをもたらす。

4月、副将というべき佐久間盛政は、羽柴勢が賤ヶ岳に築いた砦を攻め、守将・中川清秀を討ち取る。盛政は勝家の甥で、「鬼玄蕃」と呼ばれた猛将。

緒戦の勝利に気を良くした盛政は、勝家が帰還命令を出したにもかかわらず、さらに兵を進めた、という。

ところが、中国大返しと同様に、猛スピードで東山道を引き返した秀吉は、佐久間勢を撃破する。大垣から賤ヶ岳までは約13里（52km）。それを6時間で、秀吉勢は踏破したという。

この盛政の行動は、「暴走」と評価されがちだが、それは結果論に過ぎない。秀吉が間に合わなかったときは、「盛政の先制攻撃、強行突破で勝機を掴んだ」と、殊勲一等とされたと思う。

が、盛政の予想を裏切る早さで、秀吉は反転を成し遂げた。まるで、すべての動きを読んでいたかのように。まさに秀吉は軍事の天才である。

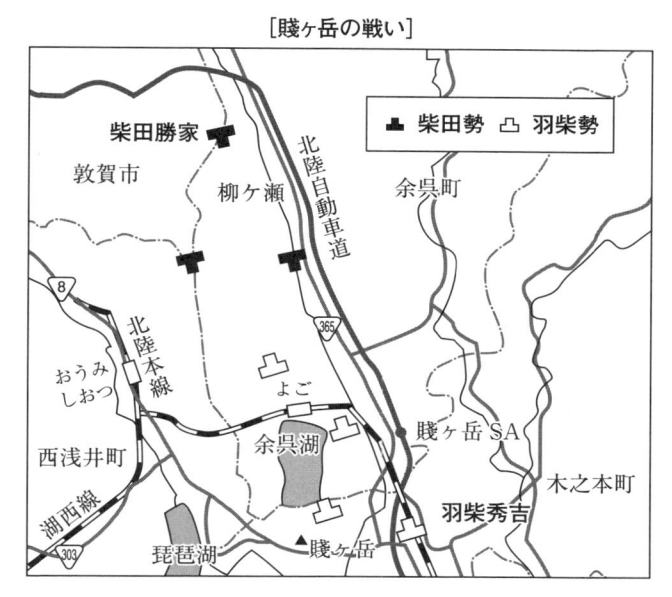

[賤ヶ岳の戦い]

賤ヶ岳の七本槍

佐久間勢を切り崩した秀吉勢は、勝家の本陣に迫る。やむなく勝家は、北ノ庄城に退く。このとき、勝家方の前田利家は、秀吉に降伏する。

合戦の2日後（4月23日）、秀吉勢が北ノ庄城に押し寄せたため、勝家はお市の方、一族とともに自害を遂げる。そのとき、浅井三姉妹は、秀吉陣営に送り届けられた。
　それより前、盛政は捕らえられている。
　「なぜ、自害しなかったのか」と訊ねられた盛政は、「源氏旗上げのとき、大庭景親に敗れた源頼朝[※3]も、山中の洞穴に隠れたではないか」と答えた、という。将と兵は違う、と盛政はいいたかったわけだ。
　後に盛政は処刑されたが、負けても、なお再起を期そうとする姿は、後年の三成を彷彿させるものがある。実は同じことを、三成も最期に語ったとされる（292ページ参照）。
　また織田信孝は、兄の信雄によって詰腹を切らされ、滝川一益は出家の身となる。
　残る勝家党は佐々成政のみ。上杉景勝への備えとして、成政は越中にいたため、賤ヶ岳には参戦しなかった。不本意ながら、彼も降伏を告げる。

　話は少しさかのぼるが、勝家党が蜂起した1583年1月に、秀吉は景勝と同盟を結んでいる。その上杉氏との**取次**を務めたのが三成である。
　意外かもしれないが、有力な戦国大名の中で、最も早く秀吉に誼（よしみ）を通じたのが景勝である。
　目的は勝家挟撃にあり、景勝のミッションは佐々成政の駆逐。すなわち、越後から越中に攻め入ること。
　同盟締結時、秀吉が差し入れた書面の内容は、次のとおり。
○**対信濃**：景勝が徳川家康に言い分があれば、秀吉が斡旋する。
○**対関東**：景勝が北条氏政に存分があれば、秀吉は氏政と絶交する。
○**対越中**：景勝は、早急に越中（佐々成政）に出兵されたい。

　明らかに、前述した徳川・北条同盟に対抗するものであり、特に景勝の宿敵・北条氏には厳しいスタンスを打ち出している。
　覚書に署名したのが、石田三成、木村吉清、増田長盛。現代風にいえば、彼らは対外折衝を担う外交官。この時点で、三成は取次の一員になっていた

※3　源頼朝：1180年、石橋山で平家追討の兵を挙げた頼朝は、平家方の大庭景親らに敗れたため、現在の神奈川県湯河原町付近の山中に身を潜める。その後、船で真鶴から武総の内海（東京湾）を渡り、安房（千葉県南部）に上陸した頼朝は、味方を集めて再起を果たす。

わけだ。

　なお、**羽柴・上杉同盟**は、三成に密接に絡み、北条征伐（1590年）の伏線となるので、記憶に留めていただきたい。だが、越後国内で叛乱が起きたため、このとき、景勝は派兵できずに終わる。

　さて、佐久間盛政と激戦を交わした時、奮闘したのが秀吉の馬廻衆。小姓衆ともされるが、「賤ヶ岳の七本槍」として知られるメンバーは、以下のとおり。なお括弧内は、「恩賞、関ヶ原直前の所領、関ヶ原での陣営」の順に記載する。
○福島市松正則（5000石、後に尾張・清洲20万石、東軍）
○加藤虎介清正（3000石、後に肥後・熊本25万石、九州の東軍）
○加藤孫六嘉明（3000石、後に伊予・松前10万石、東軍）
○片桐助作且元（3000石、後に摂津・茨木1万2000石、東軍）
○脇坂甚内安治（3000石、後に淡路・洲本3万3000石、西軍→東軍）
○平野権平長泰（3000石、後に畿内で5000石、東軍）
○糟屋助右衛門真雄（3000石、後に播磨で1万2000石、西軍）
○桜井佐吉家一（3000石、1596年に死去）
○石川兵助一光（賤ヶ岳で討死したため、弟の頼明に1000石）
　実際、秀吉から感状・恩賞を与えられたのは上記の9人だが、桜井と石川は早くに没したため、後世になって、残りの7人が喧伝されたといわれる。

　中でも、福島正則だけが5000石を賜り、殊勲一等とされた。彼が本当の一番槍だったのであろう。
　この合戦に、石田佐吉三成も従軍したのは確かである。
　柴田勢と対峙する最中（3月）、「石田左吉三也」名で浅井郡の称名寺に宛てた書状で、「柳ヶ瀬（敵陣営）に送り込んでいた者が戻り、その報告内容を筑州（羽柴筑前守秀吉）に申し上げたところ、大層満足されました」（意訳）と、記しているからだ。
　おそらく寺の僧が偵察任務を遂行した、と推測されるが、戦場近くで育った三成が、秀吉の指示で諜報・偵察活動を管掌していたのは、間違いないだろう。ここからも、「取次」というイメージが浮かんでくる。
　戦国の合戦というと、現代からはガチンコ勝負がイメージされがちだが、当時は味方の損傷を最小限に抑えることが最優先。

そのために謀略や計略を用いて、敵陣営を切り崩す。要するに、所領安堵などの条件を提示して、裏切りを誘う。その意味で、諜報活動は非常に重要である。
　ところが、『一柳家記』では、「先懸衆」として「大谷桂松（吉継）、石田佐吉（三成）、片桐助作（且元）、福島市松（正則）、一柳次郎兵衛（直末）、同四郎右衛門（直盛）」など14人を挙げ、無類の働きをしたとする。
　三成も戦場で槍を振るった――。実際、そうだったのかもしれない。
　だが、大名となった一柳氏の子孫が、後年、先祖に箔を付けるために、著名な三成や吉継の名を引き合いに出した可能性も否定できない。他に三成の先懸を記す史料がなく、武功によって恩賞を賜った記録もないからだ。

西の毛利・東の上杉――秀吉への服属

　賤ヶ岳の戦いが、秀吉の権力を確立させた、といっていい。後の関ヶ原の戦い（1600年）で、家康が覇権を握ったのと同じように。
　秀吉自身も、毛利一族の小早川隆景に宛てた戦勝報告で、「日本の治りは、此時に候」と記している。
　ここで、西の毛利氏の動きを記しておこう。
　毛利氏の当主は輝元（元就の孫）で、叔父にあたる吉川元春・小早川隆景兄弟が輝元を補佐していた。ちなみに、彼らの姓に川が付くことから、兄弟は宗家を支える**毛利両川**と呼ばれた。「三本の矢」の逸話のように。
　そのころ、毛利分国は現在の中国地方全域に及び、兄弟は〈吉川元春＝山陰道、小早川隆景＝山陽道〉と分担した。
　が、織田軍団は隣接する毛利分国に襲い掛かる。すなわち、山陰道方面は明智光秀が因幡（鳥取県）を襲い、山陽道方面は羽柴秀吉が播磨（岡山県）を奪い、さらに軍勢を西に進める。
　分国の危機に際して、元春は防衛戦継続を唱えたが、和睦を主張する隆景の意見が通る。そのため、秀吉との和睦は隆景主導で進められ、外交僧・安国寺恵瓊が実際の折衝に当たった。
　さらに信長の横死後、勝家党と秀吉党が争ったときも、元春は勝家に接触したものの、隆景が「親秀吉」のスタンスを維持したので、結局、毛利氏が出兵することはなかった。
　言い換えれば、賤ヶ岳の戦いのとき、西からの脅威を覚えることなく、秀吉は勝家党の征伐に専念できたわけだ。合戦の結果、織田分国の後継者とな

った秀吉に、毛利氏は臣従を表明する。東西一統を目指す秀吉が、毛利分国を奪うことはない。

このように秀吉台頭の背景には、隆景の多大な協力があり、それを秀吉は恩義に感じた。その一方で、元春は疎外された。

豊臣公儀の確立後、毛利輝元とともに隆景が五大老に就くのも、当然の成り行きといっていい。

そして、隆景が迎えた養子が、秀吉の甥である小早川秀秋。元春の跡を継いだのが吉川広家。

関ヶ原の戦いのとき、共同歩調を取ったわけではないが、2人は西軍から東軍に寝返ったことで知られる。秀秋の経緯は別として、広家の行動は、上記の「毛利氏内部の確執、秀吉からの扱いの違い」に遠因を求めることができる。

[毛利氏系図]

```
元就 ─┬─ 隆元 ─── 輝元 ─── 秀就
      ├─ (吉川)元春 ─── 広家
      ├─ (小早川)隆景 ═══ 秀秋
      ├─ 元清 ─── 秀元
      ├─ 元康
      └─ 秀包
```

続いて、東に目を転じよう。

前に述べたとおり、秀吉と同盟を結んだ上杉景勝は、越中出兵の約束を果たせずに終わる。

そこで秀吉は、賤ヶ岳の勝利後（1583年4月）、書状で景勝の違約を責めたものの、「今後のことは、景勝の決意次第」と含みを残す。

秀吉には、同盟を解消する気はない。なぜならば、当時の東には仮想敵国の織田信雄、徳川・北条同盟が厳然と存在していたからだ。

景勝は使者を派遣して、進物とともに秀吉に友好関係の継続を申し出る。そのとき、上杉氏の外交窓口を務めたのが直江兼続。秀吉サイドでは三成らが取次となって、上杉氏との関係強化に努めた。

当時の連絡手段は、いうまでもなく**書状**。そこで、当時の書状の「ルール」をあらかじめ記しておきたい。

たとえば、書状の宛名には諱は書かず、通称または官位を用いる。宛名に

は、〈○○殿＝厚礼、○○との＝薄礼〉という違いがある。また貴人（たとえば将軍や管領）には、大名に宛てた書状に差出人を書かない特権「裏書御免」もある。

　要するに書状には、身分関係や格の違いがストレートに反映される。

　当初、秀吉が同盟者・景勝に宛てたときは、「上杉弾正少弼殿」だったのが、景勝が臣従した後は「上杉少将との」と変わるように。

　もう1つ重要なのが、貴人や大名の間で書状をやり取りする場合、かならず取次を通すこと。双方に秘書官がいて、ワンクッション入る、と思っていい。

　秀吉と景勝が、対等の立場だったときを例示しよう。

○秀吉から景勝宛て：秀吉取次の三成は、本状とは別に、具体的な内容を記した添え状（副状）を景勝取次の兼続宛てに送付する。そして、2つの書状を景勝に披露するように依頼する。

　なお、秀吉のステータスが高まれば、取次の機能が執行方針の伝達へ変化していくのは、いうまでもない。

　三成の場合、秀吉の意向を確認しつつ、外交折衝を円滑に進め、兼続経由で景勝との着地点を見出していく。それを見誤れば、不和という事態を招きかねない。

　それを回避するため、秀吉も優秀な人材を取次に登用する。その信頼に応える取次は、出世の階段を上っていく。三成もその1人だ。

　何も合戦で敵の将兵の首を獲るだけが、手柄ではない。死傷者が出る合戦よりも、駆け引きで相手を味方に組み込む方がベター。

　従って、「賤ヶ岳の七本槍」に三成が登場しないのも、ある意味、当然のこと。福島正則や加藤清正が馬廻（武官）とすれば、三成は取次（文官）として機能し始めていたのだから。

３ 関白・豊臣秀吉

小牧・長久手の戦い

　賤ヶ岳の戦いでライバルを蹴散らした秀吉は、実質的な信長の跡目となり、東西一統を目指す。

　羽柴分国は畿内、東山道、北陸道から山陰道、山陽道の一部までに拡大し、

隣接する毛利氏（山陽道・山陰道）、上杉氏（北陸道）とは友好関係を築く。
　その新帝国の象徴が、大坂城。
　北ノ庄城から凱旋した秀吉は、早速、1583年5月から築城を開始し、翌1584年に城は完成する。
　しかし、主筋にあたる織田信雄（尾張、伊勢など）は秀吉を不快に思う。また、勢威を増した秀吉が、彼を侮(あなど)ったともいう。いずれにせよ、信雄は徳川家康（三河、遠江、駿河、甲斐、南信濃）に接近し、**反秀吉同盟**を結ぶ。
　すでに家康は、関東の北条氏と同盟を締結しているので、東海道が反秀吉に廻ったことになる。
　その動きに、越中の佐々成政（旧勝家党）が呼応する。さらに織田・徳川同盟は、四国の長宗我部元親、紀伊（和歌山県）の雑賀(さいが)衆などにも働き掛け、広範な反秀吉戦線の構築を画策する。
　敵対する同盟関係を示せば、次のとおり。
○羽柴秀吉―上杉景勝―佐竹一統
○織田信雄―徳川家康―北条氏政・氏直

　羽柴・上杉同盟が維持されたのも、おわかりいただけると思う。上杉景勝は、信濃では家康と、上野では氏直と対立中。いわば、軍事上、両者にメリットがあったからだ。
　なお、関東では、関東制覇を目論む北条氏に、佐竹一統が激しく敵対している。彼ら反北条勢力は、長年、上杉氏の支援を要請してきた経緯がある。
　それはさておき、1584（天正12）年3月、秀吉勢10万人と織田・徳川連合軍3万人は、尾張の小牧・長久手（愛知県小牧市）で対峙する。三成もこの合戦に従軍した、と思われる。
　局地戦では家康優位だったとはいえ、主力部隊が激突することはなく、やがて戦線は膠着状態に陥る。
　しかし、秀吉が信雄の本拠・伊勢を攻撃したので、同年11月、信雄は単独で秀吉と講和を結んでしまう。
　今度は、肝心の信雄が家康に和睦を求める始末。そのため、合戦の大義名分を失った家康も、和睦に応じる。そして家康は、次男・於義丸(おぎまる)（後の結城秀康）を、秀吉へ人質として差し出す。
　なお、家康が上洛して秀吉に臣従するのは、その2年後である。

佐々征伐——三成・兼続出会い伝説

　信雄・家康との講和は、秀吉の政治的勝利を意味する。

　勢いに乗る秀吉は敵対勢力を一掃すべく、翌1585（天正13）年になって南海道へ進み、4月に紀州征伐、6月に四国征伐を敢行する。当時の表現で、征伐は「御発向」という。

　7月に関白に就任した秀吉は、翌8月、越中征伐に向う。

　これを当時は、「北国動座」といった。動座とは、貴人が座所を他に移すこと。つまり、関白秀吉として出陣したわけで、紀州征伐などよりも権威が高まっていることが、わかると思う。

　それ以前に、越中・富山城（富山県富山市）の佐々成政は、家康が秀吉と和睦したことを知ると、自ら雪の日本アルプス越えを行い、浜松城の家康に再挙を促す。が、家康は動こうとはしない。もはや成政は孤立無援である。

　では、なぜ成政は雪山縦断を強行しなければならなかったのか？

　それは、隣国の上杉景勝（越後）、前田利家（加賀、能登）に挟まれ、北陸道などの主要街道が通行できなかったためだ。

　京都を発った秀吉勢10万人は、北陸道を進んで富山城に押し寄せる。やむなく彼は頭を丸め、信雄経由で降参を申し出る。

　早速、秀吉は論功行賞を行い、前田利家に越中を与えるととともに「羽柴筑前守」と名乗らせた。後年、秀吉が遺言で「ちくしゅう（筑州）へ」と記したのは、利家を指す。

　このとき、成政は助命され、越中の1郡を与えられた。

　「抵抗すれば、滅ぼす」が、「降伏すれば、許す。本領を安堵する」——。

　恨みを買って無闇やたらと、敵を増やそうとはしない。それが、東西一統を急ぐ秀吉の対応術だ。

　この佐々征伐のとき、「三成が**直江兼続**と初めて出会った」という有名な伝説がある。同じ26歳同士で、意気投合したという。

　まず、その内容を『北国太平記』に沿って記そう。

　佐々征伐を終えた秀吉は、側近の三成や木村吉清らを連れ、富山城から落水城に赴く。越中と越後の境である。それを聞いた景勝は、落水城で一行を出迎える。

　城では、秀吉・景勝のトップ会談が催される。そのとき、陪席を許されたのは、三成と兼続だけだったので、彼らは肝胆相照らす仲になった。

確かに景勝は、国境付近に出陣したが、秀吉が使者・木村吉清を派遣して、「成政の降伏」を伝えたため、景勝は春日山城に戻っている。秀吉自身も「景勝への謝意」を書状に記している。

とすれば、**落水の会見**は架空の話となる。さらにいえば、落水の場所すらもハッキリしていない。

江戸期になって、〈関ヶ原の戦い＝三成・兼続共謀説〉が登場する。

ならば、「両者が最初に出会ったのは……」と話が進むのは、当然の成り行き。そういう流れで創作された話だと思う。

実際に、三成が兼続と会うのは、1586（天正14）年5月、景勝・兼続主従が上洛する途上。佐々征伐から数か月後のことだ。

巨大化する秀吉帝国

相次ぐ征伐の結果、秀吉の勢力範囲は急拡大する。1585年時点の、主要な分封状況を記しておこう。

〇**五畿**：山城、大和、河内、和泉、摂津

大坂城のある摂津、河内は、秀吉の直轄地。京都の所在する山城は、所司代・前田玄以（後の五奉行）を置く。和泉、大和、紀伊の3か国は、秀吉の実弟である羽柴秀長（大和・郡山城）に与える。

〇**東山道**：近江、美濃、飛騨

近江の多くは、羽柴秀次（秀吉の甥）に与え、中村一氏らに補佐させる。京都の入口である瀬田には、浅野長政（秀吉の相婿※4、後の五奉行）を置く。美濃では、岐阜城に織田秀信、大垣城に池田輝政（恒興の子）を配置。

〇**東海道**：伊賀、伊勢、志摩、尾張

尾張と伊勢の多くは織田信雄（清洲城）の所領。伊勢・松阪城は蒲生氏郷に与え、伊賀は筒井定次（順慶の子）を置く。

〇**北陸道**：若狭、越前、加賀、能登、越中

若狭には丹羽長重（長秀の子）、越前には堀秀政らを置く。加賀、能登は前田利家に、越中の大半は前田利長（利家の嫡子）に与える。

〇**山陰道**：丹波、丹後、但馬、因幡

丹波は羽柴秀勝（秀吉の甥）に与え、丹後には細川忠興、因幡には宮部継潤を置く。なお、秀吉の養子・秀勝（信長の4男）は1585年に病死を遂げ、

※4　**相婿**：姉妹の夫同士。羽柴秀吉の妻・ねね（後の北政所）と、浅野長政の妻・ややは姉妹の関係にある。なお、ねねは浅野氏の養女であり、実家は木下氏。

同じ諱の秀勝が遺領に封ぜられた。
○**山陽道**：播磨、美作、備前、備中
　播磨には子飼いを置き、宇喜多秀家に美作、備前、備中半国を与える。
○**南海道**：紀伊、淡路、阿波、讃岐、伊予、土佐
　淡路は脇坂安治と加藤嘉明に分与、阿波は蜂須賀家政、讃岐は仙石(せんごく)秀久、伊予は小早川隆景、土佐は長宗我部元親に与える。

　属国を含めれば羽柴分国は30か国を超え、日本68か国の半分近くに及ぶ。その特徴を挙げておこう。

①**羽柴一族の重用**
　秀吉は上方(かみがた)（京都、大坂）を直轄地とし、四方を羽柴一族で固めた。
　弟の秀長を大和（南）、甥の秀次を近江（東）、秀次の弟・秀勝を丹波（北）といった具合に。備前（西）の宇喜多秀家も、秀吉の猶子(ゆうし)※5であり、一族と同じ。なお、この時点で秀吉には実子が誕生していない。
　敵が諸道から上方を攻めてきたとき、彼らが防波堤となる。

②**旧織田軍団への対応**
　秀吉流は、敵に廻れば退治するが、味方に付けば厚遇する。
　親しい前田利家への優遇が顕著であるが、旧主筋の織田信雄、同僚だった堀秀政、次世代の池田輝政、細川忠興、蒲生氏郷らにも配慮を示している。

　前述のとおり、北陸道の上杉景勝（越後、北信濃）と、山陽道・山陰道の毛利輝元（備中半国、備後、安芸、周防、長門、伯耆、出雲、隠岐）は、タイムラグがあるものの、秀吉に服属している状況。
　さらに東海道の徳川家康（三河、遠江、駿河、甲斐、南信濃）も、1586年には臣従するに至る。
　となると、トータルは40か国を超える。このような巨大帝国を、秀吉は短期間で築き上げたのだ。
　秀吉は日本の中心部を制圧し、圧倒的な軍事力と経済力を誇るに至る。
　今や秀吉に従わないのは、九州の島津氏、関東の北条氏、奥羽の諸大名を数えるのみ——。

※5　猶子：他人の子と、擬制の親子関係を結ぶこと。同族として結束を固めるとき、他人の子を後見するケースに多い。養子との違いは、一般に猶子には相続権がないとされる。

[羽柴氏系図]

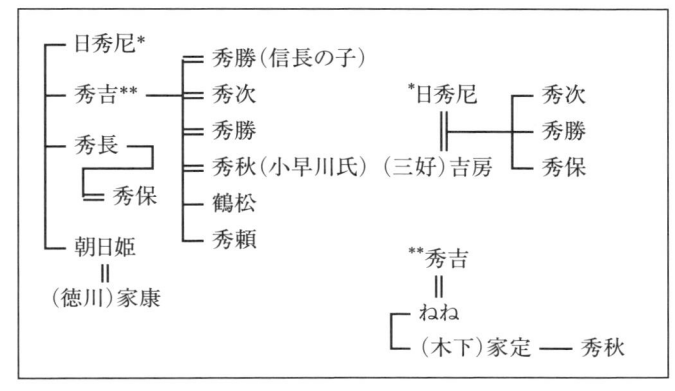

```
┌ 日秀尼*     ┌ 秀勝(信長の子)
├ 秀吉**   ─┼ 秀次              *日秀尼  ┌ 秀次
├ 秀長      ├ 秀勝                 ‖    ├ 秀勝
│   └ 秀保  ├ 秀秋(小早川氏)  (三好)吉房 └ 秀保
│           ├ 鶴松
└ 朝日姫    └ 秀頼
   ‖
  (徳川)家康                    **秀吉
                                  ‖
                                ┌ ねね
                                └ (木下)家定 ── 秀秋
```

官位制度とは？

　秀吉が**従一位関白**に就いたのは、1585年7月のこと。関白が官職、従一位が位階にあたり、天皇から官職に任命され、位階を授けられる。

　総称すれば官位となり、この制度は律令制に基づくもの。かなり複雑なのだが、概略を記したい。

　室町期から戦国期にかけての日本は、実態はともかく、形式的には朝廷と室町幕府という「政権の二重構造」が続いていた。

　武家政権（鎌倉幕府）の誕生以来、朝廷は行政統治権を失っており、戦国乱世の中で室町幕府も衰えていった。それでも朝廷は厳然と存在し、信長に追放されたとはいえ、将軍足利義昭も毛利氏の庇護下にいる。

　まず、そういう状況を念頭に置いていただきたい。

　次に朝廷や室町幕府では、**家格**が非常に重視されたこと。家柄によって身分が定まった、序列が決まったと思っていい。

　朝廷での公家の家格は、〈摂家→清華家→大臣家→羽林家→名家→諸大夫家〉の順。

　摂政・関白ポストには五摂家※6の者でなければ、就くことができない。た

※6　五摂家：藤原氏の嫡流で、摂政・関白に任ぜられる家柄をいう。近衛、鷹司、九条、二条、一条の5家である。摂政・関白は公家の最高位で、天皇に代わって政務を行う代理人。関白の意味は、「天皇の言葉に関（あずか）り白（もう）す」で、天皇が幼少のときに摂政が置かれた。

とえば羽林家は大納言まで、といった昇進可能な官職も決められる。この家格による縛りを**極官**(ごくかん)という。

一方の室町将軍家に仕える守護大名でも、〈三管領→四職→七頭[※7]→大名衆（守護(なら)）〉と、朝廷に倣った家格が決められる。

これが**武家身分**、序列の制定であり、足利将軍家の貴種性を確立するのが、最大の狙い。それに沿う形で、将軍を補佐する三管領には足利一族が就き、前述のとおり、筆頭の斯波氏が副将軍格となる。

なお、将軍以下の守護大名は、朝廷からの官位も授与されているが、武家政権では武家身分により重みがある。

ところが、幕府が権威を失って、各地で下剋上が起こると、武家身分も揺らぎ始める。

それでも、将軍や守護に崇敬の念を抱く国人衆は、数多く存在した。三成の父・正継のように。一種のブランド志向である。

一方、興隆する戦国大名の出自はさまざまだが、彼らは分国を支配するため、朝廷に献金を行って、朝廷官位を望んだ。

武家身分の守護には就けないが、朝廷官位は入手可能。

そのお陰で、たとえば徳川家康は「三河守」を獲得している。これは、特に地方では、○○守の潜在的影響力が大きいからだ。朝廷から任命された、という権威を、戦国大名は分国支配のバックボーンにできる。

前述した織田信忠の秋田城介、羽柴秀吉の筑前守も、それに似たニュアンスで、侵略の大義名分となるのだが、新権力者となった信長の意向を、朝廷が受け入れた。そう考えた方がわかりやすい。

前に少し触れたが、義昭から副将軍（斯波氏の後継）を打診された信長は、それを断る。武家身分に縛られるのを嫌った一面も、あったと思う。

一方の朝廷は、右大臣まで昇進させるが、やがて信長は職を辞す。

それでも、彼を取り込んでおきたい朝廷は、1582年5月に使者を派遣して、武田征伐から凱旋した信長に、〈太政大臣or関白or将軍〉のいずれかに就かれては、と打診する。これを「三職推任」というが、翌6月に本能寺の変が起こってしまう。

※7　七頭：三管領に次ぐ家柄で、侍所の頭人に就ける赤松、一色、山名、京極、上杉、伊勢、土岐氏をいう。この七頭から四職（赤松氏以下4氏）が定められた。なお、ここの上杉氏は、関東管領・上杉氏の一族である。

[官位制度]

官途	位階	官途	位階
関白	正一位	参議（宰相）	正四位
右大臣（右府）	従一〜二位	中将・少将	従四位
内大臣（内府）	正三位	侍従	従四位
大納言（亜相）	正三位	四品	従四位
中納言（黄門）	従三位	大夫	従五位

秀吉の関白就任

　さて、秀吉である。

　秀吉の出自は判然とはしておらず、信長に仕えて以降、その有力部将に成り上がった者。将軍からすれば、陪臣の家来となるわけで、武家身分は極めて低い。

　その秀吉が、信長が推進した東西一統を引き継ぎ、巨大な羽柴分国を築き上げる。

　だが、それを「中央政権」へ昇華させるためには、秀吉支配の**正当性**を確立しなければならない。権威の具備である。

　また、軍事力を背景とする政権である以上、「武家の管理統制」が大きな課題として浮上してくる。直轄家臣団はもとより、新たに服属してくる諸大名を政権内に、どのように取り込んでいくのか。

　もちろん、所領安堵や新恩給与といった手段はあるのだが、政権の運営上の意味である。

　しかし、武家身分のフレームに入れば、秀吉は論外というべき存在。貴種性どころか、その逆の立場にある。

　わかりやすく、織田信雄への対応を例に挙げてみよう。

　今や実力の世界で、秀吉は信雄を圧倒し、信雄も実質的に服属している。ところが、従来の武家身分でいえば、信雄は秀吉の旧主筋にあたる。その信雄を、名実ともに臣従させなければ、政権は不安定なまま。他の大名についても同様の問題は、終始、付きまとう。

　その解決策は、秀吉自身が貴種性を持つこと――。

　そこで考えられたのが、従来の武家身分から離れ、**朝廷の官位制度（公家身分）** を、武家の統制手段として活用すること。公家の衣装を着た武家になることだ。時代の価値観としては、まさに革命に近い。

最終的に秀吉は「武家関白」にまで達し、彼を頂点とする新たな武家身分制度を構築する。羽柴分国を豊臣公儀（秀吉政権）へ移行させるためには、そのフレーム構築がどうしても必要だったのだ。

　当初、従五位下筑前守だった秀吉は、1584年11月（織田信雄と和睦後）には従三位大納言、翌1585年3月（紀州征伐の前）には正二位内大臣まで昇進する。もちろん、朝廷が新権力者に迎合した一面も大きいのだが……。
　この内大臣就任に伴い、秀吉の生母は「大政所（おおまんどころ）」、妻のねねは「北政所（きたのまんどころ）」と称せられる。女性の貴人待遇である。
　そのころ、関白の座を巡って五摂家の中で争いがあり、秀吉は右大臣・菊亭晴季（清華家）の智恵を借り、五摂家である近衛前久の猶子（さきひき）となり、1585年7月に従一位関白に就く。
　関白とは、元来、天皇を補佐して政務を行う職で、藤原氏嫡流の五摂家だけが就くことができた。
　周囲の公家は、在任は一時期的なものと思ったようだが、秀吉はポストを手放すことなく、「天下人」として振る舞う。
　現代風にいえば、秀吉が政権の首班に任命され、羽柴分国が中央政府となる。言い換えれば、従わない大名に対して、秀吉は「天皇に逆らう者」という理屈を展開できるのだ。
　そして翌1586年には太政大臣となり、天皇から「豊臣」の新姓を賜る。五摂家と同様に、関白に就ける家柄として。
　といっても、「源平藤橘（げんぺいとうきつ）」と並ぶ本姓が創られたわけで、従来の姓（苗字）である「羽柴」が「豊臣」に変わったわけではない。なお、この豊臣は、「とよとみの」と読む。源頼朝、平清盛と同じである。
　わかりやすく、徳川家康のケースを挙げよう。
　正式な名乗りである「徳川三河守源家康」を分解すれば、〈徳川＝姓、三河守＝官職、源＝本姓、家康＝諱〉となる。
　その一方、ほとんどの場合、秀吉は「豊臣秀吉」と表記される。が、それに倣えば、家康は「源家康」となる。この対応関係は、おわかりいただけると思う。
　現在でも天皇家には姓はない。それは、姓を臣下に与える立場だからだ。貴人となった秀吉の場合も、同様に考えていい。羽柴姓を名乗ることなく、本姓だけの存在となったのだ。
　羽柴姓は、服属した大名らに名誉、恩賞として与えるものとされた。それ

を踏襲した徳川幕府でも、外様大名に松平姓を授けている。

　繰り返しになるが、当時は諱を日常的には用いないので、秀吉を「(関白)殿下」と呼ぶ。現在の総理大臣と同じで、当事者には何ら支障が生じない。諱を呼ぶのは、失礼という感覚なのだ。
　それを〈諱＝名前〉と現代の物差で解釈するから、ドラマや時代小説では「関白秀吉公が……」「おのれ、家康が……」といった表現が連発されるが、それはありえない話。
　ともあれ、このようにして、秀吉は「身分の壁」を克服するとともに、官位制度を巧みに活用し、幕府とは異なる**豊臣公儀**（武家関白による中央政権）を樹立する。
　なお、本書では混乱を避ける観点から、以降、羽柴秀吉は豊臣秀吉と、また彼の樹立した政権を豊臣公儀と、それぞれ表記したい。

4　青年大名・石田三成

治部少輔の官職

　1585年7月、秀吉の関白就任とともに、三成も従五位下治部少輔に叙任された。それまで無位無官だった者が、昇殿を許される従五位下に叙され、官職に任じられた。〈位階＝叙、官職＝任〉という対応関係になり、「諸大夫成」ともいう。
　といっても、三成1人ではない。同時期に秀吉の家臣12人が叙任している。というのも、天皇の代理人である関白は、政権の首班として八省の役人などを選任したからだ。その古式に倣ったと思っていい。
　八省とは、中務、式部、治部、民部、兵部、刑部、大蔵、宮内。
　余談ながら、少し前まで日本政府に存在した大蔵省（現在の財務省）は、明治維新の際、八省が復活したその名残である。
　治部とは戸籍・儀式全般、外事を司る職務。少輔とは次官を意味し、輔は二等官の「助、介」と同義である。ちなみに一等官が「守、頭」。
　要するに、26歳の三成は、秀吉の取り立てによって、治部少輔という身分にまで出世したのだ。それも、実態はともかく、閣僚ポストを与えられて。以来、三成は治部または治部少と呼ばれる。

他の主要メンバーを挙げておこう。
○式部少輔：中村一氏（尾張出身、後に駿河・府中14万5000石）
○雅楽頭(うたのかみ)：生駒親正（美濃出身、後に讃岐・高松15万石）
○左衛門大夫(さえもんのだいぶ)：福島正則（尾張出身、後に尾張・清洲20万石）
○刑部少輔：大谷吉継（近江出身、後に越前・敦賀5万石）
○兵部少輔：古田重勝（近江出身、後に伊勢・松阪3万3000石）

　加藤清正も、同じころに主計頭(かずえのかみ)に任官したとされる。そして、叙任の対象者は、秀吉子飼いの大名（1万石以上）とされたのであろう。
　上記メンバーと同様に、後年、三成が近江・佐和山19万4000石の大名になったことは間違いない。
　では、叙任したころ、三成はどこに所領を与えられていたのか？
　それに関する確実な史料は存在しない。江戸期の幕藩体制とは異なり、豊臣公儀では藩も存在しないし、知行に関する記録も乏しい。
　その一方で、1583年または1585年に、三成は近江・水口（滋賀県甲賀市）で2万石もしくは4万石を領する大名だった、と記す戦記物は存在する。
　だが、1583年時点で、七本槍筆頭の福島正則が恩賞5000石の水準だから、秀吉家臣団のバランス上、三成の2～4万石はありえない。
　また1585年時点では、『藩翰譜(はんかんふ)』（新井白石）によれば、上記の中村一氏が水口6万石を与えられている。
　とすれば、1583年では数千石だった三成は、1585年までの間に水口2～4万石に加増され、大名となったものの、叙任のタイミングで中村一氏と交代した──。
　一応、そういう推測は成り立つのだが、叙任以外はすべて仮定のことばかり。仮に〈三成→一氏〉と交代したとしても、また難関が待ち構えている。というのも、三成は直ちに佐和山領に移ったわけではないからだ。
　三成が佐和山城に入ったのは、1590（天正18）年（北条征伐の後）または1595（文禄4）年（豊臣秀次事件の後）とされる。早目の1590年としても、叙任から5年のタイムラグがある。その間の所領は、わかっていない。
　わずかに判明しているのは、小牧・長久手の戦いの後、近江国蒲生郡で検地を行ったこと、それと治部少輔になったことの2点。

　ただ、〈三成＝水口4万石〉を前提にした有名な話がある。

後世になって、「三成に過ぎたるものの2つあり　島の左近に佐和山の城」と、謳われた島左近を、「半知の2万石で召し抱えた」というのだ。タイミングは1585年のころとなるのだろう。
　この話が事実かどうかは別として、大名となった時点で、三成は武名の高い者を召し抱えたはずだ。
　なぜならば、大名に対して、秀吉は軍役を課すからだ。三成のように、短期間の内に出世した者には、譜代の家臣はほとんどおらず、不足分は雇い入れた牢人で賄うしかない。
　石田家中は人的資源の絶対数が足りず、外部調達に依存した。そういう理屈になるが、左近の仕官がこの時期だったのか、はわからない。
　北条征伐（1590年）のとき、仕えていたのはほぼ間違いないのだが……。

　ついでながら、三成が結婚した時期も定かではない。
　三成の嫡男・重家は、諸説あるのだが、1583年生まれといわれる。それを信じれば、三成は賤ヶ岳の戦い以前に、妻帯したようだ。
　妻は、羽柴秀長に仕える尾藤二郎三郎の娘。義父にあたる人物は、後に宇多頼忠を名乗り、1万2000石の大名となる。関ヶ原の戦いのときは、石田一族とともに佐和山城に籠っている。
　なお、系図を参照いただきたいが、この宇多頼忠を介在して、三成と真田昌幸は縁戚関係にある。

[石田氏縁戚系図]

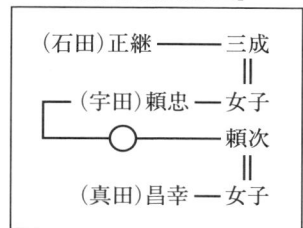

```
（石田）正継 ―― 三成
                ‖
┌（宇田）頼忠 ― 女子
│               頼次
│               ‖
└（真田）昌幸 ― 女子
```

取次・三成——文官の職務

　秀吉家臣団は、〈武官＝軍人、文官＝官僚〉に分けることができる。それが豊臣公儀の両輪である。
　もちろん、智勇兼備で両機能を備える者もいるが、職務の比重の大きさと

理解いただきたい。

　主に武官は戦闘を、文官は行政・外交を担う。

　合戦（WAR）を例に挙げると、実際の戦闘（BATTLE）がクローズアップされがちだが、実際にはさまざまなシーンがある。合戦に至るまでの外交折衝、戦闘時の食糧・武器の運搬などは、明らかに文官のミッションである。

　今では感覚が乏しいが、当時、戦闘で重視されたのは、軍律の遵守と手柄の評価。それを監督するのが**目付**（軍奉行、軍監）で、文官が就くケースがしばしばある。

　実際、三成も目付を務めているが、「どういう職務か」というと――。

①軍律の遵守

　抜け駆けして功名に走る部将、臆病風に吹かれて戦場を離脱する将兵などを、目付は取り締まる。軍律を守らない者が続出すれば、指揮命令系統が機能しなくなり、全軍が危機に瀕しかねないからだ。

②手柄の評価

　合戦に勝利すれば、論功行賞が実施されるわけだが、公平なジャッジがなされなければ、将兵に不平不満が渦巻くのは必至。

　たとえば、落馬して瀕死状態の敵将の首を取っても、手柄とは言い難い。むしろ、槍を振るって落馬させた武士の功績を誉めるべきではないか……。

　それを検分して、判定するのが、非戦闘員である目付の役目。そして、バランスを考えて上申する。論功行賞の叩き台といっていい。

　武官の統制上、良くも悪くも目付の存在は必須であり、これから本書にもしばしば登場してくる。

　次に、前でも多少触れた**取次**について、述べておこう。

　元々、将軍や戦国大名には、「奏者」という側近の家臣がいた。たとえば、分国内で国人衆や被官の所領紛争が起こったとき、他の戦国大名からの書状が届いたときは、奏者が訴訟や書状内容を主人に伝える。

　そして、主人が下した決裁事項や返書を連絡するのも、奏者の役目。この奏者を申次、取次とも称した。三成も、最初は奏者だったわけだ。

　しかし、〈羽柴分国→豊臣公儀〉に伴い、取次・三成はさらに存在感を増していく。なぜならば、中央政権のキーマンとして、服属する大名に政策方針を伝える立場になるからだ。

　また、さまざまな大名家の抱える問題、たとえば所領紛争や後継者問題な

どを、取次は円滑に処理しなければならない。それも相手の立場に配慮しつつ、しかも秀吉の機嫌をそこねないように。

難しい舵取りである。この取次を、対徳川氏では富田一白ら、対毛利氏では黒田孝高・蜂須賀家政が、対上杉氏では三成らが務める。黒田孝高の通称は官兵衛。後の如水である。

豊臣公儀では、このように複数の取次が所管大名の窓口を果たしている。

それとともに、秀吉に従っていない戦国大名に対して、取次が外交折衝を行うケースもある。合戦を行わずに、東西一統を実現する。それに越したことはないからだ。

さらにいえば、1586年時点で秀吉は大きな**野望**を抱いている。

まだ島津征伐や北条征伐を実行していない段階で、すでに秀吉は朝鮮出兵を考えている。

「日本国内を鎮圧したら、これを弟の秀長に譲り、自分（秀吉）は朝鮮と中国の征服に専念しよう」（意訳、フロイス『日本年報』）と。

この飽くなき征服欲も、実は信長の考えを踏襲したものだ。

同じイエズス会宣教師の報告によれば、「日本を統一したならば、艦隊で中国に渡り、国を武力で奪う。それを息子たちに分配したい」（意訳）と、信長は語ったという。

秀吉の壮大なシナリオに沿って、三成らの取次は手足のように動く。それまでに、彼らが国内でなすべきことは数多い。

5 東西一統への道

上杉景勝の上洛

話が錯綜しかねないので、1586年の出来事を、年表で示したい。日本の東西で、時代は中央集権化の道を辿り始める。

○5月：秀吉が妹・朝日姫※8を徳川家康に嫁がせる。
○6月：上杉景勝が上洛する。

※8 朝日姫：佐治日向守と結婚していたが、秀吉に離縁させられて、1586年、家康に嫁いで「駿河御前」と呼ばれた。その輿に付き添ったのが、縁戚の浅野長政、取次の富田一白らである。2年後、母・大政所の病気のため、聚楽第に戻った彼女が、再び家康の許に赴くことはなかった。

○9月：家康が上洛する。
○12月：秀吉が島津征伐を発令。秀吉は太政大臣となり、豊臣姓を賜る。

　4月、上洛の意思を固めた景勝は、越後の有力国人に書状を送る。
「筑州（羽柴筑前守秀吉）が日を追って、天下を静謐（平和）にしており、諸国の大名衆も上洛し、一礼しています。当方も申したいことが種々ありますので、上洛しようと思います」（意訳）と。
　上洛とは臣従を意味するのだが、それでいて、景勝が秀吉を敬称ではなく、筑州と表記している点に注意したい。すでに秀吉は関白に就任しているが、3年前の賤ヶ岳の戦いのころは、景勝と同盟する立場だったから、それも無理のない話。
　翌5月、秀吉は徳川家康を懐柔すべく、縁戚関係を結ぶ。秀吉の東国政策は一歩進み、この時点で家康は秀吉の**義弟**となる。
　そのような動きの中で、秀吉の取次・三成、増田長盛、木村吉清[※9]の3人は、上杉氏の重臣・直江兼続に「景勝の上洛」を要請する。増田長盛は後の五奉行、木村吉清はかつて明智光秀に仕えた者だ。

　殿下様（秀吉）は家康を赦免し、ご縁者になられました。家康も人質や誓詞を出しています。（秀吉は）追って東国の儀を任せられる覚悟です。従って、関東の境目が決まる前に、景勝が上洛されることがお為になると存じます。（意訳）

　この書状からは、逸速く、秀吉に従った景勝への厚意が読み取れる。
　上杉氏の為になることだから、それを踏まえて、「兼続から主人・景勝に働き掛けてほしい」と三成らは伝える。取次同士の根回し、と捉えていい。
　前に記したとおり、1582年以来、家康は関東の覇者・北条氏と同盟を締結中。小牧・長久手の戦いの後、秀吉は家康成敗を企てたこともあったが、今や秀吉の義弟となった家康は、早晩、臣従の意向を表明してくる。その暁には、秀吉は**「東国の儀」**を家康に任せる構想を抱いている。

※9　木村吉清：毛利攻めのため、丹波・亀山城から出陣した明智光秀は、途中で「敵は本能寺にあり」と進路を変える。そのとき、亀山城の留守を託された1人が吉清だ。しかし、吉清らは秀吉に内応して城を明け渡す。その後、秀吉に仕えた吉清は取次となり、やがて大崎・葛西30万石の大名に取り立てられる。光秀裏切りに対する恩賞である。

未だ北条氏は上洛要請に応えず、豊臣公儀に服属する素振りがない。そこで、家康に北条氏対応を委ねる。北条氏の当主・氏直は、家康の婿である。その縁戚関係を重視したのだ。

　しかし、関東に関しては、関東管領・上杉氏を相続した景勝にも発言権がある。景勝自身は関東管領に就いていないが、潜在的な統治権は主張できる立場。

　その景勝は、北関東（常陸、下総、下野）の佐竹一統と手を握り、宿敵・北条氏と争っている。関東における長年の確執は根深く、和解の余地はなきに等しい。改めて、羽柴・上杉同盟の誓詞を確認いただきたい（46ページ参照）。

　しかし、関東対策が家康に比重がかかり、もし家康ルートで北条氏の臣従に至れば、**関東の国分け問題**で、〈上杉氏―佐竹一統〉は著しい不利を蒙る。

　その事態を懸念した三成らは、警告を発したのだ。政治力学上、バランスを取るために。

　ただし、それは表面上の話で、背後で秀吉が糸を操っていた可能性が高い。関東対策で、ライバル関係にある家康と景勝を競わせる。それが、速効性を重視する秀吉の算段であろう。

　その秀吉の性格を、フロイスは「非常に慎重で、とりわけ智恵と策略によって取引する術に長けていた」（意訳）と記している。

　要するに秀吉は老獪で、駆け引き上手。

　1586年5月、越後・春日山城（新潟県上越市）を出発した景勝は、北陸道を上る。重臣・直江兼続も随行している。

　景勝一行が加賀・金沢城（石川県金沢市）に到着したとき、城主・前田利家とともに三成が出迎える。そのために、取次・三成はわざわざ大坂から下向してきたのだ。秀吉が得意とする人心懐柔策に沿って。

　三成の道案内で、景勝一行は6月上旬に京都に入る。ここでも三成や増田長盛の接待を受けた景勝は、6月14日、大坂城で秀吉に謁見する。さらに秀吉と取次は、茶会、酒宴、能楽、堺見学と、景勝を歓待攻めにする。

　実は、景勝の謁見当日、三成は小西隆佐（行長の父）とともに、秀吉から和泉・堺（大阪府堺市）の奉行に任ぜられた、という話がある。

　しかし、上記の流れからすると、いささか唐突な感は免れず、具体的事績も伝わっていない。

堺奉行の在任期間は2年間。ただし、取次として多忙な三成に代わり、父・正継が業務を担った、という。

後に木工頭(もくのかみ)に任官する兄・正澄は、1593（文禄2）年に堺奉行に任ぜられるが、それが著名な三成にすり替わったのかもしれない。

依然として、三成は取次である。

公儀の東国取次

秀吉・景勝会談の詳細はわかっていないが、当然、豊臣公儀としての東国対策（関東＆奥羽）が話し合われたのだろう。家康の臣従が間近という政治情勢と、上杉氏と徳川・北条同盟の対立を前提に置いて。

どのようにして、北条氏以外の東国諸大名を豊臣公儀に靡かせるか？

それが主要命題である。あくまで、武力討伐は最後の手段。それをちらつかせながら、外交戦略で諸大名を帰属させていく。そして、最終的な国分けをどうするか？

会談の中では、**真田昌幸問題**も取り上げられたと思う。前述のとおり、上野・沼田領の譲渡問題で、家康に反抗した昌幸は景勝を頼った。

そのため、前年（1585年）、譜代家臣や信濃国人衆を動員した家康は、信濃・上田城（昌幸の本拠）を攻撃させるが、石川数正事件（秀吉による家康重臣の引き抜き）が起きたため、家康勢は上田城から撤退する。

そのとき、景勝は昌幸に援軍を派遣している。その後、景勝の斡旋で、昌幸は秀吉の付属大名となる。秀吉の保護下に入り、家康の攻撃をかわそうとしたのだ。

わかりやすく、家康の立場からも見てみよう。

家康が朝日姫を正室に迎えたのは1586年5月だが、織田信雄の和睦仲介により、秀吉から縁組の打診があったのは2月のこと。

その直後、家康は北条氏政・氏直父子に会談を申し入れ、徳川分国と北条分国の国境（駿河と伊豆の境）に赴いている。

こちらも内容はわかっていないが、秀吉との和睦・縁組を家康が伝え、同時に真田問題（上野・沼田領紛争）も話し合われたのだろう。

関東制覇、特に上野制圧は北条氏の悲願といって良く、この会談の2か月後、北条氏は沼田城を実力で奪おうと攻撃するが、昌幸勢に撃退される。タイミングは、景勝上洛の直前。

秀吉・景勝会談における真田問題の重要性が理解いただける、と思う。こ

の問題に関して、三成が縁戚の昌幸に同情したのは、想像に難くない。

会談後、秀吉は景勝に佐渡征伐を命じる。平定後は、上杉分国とすることを条件として。上洛の引き出物、一種の新領給与と思っていい。

とともに、秀吉の官位推挙により、初めて景勝は従四位左近衛権少将に任官し、翌年以降、〈従三位参議→従三位中納言〉と昇進していく。なお、この上洛時に、直江兼続も従五位下山城守に任官している。

さらに秀吉は、8月、帰国後の景勝に**東国取次**を命じる。

豊臣公儀を現代の企業とすれば、秘書官の三成は課長クラスで、社長・秀吉の直属の部下。一方、景勝は独立企業のオーナーだったが、吸収合併後、東日本担当役員に任命された立場。

同じ取次といっても、そのような身分の違いがあり、官位がそれを如実に反映している。

東国取次とは、秀吉と東国諸大名（北条氏を除く）の橋渡し役。

その際、貴人宛ての書状ルールに則り、三成は添え状で、景勝の管轄エリアを「関左、並びに伊達、会津辺りの御取次」と記している。

関左とは関東の別称。伊達は、〈奥州探題＆陸奥守護〉の伊達氏。会津辺りは、会津守護を称する蘆名氏を指す。

東国は距離の壁があって、豊臣公儀の官位制度は浸透しておらず、旧来の武家身分の意識が濃厚である。

室町期では、関東管領が東国（関東＆奥羽）の行政統治権を有していた。その経緯を踏まえれば、話はわかりやすい。

関東管領の家柄である景勝は、東国の潜在的支配権を備えている。つまり東国の諸大名にすれば、リスペクトの対象となる貴人であり、佐竹一統は、終始景勝に応援を求めている。

その景勝が秀吉の方針・命令を諸大名に伝達するとともに、諸大名の要望を秀吉に取り次ぐ。そこには、東国平定後、秀吉が関東支配を景勝に委任する含みがある。

しかし、9月になって家康が臣従すると、秀吉は彼にも東国取次を命じる。その意味合いは、北条氏の懐柔対策——。

北条氏を宿敵とする景勝では、豊臣公儀への帰順を北条氏に勧告できない。彼は、北条氏によって所領を侵略された「反北条勢力」の代弁者でもある。

かくして、1586年後半に、**東国対策**の2ルートが設けられた。対上杉氏の取次・三成は景勝寄りである。
○**景勝**：主に佐竹一統、伊達氏、蘆名氏
○**家康**：主に北条氏
　しかし、北条征伐（1590年）の後、関東を与えられたのは家康だった。

第 III 章

東西一統と三成

西暦	和暦	齢	主な出来事
1560	永禄3	1	三成が近江で誕生　桶狭間の戦い
1570	元亀1	11	姉川の戦い
1574	天正2	15	秀吉が長浜城築城
1582	天正10	23	秀吉の備中・高松城攻め、本能寺の変、山崎の戦い、清洲会議
1583	天正11	24	賤ヶ岳の戦い
1584	天正12	25	小牧・長久手の戦い、三成が近江・蒲生郡で検地
1585	天正13	26	秀吉が関白就任、三成が治部少輔に叙任、佐々征伐
1586	天正14	27	上杉景勝の上洛（取次・三成）
1587	天正15	28	島津征伐、博多の町割り実施
1588	天正16	29	島津義久の上洛（取次・三成）
1589	天正17	30	浅野長政と三成が美濃を検地
1590	天正18	31	北条征伐、東国大名の小田原参陣、三成の武蔵・忍城攻撃、家康の関東入封、奥州征伐（奥州仕置）、大崎・葛西一揆の勃発
1591	天正19	32	第2次奥州征伐（九戸成敗）

1 島津征伐Ⅰ

🐙大局 戦国期の九州情勢――島津氏が席巻

　九州は、筑前、筑後（ともに福岡県）、豊前、豊後（ともに大分県）、肥前（佐賀県、長崎県）、肥後（熊本県）、日向（宮崎県）、薩摩、大隅（ともに鹿児島県）から構成される。

　鎌倉幕府のころ、将軍・源頼朝の御家人が、九州諸国の守護や地頭に任命された。以来、その子孫が各地に勢力を張っている。

　代表的な存在が、長年、薩摩・大隅・日向3か国の守護を兼任した島津氏、豊前・豊後・筑前・筑後などの守護を兼ねた大友氏。

　島津氏の始祖・忠久には、「武家の棟梁」頼朝のご落胤※1という伝説があり、島津氏は頼朝直系を称した。それと同様の話が、実は大友氏にもある。武家身分というよりも、血筋の箔付けによる名門意識である。

　ところが、戦国期に入ると、島津氏では一族間の争い、分家勢力の伸張、被官の台頭、国人衆の反乱などが相次いだ。下剋上の嵐が吹き荒れたことで、守護という古い権威に頼っていた島津氏の嫡流は、鹿児島周辺の一勢力にまで衰えていく。

　それを戦国大名として再興したのが、**島津義久・義弘兄弟**――。

　ちなみに島津一族は、通字として始祖・忠久の「忠」「久」を用いることが多く、兄の義久の「久」もそれに該当する。

　しかし、義久の「義」は13代将軍・足利義輝から、弟の義弘の「義」は15代将軍・足利義昭から、それぞれ授かったものだ。

　この「義」は将軍家代々の通字なので、下の「輝」「昭」を拝領するのが当時の慣習。たとえば、伊達政宗の父・輝宗は、義輝からの一字拝領。毛利輝元も同様である。従って、義久兄弟は非常な栄誉を受けたことになる。

　1572（元亀3）年、薩摩と大隅を平定した島津氏は、隣国・日向の伊東氏を破り、侵攻を開始する。攻撃を浴びた伊東氏は、やがて豊後を本拠とする戦国大名・大友宗麟※2を頼る。

　それに応えた宗麟は、1578（天正6）年、大軍を日向に派遣するが、耳川

※1　ご落胤：大友氏の初代・能直（筑前、豊前、肥前守護）も、頼朝の庶子という伝承がある。東国では結城氏の祖・朝光が頼朝のご落胤とされ、かなり信じられたようだ。

の戦いで島津勢に大敗を喫する。以来、島津勢は大友分国を襲い、さらに転じて肥前の戦国大名・龍造寺隆信を破る。

模様を眺めていた国人衆は、一斉に島津氏に靡く。その結果、ほぼ九州全域を島津氏が席巻する。

大友分国でも、一族や国人衆の離反が続いたため、宗麟は豊後を守るだけで精一杯。北上する島津勢の攻撃によって、大友分国は風前の灯となったため、宗麟は窮状を秀吉に訴え、旧領回復を乞う。

1585（天正13）年7月、関白に就いた秀吉は、「天皇の代理」として、諸国の**所領紛争**に介入し始める。

日本の静謐を目指すことが建て前にあるものの、実態は新権力者・秀吉に従属していない地域（九州、東国）対策と考えていい。

大友 分善 惣無事令の発布

秀吉が発布した惣無事令とは、一言でいうと**私戦停止令**。

天皇から権限委譲されたという前提に立ち、豊臣公儀として、大名が勝手に他国を侵犯することを禁じた法律である。大名が戦争を放棄すれば、静謐が実現できる。

秀吉流「戦争と平和」の論理構成は、おおよそ次のとおり。

戦国大名の争いの根源には「国郡 境目の相論」、すなわち所領紛争がある。まずは、私戦（当事者間の勝手な合戦）をやめよう。

紛争が起これば、豊臣公儀が介入し、「国分け」（所領分割）の裁定を下す。ただし、裁定に従わないときは、公儀軍が征伐する。

具体的な事例として、前に述べた上野・沼田領問題、それに伴う家康の真田昌幸攻撃を思い浮かべていただきたい。

関白の権威と圧倒的な軍事力を背景に、秀吉は「全国の所領裁定権を持つ」と公言している。紛争発生場所が従属国であろうと、なかろうと。

その罰則規定が**征伐**。征伐には、平安期の蝦夷征伐のように「中央政権に反抗する者を退治、成敗する」というニュアンスがある。

この惣無事令は、後年の北条征伐、奥州征伐（1590年）でも適用される。

現代風にいえば、上から目線で圧力を加える。そういうパフォーマンスこそが、権力の本質なのだろう。

※2 大友宗麟：最盛期は、豊後など九州6か国の守護を兼ね、1559年には九州探題に就いた。キリスト教を信仰したことで知られ、教名をドン・フランシスコという。

宗麟の訴えにより、1585年10月、秀吉は島津氏、大友氏に停戦命令を伝える。
　「勅定（天皇の命令）なので、書き認めます。（自分は）関東から奥州の果てまで、天皇の御意向で天下を静謐にしました」
　「しかしながら、九州では今も合戦とは、よろしくないことです。国郡境目相論については、双方の言い分を（自分が）聞いた上で、追って取り決めます。まずは、双方が合戦を止めることが、天皇のお気持です。その意をお汲み取りください。もし従わねば、きっと成敗されるでしょう。各々には一大事なので、よくよく分別してご返答ください」（意訳）

　文面で「関東、奥州まで平定した」とするのは、ハッタリだ。まだ東国対策に着手しておらず、その意味では詐術（ブラフ）に近い。
　交通が不便な時代では、遠国の情報はまず伝わってこない。確認の手段もないので、書状で書かれたとおり、「九州だけが天皇・関白に従っていない」と、必要以上に恐れる者も出かねない。そういう効果も期待できる。
　このとき、添え状は細川幽斎（藤孝）＆千利休※3（宗易）から、島津氏重臣の伊集院忠棟宛てに送られた。幽斎は義久の和歌の師でもある。利休は茶道で名高い人物。
　そして、三成も島津氏の取次に就いている。まだ、服属していない大名ではあるが。その事実を、島津義久は「薩摩取次が幽斎と石治少（三成）であることは、誰でもが知っています」（意訳）と記している。
　前述のとおり、三成は上杉氏の取次を務めており、東西対応の要に位置していたことが窺える。
　さて、年末になって、秀吉から高飛車な書状を受け取った島津氏は、強く反発する。重臣の1人が、その雰囲気を記録している。
　「羽柴と申す者は、元々由来なき仁（秀吉は、氏素性もわからぬ成り上がり者）」「それにひきかえ、当家は頼朝以来の御家柄」と。
　そのような秀吉から、名門の島津氏がとやかく指図される謂われはない。それが本音。とはいえ、さすがに豊後攻めを見合わせる。
　翌1586（天正14）年3月、宗麟は大坂城に赴き、秀吉と対面する。秀吉は

※3　千利休：侘茶を完成させた茶人。1590年、豊臣秀長が病死した2か月後、利休は秀吉の怒りに触れて自刃を命じられた。理由は、「大徳寺山門の上に自分の像を置いた」「自分の茶碗を高値で売った」といわれるが、ハッキリしない。そのために、三成関与説もある。豊臣氏を牛耳る秀長・利休ラインを、三成らが排除したとする。

千利休に命じて茶会を催し、彼を歓待する。

また秀吉の弟・秀長も宗麟に好意を示す。

宗麟の記した書状によれば、「内々の儀は宗易（利休）、公儀の事は宰相（秀長）存じ候」と秀長は語り、「（宗麟の）お為にならないことは、ありません」（意訳）と続ける。

当時、豊臣公儀きっての実力者が秀長、豊臣家内部を仕切るのが利休だった。

宗麟と同じころ、言い分を申し立てるために、島津氏も家臣を派遣する。タイミング的には、上杉景勝が上洛を決意するころ。

そのとき、秀吉は島津氏、大友氏に**九州国分け案**を提示する。

基本は島津氏の占拠地放棄であり、具体的には「大友分国の一部を宗麟に返還する、筑前を秀吉に割譲する、肥前を毛利輝元に割譲する、島津氏の所領は薩摩・大隅・日向・肥後半国・豊前半国とする」。

国分け案を呑むか、呑まないか。回答期限も7月と定められる。移動に要する日数を考えれば、ほとんど時間はない。

武士は一所懸命という。所領に命を懸けるのだ。まして、ほぼ九州全域を掌中に入れながら、秀吉案を呑めば、島津氏は大半を手放さざるをえない。

「秀吉案の拒否」と、方針を定めた島津氏は、豊後攻めを開始する。

しかし、その一方で「公儀との直接対決を回避したい」と考えた当主・義久は、豊臣秀長と三成宛てに、弁明とともに**指南**を依頼する書状を送っている。指南とは、単なる取次（メッセンジャー）ではなく、事態を良く知る三成から「対処の仕方を指示してほしい」、というニュアンスだ。

島津家臣団では、伊集院忠棟が和平派だったようだ。彼が三成とのパイプ役を果たしている。

なお、ここで注意したいのは、豊臣公儀が〈筑前＆肥前〉を召し上げよう、とした点だ。明らかに秀吉は、朝鮮出兵の前線基地確保を意識している。

島津征伐の布告

実は前年（1585年）の停戦命令のころから、秀吉は島津征伐に備えて、小早川隆景経由で毛利輝元に先鋒を命じている。

九州国分け案（1586年3月）で、事態は解決すると読んでいた節もあるが……。いずれにせよ、島津氏の出方次第。

しかし、回答期限の翌8月、島津勢は豊後を攻める。それに合わせて、秀

吉は毛利勢（毛利、吉川、小早川）を豊前に進駐させる。目付（軍監）は、毛利氏取次の黒田孝高が務める。

また、讃岐の仙石秀久、土佐の長宗我部元親、阿波の十河存保（そごうまさやす）らの四国勢を、大友義統（よしむね）（宗麟の嫡子）支援のために豊後に入れる。こちらは豊後水道経由。七本槍の加藤嘉明、脇坂安治も従軍している。

ただし、家康が臣従するか、どうかの微妙な時期だけに、本格的な戦闘態勢とは言い難い。

11月下旬、島津勢に攻撃された城を救うべく、四国勢（豊臣公儀軍）6000人は、戸次川（へつぎ）（大分県大分市）を挟んで、島津勢1万人と対峙する。島津勢は、義久・義弘兄弟の末弟である家久が率いている。

一方の四国勢は寄せ集め部隊。季節は真冬で、しかも土地勘もない。

諸将は大友義統の援軍を待ってから、と主張するが、無謀にも仙石秀久が渡河作戦を決行する。そこを島津勢が襲ったため、バラバラとなった四国勢は大敗を喫した。

長宗我部信親（元親の嫡子）と十河存保が、戦死を遂げる。だが、戦場を離脱した秀久は、小倉経由で讃岐まで逃げ戻る有様。激怒した秀吉は、秀久を高野山へ追放する。

ついでながら、長宗我部氏について記しておこう。嫡子を失った元親は悲嘆に暮れるが、2年後、4男の盛親に信親の娘を娶らせ、跡目と定める。理由は、元親が盛親を溺愛したためとされる。

だが、元親が長幼の順を無視したことで悲劇が起こる。後継者を自認していた次男・香川親和はショックのあまり、自殺を遂げる。また異論のあった3男・津野親忠は、幽閉の身となる。

このように盛親の相続には、大きな犠牲が払われたのだが、関ヶ原の戦いの後に、そのツケが盛親を襲う（後述）。

10月の家康臣従によって、秀吉には後顧の憂いがなくなる。そこへ戸次川の敗戦の報が入る。

かくして、12月、秀吉は自ら島津征伐に乗り出すことを宣言し、諸将に九州遠征の動員令を出す。

30数か国からの動員兵力は30万人、馬は2万頭。空前絶後の規模である。

そのとき秀吉は、遠征費用（動員兵馬＆1年分の食糧）を三成に計算させた。つまり、三成が兵站（へいたん）準備を託された、という話がある。当時の言葉で、

小荷駄。武器や食糧の輸送業務だ。

戦記物『甫庵太閤記』によれば、兵糧米・飼料担当の奉行4人が、諸国から集めた食糧を上方から赤間関(山口県下関市)に輸送し、それを九州に遠征した豊臣公儀軍に扶持として渡した。大谷吉継や長束正家とともに、三成は「御扶持方渡し奉行」を担当した、とされる。

いかにも、という内容である。華々しい戦闘シーンとは裏腹に、戦場までの武器・食糧輸送は、膨大な重量物の運搬であり、辛い任務だった。街道は未整備状態で、川には橋が架かっていないからだ。また、膨大な数の陣夫(運搬用の非戦闘要員)を必要とする。

それを、今回は瀬戸内海を海上輸送する。しかも、朝鮮出兵時では、三成は間違いなく小荷駄を担当している。

可能性はある話だが、三成が早めに現地入りした記録がない。引き続き、取次の職務に従事していた、と思われる。

2 島津征伐Ⅱ

秀吉の出馬

1586年12月1日、島津征伐が発布される。最終的な動員数は25万人。

それに伴い、毛利分国の備後・鞆(広島県福山市)にいた15代将軍・足利義昭は、島津義久の許へ側近を派遣し、関白への出仕を勧めている。

そのために、義久の戦意は多少衰えたのかもしれない。とうてい敵う相手ではないと。

翌1587(天正15)年1月、義久は豊臣秀長と三成宛てに、「戸次川の一戦」について、秀吉への取りなしを書状で依頼している。

が、留守を織田信雄に託した秀吉は、3月1日に京都を発つ。このとき、三成は秀吉に従って、山陽道を下る。

途中、秀吉は足利義昭と会談する。奇妙な光景かもしれないが、室町幕府が滅びたとはいえ、義昭は武家身分のトップである将軍のままであり、古くからの大名には影響力を残している。

言い換えれば、伝統的な武家権威を重んじる島津氏は、関白秀吉(成り上がり者)の命令は聴かないにしても、将軍義昭(名門)の勧告には従う可能性は十分にある。

その後、安芸の厳島神社で和歌の会が催され、三成は次の歌を詠む。
「春ごとの頃しもたえぬ山桜　よも霧島の心ちこそすれ」
しもたえ（下萌）とは、土の中から芽が出ること。霧島は大隅・日向の国境の霧島連峰。三成の思いは、遠く島津分国に及んでいる。

なお、このとき、安芸・広島城（広島県広島市）を本拠とする毛利輝元は、すでに出陣しており、秀吉に謁見できていない（後述）。

3月末、豊前・小倉城（福岡県北九州市）に到着した秀吉は、陣立てを行う。九州西部、東部の2ルートを辿り、島津分国に攻め入る計画だ。

①**肥後方面軍**：秀吉軍10万人

総大将は秀吉で、九州西部を〈豊前→筑前→筑後→肥後→薩摩〉と進軍する。従うのは、旧織田軍団系の細川忠興、池田輝政、堀秀政、蒲生氏郷、前田利家、佐々成政など。

②**日向方面軍**：秀長軍15万人

総大将は秀長で、九州東部を〈豊前→豊後→日向→大隅〉と進む。従うのは、毛利輝元、吉川元長（元春の嫡子）、小早川隆景、宇喜多秀家、黒田孝高、蜂須賀家政ら。こちらは、毛利勢などの〈山陽道＆南海道〉の軍勢。

建て前上は、〈①＝本隊　②＝支隊〉となるが、実態は②が主力部隊。島津氏もまた、主力を九州東部に配備している。

豊後・府内城にいた島津義弘は撤退し、日向を固める。が、公儀日向方面軍は、4月中旬の高城の戦い、根白坂の戦いで義久・義弘兄弟を撃破する。兄弟は薩摩に兵を引く。

一方、九州西部の国人衆は抵抗を示さなかったので、公儀肥後方面軍はスムーズに薩摩・川内に入る。公儀別働隊というべき水軍が、川に舟橋を架け、大軍の通行を容易にする。

薩摩の東西から大軍が迫る。もはや当主・義久は万事休す。

5月初旬、頭を丸めた義久（法号は龍伯）は、秀吉の本営を訪れ、謝罪降伏する。その前に重臣・伊集院忠棟が、密かに秀長の陣営に行き、義久の助命を乞うたともいう。

ただし、弟の義弘らは日向・大隅の諸城に籠ったまま。当主に従って、降伏したわけではない。

[島津征伐]

(地図:筑前・豊前・筑後・肥前・肥後・豊後・日向・大隅・薩摩、秀吉軍・秀長軍の進路)

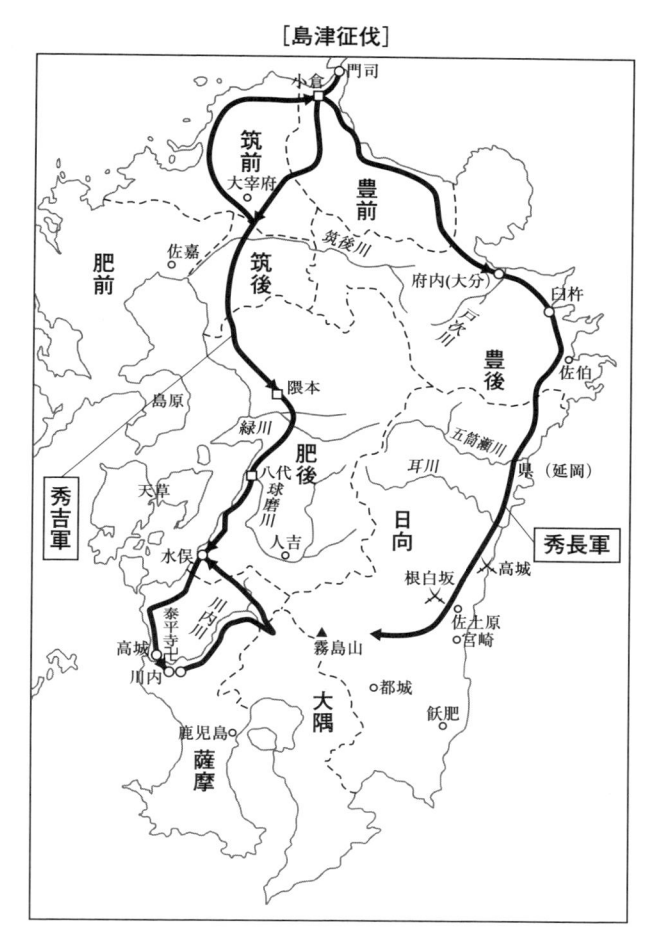

降伏後の処分

　降伏すれば許し、本領を安堵する。

　これが秀吉流の基本形で、無闇に殺さず、全所領を没収しない。佐々成政が好例である。敵を許せば、恨みは買わない。そうすれば、スピーディに東西一統が実現できる。

　問題は**国分け**（所領分割）。島津氏の本領として、どこまで認めるか？

　鎌倉期以来、島津氏は薩摩・大隅・日向の3か国守護で、しかも豊後を除く九州を、実力で占拠していたのだから。

　秀吉は義久を赦免し、当初の九州国分けとして、薩摩をあてがおうとし

た。薩摩だけを本領と見做し、日向は大友氏と伊東氏、大隅は長宗我部元親に与える、という案だ。

さらに秀吉は、三成を鹿児島に派遣し、義久の在京と人質の提供を求める。義久は応諾せざるをえないが、むしろ、課題は所領の回復にある。プライドの面も大きい。

義久は伊集院忠棟を秀長の許に送り、弟の義弘らの降伏を条件に、再折衝を行わせる。

それが功を奏し、秀吉も了解したため、九州国分けは以下のように変更される。なお、『藩翰譜』では、伊集院忠棟の奉公を高く評価している。

○薩摩：島津義久、ただし2郡は関白直轄領
○大隅：島津義弘、ただし1郡は伊集院忠棟
○日向：島津久保(ひさやす)（義弘の子）が2郡、残りは伊東氏など
○肥後：佐々成政（越中から移封）、ただし球磨(くま)郡などは相良氏
○筑前：小早川隆景（伊予から移封）
○筑後：小早川隆景が2郡、小早川秀包[※4]が3郡、立花宗茂が2郡など
○肥前：小早川隆景が2郡、残りは龍造寺氏、大村氏、有馬氏など
○豊後：大友義統
○豊前：黒田孝高が6郡、毛利吉成(よしなり)[※5]が2郡

確かに島津一族としては、大隅と日向2郡を回復できた。が、そこに微妙な問題が生じる。

結論を先に記せば、当主・義久の権力が後退したこと。元々は3か国守護だった、という点がポイントだ。

義久の立場で、2回の国分けを見ると、1回目で、薩摩は安堵されたが、大隅＆日向は没収された。

2回目で、大隅・日向は回復できたものの、義久に戻されたのではなく、新規に義弘・久保父子に与えられたのだ。また、和平派の伊集院忠棟も大隅1郡を給与された。

※4　小早川秀包：毛利元就の子で、後継者のいない兄・小早川隆景の養子となった。しかし、後に隆景が秀秋（秀吉の甥）を養子に迎えると、別家を興す。関ヶ原の戦いでは西軍に属したため、筑後・久留米13万石を没収された。
※5　毛利吉成：諱は勝信ともいう。秀吉の黄母衣衆から取り立てられて、大名となる。旧姓は森で、秀吉の命で毛利と改めたらしい。2回の朝鮮出兵にし、関ヶ原の戦いでは西軍に属したため、豊前・小倉6万石を没収された。嫡子の吉政（勝永）は、「大坂の陣」での活躍で知られる。

内部の利害関係でいえば、島津征伐の結果、兄の義久は所領を失い、弟の義弘は新領を獲得する。それに伴い、当主が支配してきた島津分国に、**両殿様**が出現する。なお、義久に男子（後継者）はいない。

　国分けは、明らかに豊臣公儀による兄弟離間策であり、秀吉は義弘に肩入れして、三成に支援させる。義久が面白いはずがない。

　そこに義久の跡目問題、重臣の対立、さらに朝鮮出兵などのさまざまな要素が絡み合い、結果的に兄弟のスタンスは、〈義久＝反秀吉、義弘＝親秀吉〉となる。もちろん、兄弟がそれを公言したわけではないが……。

　関ヶ原の戦いで、義弘は西軍に参加する。三成への恩義があったからだ。そのとき、手勢が少ないので、国許からの派兵を義久に依頼するが、結局、援兵はこない。義久は家康に近い立場。やむなく義弘は、敵陣を突破して血路を開く（後述）。

　この有名な話の遠因は、島津征伐時の処分対応にある。何事にも、過去（恨み）と利害（所領）が付きまとう。今も昔も変わりなく。

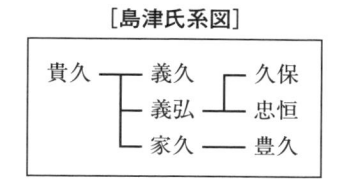

[島津氏系図]

```
貴久 ┬─ 義久   ┬─ 久保
     ├─ 義弘   ├─ 忠恒
     └─ 家久 ── 豊久
```

🏯三成 九州国分け──九州取次・輝元案

　実は九州国分けに際して、秀吉は別の腹案も有していた。

　毛利輝元を**九州取次**に就けようと。

　具体的には、毛利分国の一部（備中、備後、伯耆など）の代わりに、九州北部（筑前、筑後、豊前など）を与えようとした。本領の安芸、周防、長門はそのままにして。

　要するに毛利分国を、九州を含む形で再編して、より西にシフトさせよう、と秀吉は考えた。狙いが、西国支配体制の確立、次なる朝鮮出兵にあったのは、間違いない。

　ところが、移封を望まぬ輝元が固辞したため、〈九州取次＆分国スライド構想〉は幻に終わる。従って、詳細はわからないが、これまで登場した取次とは質を異にしているように思う。

○豊臣公儀の取次

①政権の一員、惣無事令の推進者として、服属する有力諸大名との外交窓口を務める。たとえば、三成は上杉氏を対応、黒田孝高の場合は毛利氏を対応。相手側の取次は、直江兼続や安国寺恵瓊となる。

②敵対する有力大名との外交折衝、指南、事後対応を行う場合もある。三成は島津氏を対応し、相手側は伊集院忠棟。なお、三成と忠棟は、最後まで抗戦を続けた島津氏の重臣を、説得している。

③有力大名に軍勢動員を指示し、自らも目付（軍監）を務める。秀吉の指示を受けた孝高は、毛利氏に島津征伐を伝え、彼自身も従軍している。武官を務めるわけだが、島津征伐で三成の軍事的活動は確認できない。

○東国取次

豊臣公儀と東国諸大名（関東＆奥羽）の橋渡しを行う。前年（1586年）の後半に、上杉景勝と家康がその役に任じられている。現在進行形であり、北条征伐は1590年（天正18）のこと。

これらに引き換え、九州取次は征伐実施後のポストであり、上方を基盤とする豊臣公儀が、遠隔地支配を円滑に行うことを目的とする。

室町幕府の職制でいえば、**九州探題**[※6]に相当する。探題とは、一定地域の軍事政権（ミニ幕府）。

秀吉には、有力大名を潰す意思は毛頭ない。むしろ逆に、豊臣公儀に取り込み、その軍事力・影響力を領土拡大意欲のために活かそう、としたのだ。

が、輝元が辞退したため、「毛利両川」で最も信頼する小早川隆景を四国から九州に移し、筑前という要地を与えた。

そういう絵柄だと思う。秀吉が調停に乗り出したころの案は、〈筑前＝関白直轄領〉だったことを思い出していただきたい。

後に隆景の養子となるのが小早川秀秋（秀吉の甥）であり、朝鮮出兵のころ、筑前は三成にも大きく関係してくる。

島津征伐では、他にも三成や関ヶ原の戦い（1600年）に関連する事柄が、いくつかある。

○吉川広家

※6　九州探題：室町幕府が、九州統治のために設置した軍事機関。武家身分の1つである。他に奥州探題、羽州探題などの遠隔地統制機関があった。

出兵の最中、「毛利両川」の吉川氏では元春・元長父子が相次いで病死を遂げたため、家督は広家（元春の3男）が継いだ。が、吉川氏は小早川氏のような優遇は受けなかった。

　「両川」のバランスの崩れは、関ヶ原の戦いでの広家の行動（東軍内応）にも影響を及ぼす。

○佐々成政

　島津征伐後、肥後1国の大名として復活するが、国人衆の激しい反抗に遭う。一揆勃発は、秀吉の取次である浅野長政、増田長盛、三成から安国寺恵瓊ら（毛利輝元の取次）に伝えられる。

　一揆鎮圧後の翌1588（天正16）年、成政は責任を問われ、切腹処分となる。肥後は二分され、北半国は加藤清正（熊本城）、南半国は小西行長（宇土城）に与えられる。

○尾藤知宣（びとうとものぶ）

　日向方面軍に属した知宣（讃岐・丸亀5万石）は、根白坂の戦いのとき、慎重論を唱えて敵勢壊滅の好機を逸する。それを聞いて、激怒した秀吉は彼の所領を没収する。

　が、その怒りは解けることなく、北条征伐後、剃髪して許しを乞う知宣を下野・那須（栃木県那須塩原市）で斬殺に処したという。秀吉の過酷な一面である。

　詳細な事情はわからないが、この知宣の弟が、三成の義父・宇多頼忠。島津征伐のとき、三成は親族の不行跡に心を痛めていたのであろう。

［室町幕府職制表］

```
        ┌─ 将軍 ──── 管領 ─────────┬─ 政所
        │                              ├─ 問注所
        └─ 鎌倉公方 ── 関東管領       ├─ 侍所
                                        ├─ 探題
                                        └─ 守護
```

島津義久の上洛

　島津征伐を終えた秀吉は、1587年6月初旬、筑前に到着する。このとき、戦火のため、荒れていた**博多**（福岡県福岡市）の復興に努めている。

これを「太閤町割り」といい、長束正家、小西行長ら5人が奉行に任命された。
　が、4月下旬時点、すでに三成、大谷吉継、安国寺恵瓊の連名で、九州北部の諸大名に博多復興を伝えている。諸役免除を前提に、避難中の豪商や町人を戻らせようと。奇しくも、上記の3人が関ヶ原の前に「家康打倒」を企てるとは、三成も思っていなかっただろう。
　豪商とは島井宗室らであり、6月の茶会には三成も参加している。やがて、この博多が朝鮮出兵の基地の役割を果たす（後述）。

　さて、降伏を告げた島津義久は、上洛の途につく。それを、三成は赤間ヶ関で出迎え、一行は瀬戸内海を航行し、大坂城へ赴く。
　義久を歓待した秀吉は、滞京費用として所領1万石を授ける。義久は1年あまり滞在したが、その間、取次の細川幽斎と三成が世話をしている。
　幽斎は「石治少（三成）と相談の上」、義久の帰国が叶うよう努める、と島津氏の重臣に書状を送っている。
　次いで、1588年6月に島津義弘が大坂に来たとき、義弘は直ちに三成を訪ね、指南を乞うている。このとき、義弘は従五位下侍従に任官し、以降、羽柴薩摩侍従と呼ばれる。
　義弘の帰国後、義久と人質（義久の娘・亀寿）も帰国が許される。かなり寛大な対応であり、背後に幽斎と三成の尽力があった。
　そのために義弘は、公儀への忠誠とともに、次のように記す。「御両人も私を見捨てないでください。引き続き、ご指南をお願いします」（意訳）と。
　立場上、義久が当主に変わりはないが、豊臣公儀は義弘を実質的な当主として扱う。大胆に書けば、〈義久＝冷遇、義弘＝厚遇〉という仕分けである。
　義弘は三成を頼り、それに三成は応える。やがて三成は、島津分国の**内政面**（重臣対策や検地）でも、指南を求められる。
　なお、亀寿は久保（義弘の次男）に嫁ぐが、久保が朝鮮で戦死後、忠恒（義弘の3男）と結婚する。この忠恒が、後に義久から当主の座を譲られる。言い換えれば、正式な当主の座に、義弘は就いていない。

3 豊臣公儀の権力構造

公儀での序列

　1588年4月半ば、後陽成天皇の聚楽行幸が催された。秀吉が京都に築いた聚楽第が、関白としての政庁。大坂城が、豊臣公儀の軍事拠点となる。
　今や、秀吉にとって未征服地は東国のみ。そういう局面での一大セレモニーである。
　官位制度を武家統制の手段とする秀吉は、すでに諸大名の「官位推挙権」を一手に掌握している。諸大名が、朝廷に直接願い出たのは過去の話。
　天皇の権威をバックとする秀吉は、この機会に、参会した諸大名から、「関白殿の仰せには、何事も違背いたしません」という誓詞を差し出させる。**絶対服従**の証である。
　誓詞は、有力者6人と諸大名23人の2グループに分けられ、有力者の連名は「右近衛権少将・豊臣利家、参議・豊臣秀家、権中納言・豊臣秀次、権大納言・豊臣秀長、大納言・源家康、内大臣・平信雄」の順。
　これは官位の低い者から順番に、本姓を記したもので、それぞれ「前田利家、宇喜多秀家、羽柴（豊臣）秀次、羽柴（豊臣）秀長、徳川家康、織田信雄」を指す。
　と同時に、連名リストは豊臣公儀での**序列**を意味している。
　朝廷官位の順に並べると、〈関白秀吉→内大臣信雄→大納言家康→大納言秀長……〉と続く。
　ちなみに、上杉景勝は上洛途上にあり、入京後に参議へ昇進。参議・毛利輝元については、後述するが、景勝と同様の処遇となる。
　秀吉の下で、上記6人に景勝、輝元を加えた8人が、豊臣公儀のトップ層を構成する。彼らは聚楽第や大坂城に伺候する際、この順番で席に就く。その下位も、細かく定められる。
　だから、序列とは身分関係を反映した席順でもある。ある意味、序列は一見してわかる仕組。
　なお、信雄は内府、家康は駿河大納言、秀長は大和大納言、景勝は越後宰相と呼ばれる。「所在地プラス官途」という表現であり、羽柴姓を賜った諸大名は、島津義弘のように羽柴薩摩侍従と呼称された。

この朝廷官位を、秀吉は巧みに操り、より一層、権力基盤を固めていく。

秀吉の東西支配イメージ

このとき、秀吉は53歳。当時の50歳は老人で、孫がいる世代である。

そして時代の価値観では、**家の存続**が最優先課題。

にもかかわらず、秀吉は実子に恵まれない。養子に迎えた者も、幼かったり、若くして病死したりした。後に長男・鶴松が生まれるが、夭逝したため、甥の秀次を養子にするのは、北条征伐の翌年（1591年）のこと。

豊臣公儀の本質は軍事政権であり、関白ポストは武家を統率する要。おそらく秀吉は関白の座を五摂家に明け渡すことなく、代々の豊臣嫡流に継がせよう、と考えたのであろう。足利将軍家代々のように。

また所領拡大意欲は非常に旺盛で、朝鮮・中国進出までも考えている。

だが、現実は後継者不在——。相続問題に頭を痛めた秀吉は、弟の秀長を跡目に考えた節もある。

さて、ここからは私なりの推測である。

実は室町幕府の本質は、日本を東西に分け、それぞれを足利兄弟家（室町殿、鎌倉殿）が統治していた点にある。

〇**室町殿御分国**：足利将軍家（室町殿、兄の家系）が西国56か国を支配。

〇**鎌倉殿御分国**：鎌倉公方（鎌倉殿、弟の家系）が東国12か国（関東＆奥羽）を支配。なお、鎌倉公方は関東公方ともいう。

関東は武家発祥の地。特に武蔵・相模の武士は、一騎当千といわれた。その関東の行政、軍事、裁判権は鎌倉公方の管掌とし、関東管領・上杉氏が補佐した。

日本は細長く、地理的要因（河川山岳の存在）や物理的要因（交通網の未整備）からして、単一政権が東西68か国を一元管理することは難しい。

また鎌倉殿には、当初、室町殿の軍事的バッファーを務める役割が、与えられていた。現代でも、商品販売の地域戦略から、東西2本社制を敷く大手企業は存在する。

この考え方は、まず信長に受け継がれた。前述したとおり、彼は嫡子・信忠に東国支配を託そうとした。

信長の継承者・秀吉が、それを知らぬはずもない。秀吉が筑前守に任官したのは、信長の西国対策の一環なのだから。

そして後継者のいない秀吉は、弟による東西分割統治を意識した。
○**西国**：豊臣秀長（実弟）
○**東国**：徳川家康（義弟）

　上記のように血族で東西を固め、豊臣公儀の安泰を期する。それが、秀吉の究極の狙いだったのであろう。もし実子が誕生したときは、秀長（または家康）が後見人となり、将来の政権移譲を円滑に行う。
　血の繋がりは、裏切りリスクを回避するために、非常に重要である。だからこそ、戦国大名は縁戚関係を通じた同盟を、しきりに結んだのだ。
　しかし、西国には毛利氏が、東国には上杉氏がいる。彼らの協力があったからこそ、豊臣公儀が立ち上がったのも事実。その恩義を、秀吉は忘れていない。
　従って、東西支配のバッファーとして、両氏を位置づけたのだと思う。
○**西国**：大納言・豊臣秀長＋毛利輝元
○**東国**：大納言・徳川家康＋上杉景勝
　それで完全に固まったわけではないが、分割統治を意識する秀吉は、積極的な縁組策を採る。東西にわたって奔走し始めた三成は、その方向性を十分認識していたと思う。

毛利輝元の上洛

　上杉景勝や徳川家康が上洛し、秀吉に臣従したにもかかわらず、実は輝元だけは上洛を果たしていなかった。というのも、四国征伐、島津征伐が続いたため、タイミングを逸したからだ。
　1588年7月、取次・黒田孝高の先導で、膨大な進物を携えた輝元一行は、京都へ到着する。早速、秀吉の使者として浅野長政と三成が、1000石の米を宿舎に届けてくる。
　翌日、輝元以下、小早川秀秋、吉川広家らは、聚楽第で秀吉に謁見する。当然、上壇は秀吉である。
　セレモニーが終わって宴席になると、秀吉は退き、代わりに「金吾殿」※7が上壇に座る。大納言である家康、秀長の上座にあたる。

※7　金吾殿：衛門府を中国風では金吾といい、その長官である左衛門督を金吾大将軍と呼んだ。それに由来するもので、「秀秋はもと左衛門督だったので、初めから金吾殿といわれた。そういう説がある」（意訳、『藩翰譜』）。

当時7歳の金吾とは、後の**小早川秀秋**。秀吉正室・北政所の兄である木下家定の子で、3歳のときから、子供のない北政所に養われた。以来、金吾は秀吉に寵愛され、幼くして侍従に任官している。

　官位が低いにもかかわらず、彼が上壇に座ったことは、金吾が秀吉の「後継者の最有力候補」だったことを意味している。

　それがなぜか、金吾は後継者から外され、6年後の1594（文禄3）年に小早川隆景の養子となる。が、当初の出会い時点では、彼が輝元や隆景のはるか上座に位置していたことを忘れてはならない。

　ともあれ、輝元は従四位参議に任官し、隆景や広家は従五位下侍従と諸大夫成した。このような儀式、接待を経て、毛利氏も正式に豊臣公儀に繰り込まれていく。

　その毛利氏にあって、悩みの種は36歳の輝元に実子が誕生しないこと。少し後のタイミングになるが、秀吉は輝元の跡目に関与していく（後述）。

　上洛から1か月後、輝元らは北条氏規の秀吉謁見に同席する。氏規は氏政の弟で、その代理として関東から上洛してきた。

　上壇には関白秀吉、以下、内大臣信雄、大納言家康……が居並ぶ中、無位無官の氏規は、はるか末席に座らされた。

4 東国の情勢

関東・奥両国惣無事令の発布

　秀吉が島津征伐を発令したのは、1586年12月。その前月まで話を戻そう。

　秀吉の意向を受けた東国取次・家康は、11月、相模・小田原城（神奈川県小田原市）の北条氏政宛てに、次の書状を送る。秀吉は東西両睨みで、**惣無事令**を徹底させようと企てている。

　関東惣無事について、羽柴（秀吉）から申してきています。（内容を）ご披見いただくべく、朝比奈（家康の使者）が届けます。よくよく熟慮され、御返事をいただきたく存じます。

　氏直にも申し届けるところですが、御布陣とのことで届けられません。内容を氏直に届けられ、しかるべき対処が重要と思います。委細は朝比奈が口上でお伝えします。（意訳）

[惣無事令]

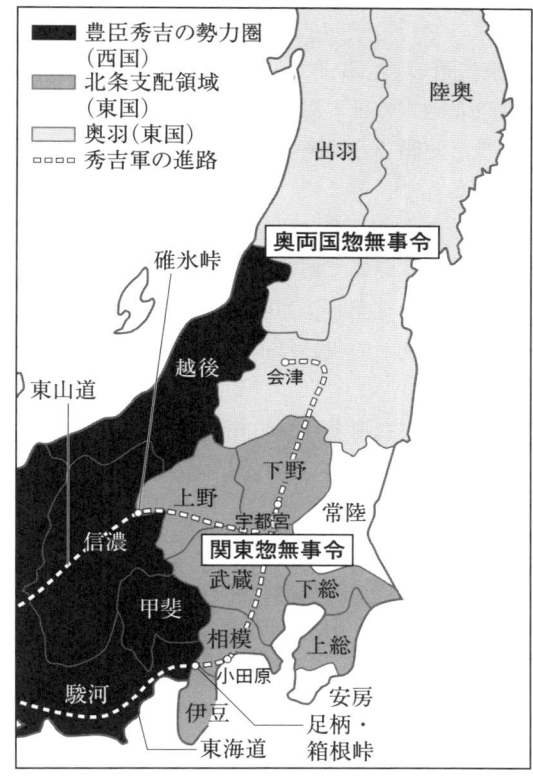

- ■ 豊臣秀吉の勢力圏（西国）
- ■ 北条支配領域（東国）
- □ 奥羽（東国）
- ⸺ 秀吉軍の進路

奥両国惣無事令

関東惣無事令

陸奥／出羽／碓氷峠／越後／会津／東山道／上野／下野／宇都宮／常陸／信濃／武蔵／下総／甲斐／相模／上総／駿河／小田原／伊豆／安房／足柄・箱根峠／東海道

　北条氏の4代当主だった氏政は、6年前に家督を氏直に譲っている。従って、現当主は氏直。家康の娘婿である。
　実権は、依然として「御隠居様」氏政が握っているが、北条氏の方向性は5代当主・氏直が判断しなければならない。ところが、氏直は下野に出陣し、佐竹一統と交戦中。
　そういう事情が書状の背景にあるのだが、家康が伝えたのが「関東惣無事令」。島津征伐の前に発令された惣無事令と、内容は同じ。
　この前後から、秀吉は東国諸大名に上使を送るなどして、「関東・奥両国惣無事令」を伝達している。
　前述のとおり、豊臣公儀として各地の所領紛争に介入し、裁定を下す。そういうスタンスである。逆にいうと東国各地では、**所領境目**を巡る合戦がいまだ数多く起こっている。

ここでいう「東国」とは、関東（関東地方）と奥羽（東北地方）を合わせた広範囲な地域。

「奥両国」とは東山道の奥に位置する奥羽、すなわち陸奥（東北地方の太平洋側）と出羽（東北地方の日本海側）を指す。

西国と東国との境目が関で、関東とは関の東の意味だ。古来、交通の難所である峠に関が設けられた。そこで、関東は**坂東**（険しい坂の東）関西は坂西ともいわれる。この表現は、ぜひ記憶に留めていただきたい。なお、三成は関左と表現しているが、同義である。

現段階では、豊臣公儀の支配・勢力圏が西国である。

では、どこが西国と東国との境目だったのだろうか？　上方から東へ下るルートと思っていい。

○**東海道**＝足柄・箱根峠：駿河と伊豆・相模の境
○**東山道**＝碓氷峠：信濃と上野の境
○**北陸道**＝三国峠：越後と上野の境

地図を見れば一目瞭然だが、関八州に拡大する北条分国は、東海道で徳川分国、東山道で〈徳川＆上杉分国〉、北陸道方面で上杉分国と接している。

これまで述べてきたように、逸速く秀吉に従った景勝は、反北条氏の立場。一方の家康も徳川・北条同盟は継続しているが、秀吉に臣従している身。その2人が、豊臣公儀の東国取次を務めている。

関八州の中では、利根川以東を所領とする佐竹一統が、北条氏の攻撃を浴びており、彼らは景勝に支援を要請するとともに、秀吉にも誼を通じている。

現代風にいえば、被害者の立場で窮状を訴え、侵略者・北条氏の非を鳴らしたのだ。

この佐竹一統とは、常陸の佐竹義重・義宣父子を中心とする反北条勢力であり、下野の宇都宮国綱（義重の甥）、下総の結城晴朝などが与している。彼らに共通するのは、徹底した北条嫌い。

そして、北条征伐（1590年）のころから、三成が**佐竹義宣**の取次を務めることになる。

北条氏のスタンス──関東独立政権

北条氏の旧姓は伊勢氏。初代は北条早雲として名高いが、実名は伊勢新九郎盛時という。それを、1523（大永3）年、2代氏綱が朝廷に申請して北条氏

と改めた経緯がある。

　戦国初期の関東は、古河公方(鎌倉公方の末裔)、山内上杉氏(関東管領)、扇谷上杉氏の三つ巴状態。そこに関東諸侍(守護、国人衆)が入り乱れて合従連衡を繰り返し、合戦も相次いでいた。

　非常に複雑なので、詳しくは拙著『戦国・北条一族』を参照いただきたいが、「公方、関東管領、守護」といった職制の権威は、室町期の武家身分に立脚したものだ。

　その間隙を衝いて、新興勢力の伊勢氏は実力で伊豆＆相模を奪う。

　伊豆守護の山内上杉氏、相模守護の扇谷上杉氏は、伊勢氏を「国盗人」「他国の凶徒」と強く避難した。なぜならば、伊勢氏には国を支配する**権限**がないからだ。

　いくら下剋上といっても、国人衆や領民を傘下に入れるために、大義名分は欠かせない。そこで、氏綱が採った策略の1つが**改姓**である。

　どういうことか、といえば、鎌倉幕府のNo.2である執権・北条氏の後裔と称したのだ。執権は、伊豆・武蔵守護、相模国司を兼任していた。

　従って、執権の正統な後継者「北条氏綱」であれば、伊豆・相模・武蔵3か国の潜在的な支配権を有している。そういう論理構成だ。

　両上杉氏へ対抗するために、室町期よりも以前の武家身分を、氏綱は名乗り、分国支配を正当化しようと努めた。それで、国人衆が靡くことを期待して。

　さらに古河公方を奉じた氏綱は、関東管領に任命される。複雑なのだが、別途、室町幕府承認のもとで、山内上杉氏が関東管領に就いている。

　下剋上の時代とはいえ、戦国大名は支配の大義名分づくり、権威付けに腐心している。たとえば、島津氏が源頼朝直系と称し、氏素性のない秀吉が朝廷官位を利用したように。

　北条氏の3代氏康は、山内上杉氏・扇谷上杉氏勢力を駆逐し、関東を席巻する。が、関東管領・山内上杉氏を継いだ上杉謙信は、関東支配権と守護国の回復を目指し、越後から三国峠を越えて、10数回の関東遠征を繰り返す。

　武家身分でいえば、2人の関東管領が争ったのだ。そのとき、常陸守護・佐竹氏や下野守護・宇都宮氏などは、謙信陣営に属した。

　一時期、和睦した氏康と謙信は同盟を結ぶが、やがて同盟は解消される。さらに上杉氏の家督相続問題[※8]が絡み、次世代の4代氏政と景勝とは再び宿敵の間柄になる。

さて、氏政・氏直父子である。

反北条勢力を次々に攻略する彼らは、今や「大途（だいと）」と称している。公儀と同義で、関東一円支配（八州併呑（へいどん））を目指す政権の意味である。豊臣公儀が、東西一統を志向する政権であるのと同様に。

北条分国は、関東を基盤とする**独立政権**、と考えた方がわかりやすい。ただし、関東以外には執着していないのが特徴だ。東西一統などは、露ほども考えていない。それが分際（ぶんざい）というものだ。

その北条氏を、秀吉は仮想敵国と見做している。〈景勝―佐竹一統〉ラインを支持しているからだ。

景勝宛ての書状で、秀吉は記す。

「もしも北条が下知（げち）（関東惣無事令）に背き、佐竹、宇都宮、結城を攻めたならば、命令しますので、後詰を出すように」（意訳）と。

家康からの書状が届いた後、1587年に入ると、北条氏は大規模な城の普請を始める。本拠の相模・小田原城以下、東海道の備えとして相模・足柄城と伊豆・山中城、東山道の備えとして上野・松井田城など、北条分国内の諸城に及ぶ。鉄砲なども鋳造され、傘下国人衆へは軍事動員が下される。

当時の言葉で、「大途、御弓矢（合戦）」。今こそ、国家興亡のとき。

北条氏は、国を挙げて臨戦態勢に突入する。ちょうど、秀吉が島津征伐を行っていたころだ。

北条氏の意識も、惣無事令を勧告された直後の島津氏と同様。名門意識が強く、秀吉を成り上がり者と見下している。約100年の関東支配の実績からすれば、それは島津氏以上に強烈である。

ただし、合戦を仕掛けるのではなく、あくまでも防備のスタンスである。内部では抗戦派の氏政が主流だが、当主・氏直は家康の影響もあり、和平派だったとされる。

奥羽の情勢――伊達・蘆名・最上氏

ここで、奥羽（奥両国）の動きについて、見ておきたい。

まず陸奥では、1584（天正12）年に伊達氏の家督を継いだ政宗が、分国の拡大を狙い、翌年以降、出羽・米沢城（山形県米沢市）から東山道を南下し

※8　家督相続問題：1578年、上杉謙信が没すると、家督を巡って2人の養子が激しく争った。謙信の甥の喜平次景勝と、北条氏出身の三郎景虎（氏政の弟）である。これを御館の乱という。最終的に景勝が勝利し、上杉氏を継いだ。

始める。

　彼の目的は、陸奥・下野の境である白河（福島県白河市）まで攻め取ること。大義名分は、〈伊達氏＝奥州探題&陸奥守護〉という武家身分にある。

　その行く手を阻んだのが、常陸の佐竹義重。関東で北条氏と戦う義重は、その一方で陸奥での所領拡大を目指している。

　もちろん戦闘もあるのだが、陸奥国人衆との**縁組戦略**がメイン。政宗が侵略を企てる地域は、佐竹氏親族の所領が多い。

　義重と陸奥国人衆は、政宗の攻勢を阻止しようとする。そこで政宗は、北条氏と同盟を結ぶ。常陸を南北から挟撃するために。

　陸奥の情勢が緊迫する中、1586年、会津守護・蘆名氏の後継ぎが絶える。今度は、その跡目を巡って義重と政宗が争う。蘆名家中も佐竹派と伊達派に割れる。

　といっても、戦闘が勃発したわけではなく、跡目候補の義広（義重の子）と小次郎（政宗の弟）のいずれを選ぶかを、蘆名家臣団が協議したのだ。主家の命運を定めるために。

　バックにいる義重や政宗の思惑は、縁組を結べば、いわば無血で、広大な蘆名分国とその軍事力を手に入れることができる、ということ。

　翌1587年、義広が蘆名氏を継ぐことが決まる。佐竹派勝利の決め手は、関白秀吉への密着度──。

　「寄らば大樹の陰」的な発想で、奥両国惣無事令の重みも大きい。

　蘆名家臣団（被官、国人衆）は、先祖代々の所領を守りたい。そのためには蘆名分国を存続させる必要がある。そう考えれば、どうしても関白秀吉は無視できない存在なのだ。

　義重は景勝と親しく、秀吉に接近中。一方の政宗は、北条・伊達同盟を締結中。蘆名家臣団は、それを天秤に掛けたわけだ。

　が、それを不満に思う政宗は、1589（天正17）年6月、猪苗代湖付近の**擦上原の戦い**で蘆名義広を破り、実力で会津領を奪う。

　その行為を、義重は秀吉に訴え出る。この合戦を秀吉は私戦と見做し、惣無事令違反に問う。

　次に出羽では、羽州探題と称する**最上義光**（山形城）の動きを記そう。

　日本海側への分国拡大を目指す義光は、1583（天正11）年、庄内地方の大宝寺氏を攻め、所領を奪う。

庄内（山形県鶴岡市、酒田市）は、日本海海運の要地。

以来、所領奪回を図る大宝寺義勝は、越後の本庄繁長（景勝の重臣、義勝の実父）を頼って義光を攻撃するが、撃退される。

が、1588年の十五里ヶ原の戦いで、大宝寺・本庄連合軍は義光を撃破し、所領を取り戻す。

これで終われば、単なる所領紛争の武力決着に過ぎないが、「奥両国惣無事令」を通達されていた義光は、豊臣公儀に訴え出る。

自らは被害者として、「この合戦は私戦なので、惣無事令に違反します」と。

とはいっても、この時点で義光が秀吉に臣従したわけではない。訴訟を起こし、中央政権に裁定を託した格好だ。

そこで秀吉は、景勝に両者の京都召喚を命じ、裁判の結果、大宝寺氏に庄内領安堵の裁定を下す。

大宝寺氏は景勝の属国的立場であり、それを秀吉が考慮した可能性はあるものの、惣無事令自体の考え方や流れは、おわかりいただけると思う。

5 北条征伐のキッカケ

北条氏規の上洛

秀吉が九州へ遠征していたころ、北条氏は抗戦の準備をしていたが、1588年になると、合戦回避の動きが出始める。和平派による巻き返しがあったのだろう。氏政は、弟・氏規の上洛を申し出る。

それを秀吉は、服属の意向と受け止める。いくら氏政が表敬訪問、事情説明と思っても、上洛は臣従の証である。

が、島津征伐の余勢を駆って、秀吉が北条攻めを行う。征伐後、関東は家康に与える――。そういう噂が流れる。

これまでの経緯からすれば、十分に考えられるシナリオだ。

さらに「関東を奪う野望を抱いた家康が、秀吉に北条征伐を焚き付けている」とも取れるため、北条氏は疑心暗鬼状態に陥る。同盟者・家康への不信感が募る。

一方の秀吉は、「公儀の命令にもかかわらず、関東で北条氏は私戦を停止しない。本来、罰するところだが、北条氏の縁者である家康が取りなすので、赦免している」という高飛車なスタンス。

東国取次の家康は秀吉の義弟で、氏直の義父でもあるから、完全な板挟み状態になっている。
　そこへあらぬ噂が立つ。切羽詰まった家康は、秀吉と相談の上、5月に次の**起請文**※9を氏政父子に送る。
○潔白の主張：（北条）御父子について、殿下（秀吉）の前で悪く申し上げることはありません。また邪(よこしま)な考えを抱いて、関東を望んだりもしません。
○上洛の督促：今月中に、（氏政の）兄弟衆を、（赦免の）御礼のために上洛させてください。
○同盟解消の検討：（秀吉への）出仕が納得できないのであれば、娘（次女・督姫(とくひめ)※10、氏直の正室）を返してください。

　豊臣公儀の立場で、家康が発した**最後通牒**である。そこにあるのは、「北条氏は臣従する以外に道はない」という認識だ。
　同時期に秀吉は、使者として富田一白、津田信勝らを小田原城に送り、上洛を重ねて督促する。小牧長久手の戦い以降、彼らが家康の取次を担当している。
　8月に至り、氏政は駿府城（家康の居城）経由で、弟の氏規を上洛させる。秀吉謁見の場所は聚楽第。その対面の場には、信雄、家康、秀長……が連なり、上洛したばかりの毛利輝元も列席する（86ページ参照）。
　その折、氏規は次の2点を言上したという。
○兄の氏政が、来年上洛すること。
○当主の氏直は、以前、家康と約束した上野・沼田領を望んでいること。

沼田領問題の裁定

　沼田領問題は前に記したが、徳川氏と北条氏の国分け（1582年）のときに起きた境目問題で、家康から氏直に譲渡される約束が整っていた。が、沼田を所領とする**真田昌幸**は明け渡しに応じず、家康の許を離れて〈景勝→秀吉〉に属している。
　北条氏が切望するのは、長年果たせなかった上野の一円支配。
　従って、数万石の規模とはいえ、沼田領は絶対に欠かすことはできない。

※9　起請文：誓詞と同義。宣言や契約に際し、「内容が真実で厳守すること、違約しないこと」「違背したときは神仏の罰を受けること」を、神仏に誓う文書。
※10　督姫：北条征伐後、氏直は高野山で謹慎したが、翌1591年に30歳で没する。その後、督姫は池田輝政に嫁いだ。

他領が北条分国内に混在するのを非常に嫌った、と思っていい。

また氏規は、沼田領問題の解決を、氏政上洛の交換条件にしたともいう。

凄まじいまでの執着心が垣間見られるが、いずれにせよ、氏規は家康と昌幸の債務不履行を訴えた。それに対して、秀吉は「事情を確認した上で、裁定しよう」と伝える。

翌1589年2月、氏政の側近（外交担当）が上洛し、過去からの経緯を紐解いて事情説明を行う。

秀吉が裁定を下したのは5月。

訴えどおり、沼田領は氏直に割譲する。それが基本方針だが、〈氏直＝3分の2、昌幸＝3分の1〉と分割する。この措置に伴い、昌幸が割譲した所領（3分の2相当分）の代替地は、家康が与える。以上の裁定によって、約束どおり、氏政は年内に上洛し、出仕するように——。

落語の「三方一両損」（大岡裁き）のような裁定だが、名胡桃城（沼田城の対岸、群馬県みなかみ町）付近の所領を維持した昌幸は、公儀の上使立会いのもと、7月に沼田城を北条氏に引き渡す。

ところが、氏政の上洛期限が迫る11月になって、沼田城城代に就いた北条氏家臣が、名胡桃城を攻撃し、攻め落としてしまう。真田氏家臣の城主は討死。秀吉裁定に不満を抱く抗戦派が、突如、実力行使に出たのだ。

激怒した秀吉は、「来年、朝廷から授かった旗を掲げ、進発して氏直の首を刎ねる」（意訳）と記した宣戦布告状を北条氏へ送る。

秀吉からすれば、北条氏は上洛せず、関東での合戦を止めようとしない。しかも沼田領問題では、裁定を踏みにじり、**私戦**まで強行したのだから、当然の措置であろう。

慌てた和平派の氏直は釈明の書状を送り、家康にも取りなしを依頼する。しかし、秀吉は耳を傾けることなく、年末に北条征伐の陣触れを行う。

当時の言葉で、この軍事動員を「来春関東陣御軍役の事」という。

島津氏取次の三成

では、この間、三成はどのように動いていたのだろうか？

島津征伐（1587年）以降も、三成は取次として島津氏に関わっている。

毛利輝元の九州取次就任が検討されたころには、毛利氏取次の安国寺恵瓊も豊臣公儀取次の一員に加わったようだ。能力を買われた外交僧・恵瓊は、

秀吉にスカウトされ、直属の大名になった。

ともあれ島津氏の場合は、「京都の取次は石田殿・細川幽斎、この両人にて何事も取り合わせ候」（島津氏重臣の記録）という状態に落ち着く。

特徴的なのは、外交や在京中の世話ばかりでなく、三成が島津氏の**内政**にも深くタッチした点だ。

1588年7月、秀吉は公儀の勢力圏に**刀狩令**を発し、百姓ら（侍ではない者）が刀、脇差、槍、弓などの武具を持つことを禁止した。西国における惣無事令の次のステップが、百姓らの武装解除であり、兵農分離の嚆矢といえる。

布令の翌年（1589年）、三成は「島津分国での刀狩の遅れ」を厳しく指摘し、督促を行っている。

また、島津氏固有の問題としては、琉球（沖縄諸島）がある。当時の琉球は独立国で明（中国）を宗主国とし、島津氏とも友好関係にあった。が、琉球国王の服属を望む秀吉は、島津氏に「国王からの使節団派遣」を求める。

1588年8月、義久は琉球側にその旨を伝えるが、当然のことながら、捗々しい進展はない。

秀吉の意向を受けた三成と幽斎は、上洛中の義弘に「上方勢による琉球攻め」を示唆している。恫喝と思っていい。

島津氏が琉球問題で機能しなければ、直接、豊臣公儀軍が海を渡って攻める。それは、命令を果たさない島津氏の滅亡に繋がることだと……。

この琉球問題も、秀吉の**唐入り構想**（朝鮮・琉球→中国）の一環と思われる。詳細は避けるが、島津氏が琉球へ侵攻し、国王を滅ぼすのは1609（慶長14）年、関ヶ原の戦いの後である。

他にも島津氏内部には、「両殿様」を始めとする問題が燻っている。

島津一族や重臣は、しきりに豊臣公儀の顔色を窺う。その分、秀吉の直臣意識が強くなり、京都から戻った当主・義久を蔑ろにする。プライドを傷つけられた義久は、三成に彼らへの注意を依頼する。

いずれも敗戦国ならではの現象であり、島津氏は三成の管理下にあるといって過言ではない。

東国への三成の関与──佐竹氏取次

東国情勢の緊迫に伴い、1589年ごろから、三成は〈佐竹氏＆親族〉の取次も兼任する。公儀の重要閣僚・三成は、秀吉の指示を受けながら、上方で東西をコントロールしている。

それを説明するために、北条征伐直前（1589年）の東国情勢を、改めて確認しておきたい。
○6月：陸奥で摺上原の戦いが起こる（伊達政宗が蘆名義広を撃破し、会津領、会津黒川城を奪う）。
○7月：北条氏が名胡桃城（真田氏）を攻略する。秀吉が政宗への問責使を派遣する。
○12月：秀吉が北条征伐を発令する。

　次に、豊臣公儀における取次の**分担態勢**を記そう。
　前述のとおり、ランクの高い東国取次は家康と景勝。秀吉側近の三成は、かねてより景勝の取次を務めている。
○家康対応：浅野長政、富田一白、津田信勝
○景勝対応：石田三成、増田長盛、木村吉清
○関東の北条氏対応（東国取次家康）：富田一白、津田信勝
○関東の佐竹一統対応（東国取次景勝）：石田三成、増田長盛
○陸奥の伊達氏対応（東国取次景勝）：浅野長政、木村吉清
○陸奥の蘆名氏対応（東国取次景勝）：石田三成

　断片的な史料しかなく、一部推論も含まれるが、東国対策が急務となると、豊臣公儀は東国取次の他にも、上記の取次を配置した。彼らは東国取次と連携しつつ、豊臣公儀の「外交折衝の直接窓口」として機能する。
　その中で、三成は景勝ルートを通じて東国に関わる。北条氏の窓口ではなく、いわば「搦め手」から。そこにポイントがある。
　さて、摺上原の戦いの勝敗は、景勝から秀吉に報告される。憤った秀吉は、会津黒川城に移った政宗に、翌7月、直接問責使を派遣する。なぜ私戦を敢行したのか、を問いただすために。
　「以前より蘆名は使者を上洛させ、御礼を申し述べており、関白（秀吉）存知よりの者です。しかるに政宗は私の宿意（年来の恨み）によって一戦に及び、蘆名を討ち果たして、会津に侵入しました。不届きな行為であり、至急陳述ください」（意訳、『伊達治家記録』）
　この問責に対して、政宗は次のように抗弁する。
○上洛対応：上洛しようと思いましたが、上意（公儀の命令）として、上杉勢が道を塞いでいます。

○会津侵略：蘆名は約束を破棄して、佐竹から嗣子（義広）を迎えました。さらに奥羽・関東諸大名の旗頭となって、攻めて来ました。私（政宗）は、やむなく受けて立ち、討ち果たしました。
○奥州探題：奥州54郡は、前代より伊達氏が探題であり、政宗が指揮、成敗するのは隠れなき事実です。しかし仙道（東山道）一帯の諸大名は命を奉じず、逆に攻めてきたので、仕方なく戦いました。

「遅れてきた戦国武将」といわれる政宗にしても、武家身分である**奥州探題**の権威を振りかざしている。
　逆にいえば、源頼朝の直系（島津氏）、執権・北条氏の後裔（北条氏）、奥州探題のポスト（伊達氏）といった古い武家ブランドが、遠隔地では十分に通用したのだ。そう簡単に、武家が中世の影を拭うことはできない。
　だが、この程度の弁明で秀吉が納得するはずもなく、早速、彼は景勝に「陸奥境目の件は、佐竹（義宣）と相談するよう」と伝える。そこには、政宗が会津領を返還しなければ、成敗する意図が込められている。
　会津を政宗に奪われた蘆名義広は、佐竹義重の跡を継いだ義宣の弟で、陸奥から常陸に逃げ戻っている。
　佐竹氏は〈関東＆陸奥〉の諸大名と縁組を結んでおり、その親族は数多い。
○**関東**：宇都宮氏、結城氏、多賀谷氏……
○**陸奥**：蘆名氏、相馬氏、岩城氏、二階堂氏、石川氏……
　実は、伊達氏と佐竹氏は縁戚関係にある。政宗の叔母が佐竹義重の妻で、争っている義宣・義広兄弟の母にあたる。また伊達氏は、上記の陸奥の諸氏とすべて縁戚なのだが、彼らは一様に政宗を嫌い、佐竹氏に与した。

　8月、摺上原の戦いの2か月後。
　秀吉の成敗を恐れた政宗は、取次・浅野長政、木村吉清に賄賂を送り、秀吉への取りなしを依頼する。それが功を奏したらしく、秀吉の怒りは多少収まったようだ。
　が、同月末、秀吉は三成に命じ、次の書状を蘆名方の国人・山内氏勝（会津）に送っている。この書面で、当時の動きがよくわかると思う。
　「（氏勝の）義広への忠孝は比類ないものです。（秀吉の上意は）城の防備を固めるのが肝要とのことです」
　「北条は御下知に背いたので、来月（9月）上旬、家康・景勝を始めとする

人数を繰り出し、（来年の）3月に（秀吉が）御出勢する予定です」

「北条成敗の後、直ちに黒川（会津黒川城）へ御乱入され、政宗の首を刎ねる所存です。ご油断なきように」（意訳）

東国では、惣無事令違反に起因する〈関東＝北条征伐、陸奥＝伊達成敗〉が同時並行で起こっており、佐竹氏を軸に絡み合っている。**佐竹義宣**は〈反北条＆反伊達〉のスタンスであり、その取次が三成という構図。

さらに11月になると、三成は佐竹親族の相馬義胤にも、来春の北条攻めを伝え、秀吉への忠誠を求めている。伊達氏と相馬氏との間は、昔から所領紛争が延々と続き、今も政宗は義胤を攻撃中。

また、同月、相馬義胤宛てと同様の書状を、三成は佐竹義宣の重臣・東義久（佐竹一門）にも送っている。

秀吉の東国遠征を目の前にして、〈上杉＆佐竹氏〉の取次である三成に課せられたミッションを挙げておこう。

○**政宗包囲網の構築**：〈上杉＆佐竹氏〉と連携、反政宗勢力の支援
○**小田原参陣の呼びかけ**：〈佐竹氏＆親族〉の秀吉臣従
○**北条分国を挟撃**：佐竹一統の北関東からの参戦
○**奥州征伐の準備**：北条征伐後は、政宗成敗を即実施
○**蘆名義広対策**：政宗成敗後、会津領を返還（惣無事令の遵守）

［佐竹氏系図］

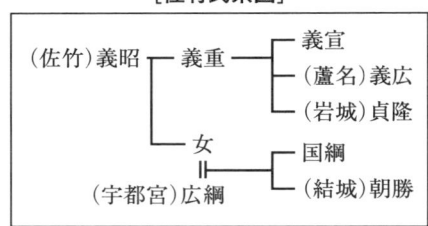

```
（佐竹）義昭 ─ 義重 ─┬─ 義宣
                    ├─ （蘆名）義広
                    ├─ （岩城）貞隆
                    │
                    └─ 女
                       ‖   ┬─ 国綱
                （宇都宮）広綱 └─ （結城）朝勝
```

6 北条征伐Ⅰ

両軍の動員

1589年の暮、北条征伐の軍役が決まる。秀吉の出陣は、翌1590（天正18）年3月1日。

島津征伐の軍役は西国諸大名が務めたので、今回は上方、東国諸大名の

番。軍役は、関東に近いほど割り当てが増す傾斜配分方式で、たとえば徳川分国（5か国）では「所領100石当たりの動員数7人」とされた。

もう1つ例を挙げておこう。仮に近江で4万石を領する大名ならば、6人役を課せられるので、2400人を動員しなければならない。

動員された豊臣公儀軍は約22万人を数え、次のように分けられる。

○**東海道方面軍**（17万人）：駿河の徳川家康、尾張の織田信雄らは、足柄・箱根峠を越えて小田原城を目指す。先鋒は家康で、やがて秀吉もこのコースを辿る。

○**東山道方面軍**（3万5000人）：越後の上杉景勝、加賀の前田利家などの北陸勢は、〈信濃→碓氷峠→上野〉を辿って関東へ入る。

○**水軍**（1万5000人）：瀬戸内海や紀伊半島の水軍は、太平洋航路を辿って〈駿河湾→相模湾〉と進み、小田原を封鎖する。

軍用の食糧は、奉行の長束正家によって駿河湾の諸港に集積される。

なお、三成が秀吉に従って東下したのは間違いない。が、そのとき、手勢（仮に近江・水口4万石であれば2400人）を引き連れたのか、どうかはハッキリしない。この時点でも、三成の所領は不明であり、部将として参戦した可能性は低い、と思われる。

一方、北条氏は**小田原城籠城策**を採る。

彼らの読みは、「上方勢（公儀軍）は、富士川や箱根峠を容易に越えられないだろう」と。しかも小田原城は要害で、大量の兵糧や武器を備蓄している。

従って、関東の諸城（重要拠点）とともに防御すれば、やがて兵糧が尽きた上方勢は撤退せざるをえない。

また、同盟する家康や信雄の「秀吉裏切り」にも期待を寄せている。遠征する秀吉は、東海道沿いの織田分国、徳川分国を通過するのだから。また後詰が望めない籠城策は、意味がないのだから。

北条氏の総動員数は約3万5000人。

豊臣公儀軍の6分の1の兵力で、北条分国の全方位を固めることは、まず不可能に近い。そこで主力は小田原城に籠るのだが、ロケーションが分国の西に偏り、かつ国境（箱根峠）に近いため、東海道防衛が至上命題となる。

北条氏の迎撃体制は、次のとおり。

○**小田原城へ籠城**：北条一族（氏政、氏直、氏照など）、重臣（松田憲秀[※10]

など)、関東各地の国人衆(成田氏長など)、小田原の領民らが籠る。
○**東海道の防衛**:箱根峠を守る山中城、足柄峠を固める足柄城、両城をバックアップする伊豆・韮山城(守将・北条氏規、静岡県伊豆の国市)。この3城が、小田原城の防衛ラインを構成する。
○**東山道の防衛**:碓氷峠への備えは上野・松井田城(守将・大道寺政繁※11、群馬県安中市)、続いて武蔵・鉢形城(守将・北条氏邦、埼玉県寄居町)となる。なお、甲斐方面(小仏峠)からの侵入を懸念されるが、それを守るのが武蔵・八王子城(守備・北条氏照家臣、東京都八王子市)。
○その他:相模・玉縄城(守将・北条氏勝、神奈川県鎌倉市)、武蔵・忍城(守備・成田氏長家臣、埼玉県行田市)、上野・館林城(守備・北条氏規家臣、群馬県館林市)などの諸城も固める。北条水軍は、伊豆・下田城(静岡県下田市)に集結する(102ページ地図参照)。

豊臣公儀軍の攻勢

3月1日、秀吉は朝廷に参内する。そして聚楽第の留守を毛利輝元に託し、翌日、3万もの軍勢を率いて東海道を下る。三成や浅野長政、増田長盛らの側近も同行している。

ただし、病気の秀長は従軍していない。また、先発した織田信雄の居城・清洲城には、小早川隆景を駐屯させ、東海道を見張らせている。毛利一族への信頼が窺える、と思う。

この秀吉の関東遠征に際し、京都鴨川に三条橋が架けられた。大軍を東西に動かすには、**軍用道路**のインフラ整備が重要である。その中継点が上方となる。このロケーションは記憶に留めていただきたい。10年後の関ヶ原の戦いでも、軍勢は西から東へ動く。

3月19日、家康の居城・駿府城に到着する。家康はすでに出陣中。

『浅野家譜』によれば、このとき、三成は秀吉に「御入城を見合わせるよう」と進言する。その理由は、三成が「徳川氏が北条氏に一味して、殿下を討ち果たす、という噂を聞いた」からだ。

※10 松田憲秀:北条氏代々の重臣でありながら、松田尾張守憲秀は主家を裏切った。江戸期では「不忠者」の代表とされたため、大名で「尾張守」に就く者はいなかった。嫌われたという意味では、三成の「治部少輔」と双璧である。なお、松田尾張守は、落語の『真田小僧』にも登場する。

※11 大道寺政繁:伊勢新九郎(北条早雲)とともに、関東へ下った7人の仲間。その1人が大道寺氏の祖で、北条氏の重臣となる。が、東山道方面軍に降伏した政繁は、道先案内を願い出て、北条方の諸城を案内する。秀吉はそれを不忠として、政繁を切腹させた。

秀吉も偽心を抱くが、浅野長政が「単なる噂」と諫めたので、無事、城に入ったという。

まことしやかな話だが、たぶん江戸期の創作であろう。というのも、噂があったにせよ、それを三成が伝える立場ではないからだ。

彼は〈上杉＆佐竹氏〉の取次であり、〈徳川＆北条氏〉は管掌外。その職制の壁を、能吏である三成が簡単に越えるはずがない。

おそらく、徳川幕府の大名家として存続した浅野氏が、「家康への貢献」をアピールするため、「悪臣」とされた三成を引き合いに出したのだと思う。

ただし、三成と長政とは良好な関係ではない。その雰囲気は窺える。

なお、浅野長政は秀吉の相婿。つまり、秀吉正室・北政所の姉妹を娶った長政は、豊臣氏の最も近い親戚にあたる。秀吉の妹・朝日姫の輿入れにも付き添い、家康とも親しい関係にある。

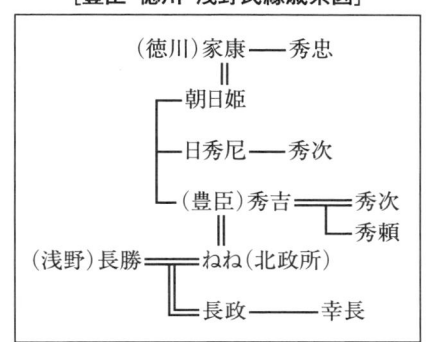

[豊臣・徳川・浅野氏縁戚系図]

```
        ┌(徳川)家康────秀忠
        │  ‖
        ├朝日姫
        │
        ├日秀尼────秀次
        │
        ├(豊臣)秀吉─┬秀次
        │  ‖       └秀頼
(浅野)長勝┬ねね(北政所)
        └長政─────幸長
```

東海道方面軍では、3月末、豊臣秀次（近江中納言）が、北条方の最前線である山中城、足柄城を瞬く間に攻め落とし、4月早々には小田原城を窺う。と同時に織田信雄（尾張内府）が伊豆・韮山城を攻撃する。

4月初旬、箱根まで進んだ秀吉は、小田原城を見下ろす石垣山に「一夜城」を築く。

一方、真田勢を加えた東山道方面軍は、3月下旬に国境を越え、上野・松井田城を落とす。さらに上野・箕輪城（群馬県高崎市）、下野・佐野城（栃木県佐野市）、武蔵・鉢形城、八王子城などの諸城を攻略していく。主だった者は小田原城に籠城しているので、抵抗は少ない。

敵国の北条分国を軸にすると、わかりやすい。箱根峠（分国西側の南方）から侵入した東海道方面軍は、防衛ラインを突破して小田原城に迫る。碓氷

峠（分国西側の北方）を越えた東山道方面軍は、分国内を南進中。

　では、北条分国の東側の様子を見ると――。
　小田原参陣を決した佐竹一統（佐竹氏、宇都宮氏、結城氏など）は近隣の諸将に働き掛け、4月半ば、東側から侵入して武蔵・松山城（埼玉県吉見町）を攻略する。
　常陸守護・佐竹氏のステータスは高く、義宣の許に反北条勢力が結集する。それをコントロールするのが、**取次・三成**の役目である。
　さらに佐竹一統は、東海道方面軍からの派遣部隊（浅野長政隊）と合流し、5月上旬までに北条方の下野・祇園城（栃木県小山市）、壬生城（栃木県壬生町）、常陸・土浦城（茨城県土浦市）などを次々と落とす。関東を分断する利根川。その東側が佐竹一統のテリトリーだった、と思われる。
　5月中旬になると、小田原城を除く北条方の重要拠点は、伊豆・韮山城と武蔵の岩付城（埼玉県さいたま市）、鉢形城、八王子城、忍城を残すのみ。
　だが、岩付城は東海道方面軍（浅野長政・木村吉清隊）と徳川勢が攻略する。さらに浅野・木村隊は、東山道方面軍に合流して、鉢形城攻めに加わ

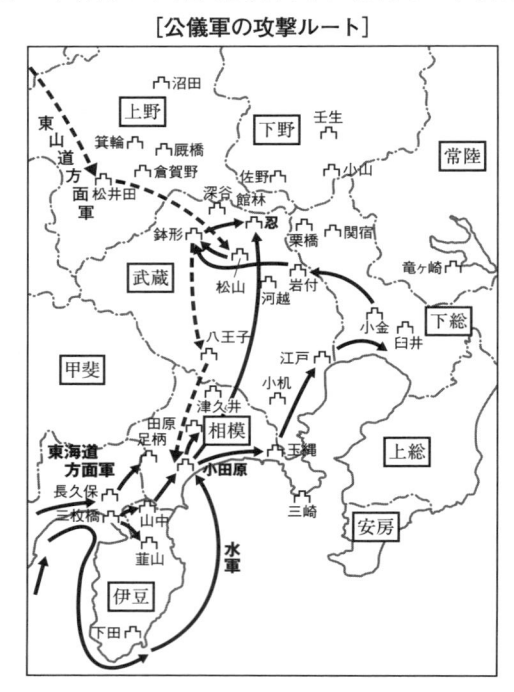

[公儀軍の攻撃ルート]

る。鉢形城の降伏後、東山道方面軍は八王子城攻めへ向う。

実は鉢形城に関して、『関東古戦録』に次のような話が載っている。

5月25日、佐竹一統を率いる三成が城を攻めるが、守備兵が城を明け渡したので、忍城攻めに転戦したと。大谷吉継、長束正家らも従軍したという。

だが、実際に攻めたのは上記の部隊であり、依然として三成は秀吉の側にいた。5月下旬は佐竹一統が小田原に参陣したタイミングであり、そのとき、三成が取次を務めているからだ。

佐竹一統の小田原参陣

小田原参陣とは秀吉臣従の証。

「服属か、抗戦か」を迫られた伊達政宗のケースが、よく知られるが、かねてより誼を通じ、かつ北条征伐に参戦した佐竹一統にとっては、晴れの舞台となる。

5月24日、まず結城晴朝が有力被官の水谷氏(常陸・下館領)、多賀谷氏(常陸・下妻領)とともに秀吉の陣に参上する。

その3日後、佐竹義宣、宇都宮国綱が一族・被官(東義久、太田資正、岩城常隆ら)を伴って、謁見に現れる。率いる軍勢は約1万人を数える。

佐竹一統の参陣を前にして、5月25日、三成は東義久宛てに「謁見の心構えや身だしなみ」を記す。

その使者となったのが、三成の重臣・**島左近**だ。彼が三成に仕えた時期は不詳ではあるが、北条征伐の前であることは確か、といえよう。

謁見に際し、佐竹一統の諸将から秀吉に多大な進物が献上された。と同時に取次の三成や増田長盛にも献上がなされた。

たとえば、佐竹義宣は「石田殿　金20枚、馬1匹。増田殿　金10枚」、東義久は「石田殿　金2枚、馬1匹。増田殿　馬1匹」といった具合。佐竹一統が、特に三成を頼りにしていることが窺えよう。

本領安堵もさることながら、もう1つ義宣には思惑がある。それは不法侵略者・伊達政宗を訴えること。

その**訴訟**を秀吉に取り次いだのが三成、という話が『奥羽永慶軍記』に載っている。

「米沢の伊達政宗は、何事も恣(ほしいまま)にし、戦いを止めることなく、他領を掠(かす)め取っています。二本松の畠山義継攻めに続き、会津の蘆名義広(義宣の弟)を不意に襲い、会津を乗っ取りました。さらに二階堂盛義の妻(女城

主、政宗の叔母）を攻め落としました。この他にも各地で対立し、合戦は絶えず、民も苦しんでいます」

「佐竹父子（義重・義宣）は兵を起こして政宗を討ち、蘆名に本望（所領回復）を遂げさせようと思いましたが、諸国で私の兵乱は停止（惣無事令）されていますので、私どもは遠慮しています」（意訳）

戦国のアウトローというべき政宗が、秀吉の陣に到着したのは6月5日。

彼は取次の浅野長政＆木村吉清の勧告に従って、秀吉臣従を決意し、北条氏との同盟を破棄したのだ。

取次両名は、「会津の件は不問に付します」（長政書状）、「会津安堵はもとより、働き次第ではご加増もあるでしょう」（吉清書状）と、政宗を甘言で誘っている。

おそらく参陣させるための算段であろう。結局、政宗は彼らに裏切られるのだが……。

佐竹氏の訴訟を踏まえ、問責使が政宗の宿舎を訪ね、事情聴取を行う。

その2日後、政宗は秀吉に謁見する。セレモニーは上首尾に終わったようで、政宗は国許へその感激とともに、「奥州54郡、出羽13郡の仕置を仰せつかりました」「奥州、出羽を残らず仕置せよ、とのことです」（意訳）と記した書状を送っている。

この時点で、政宗は叱責されるどころか、奥州探題の権限を認められた可能性が高い。なぜか義宣の訴えとは、まるで違う対応となっている。

実は秀吉には、別の思惑があったのだ。結果として、秀吉は会津領を政宗から没収したが、蘆名氏に戻すことはなかった（後述）。

ここで、**三成**と〈佐竹一統＆親族〉との密接な関係を改めて記しておこう。

小田原参陣を果たした多賀谷重経は、実子に三成の諱から「三」をもらい、三経と名乗らせる。同様に相馬義胤の嫡子も、三胤（後に利胤）を名乗る。ともに三成が烏帽子親となったケースである。

また北条征伐が終わった後、7月のこと。参陣していた岩城常隆が鎌倉で病死を遂げる。24歳の若さであり、後継者もいない。

そこで佐竹義宣と相談した岩城氏の重臣は、「義宣の弟（8歳、後の貞隆）を跡目に」と、取次の三成・増田長盛に働き掛ける。

両名の取りなしによって、秀吉が貞隆に陸奥・岩城領12万石を安堵したの

は、いうまでもない。

7 北条征伐Ⅱ

三成の忍城攻め

1590年6月初旬、秀吉の命を受けた三成は、佐竹一統とともに武蔵・忍城攻めに向かう。小田原に馳せ参じた佐竹義宣、宇都宮国綱、結城晴朝、多賀谷重経らの軍勢だ。

今や北条方の拠点は、小田原城、忍城などを数えるのみ。その他の諸城は、豊臣公儀軍に降伏を告げている。

軍記物『関東古戦録』では、鉢形城から転戦した三成らが、6月4日に忍城に押し寄せたという。転戦は誤りだと思うが、『関東古戦録』と『小田原北条記』が忍城攻めを詳細に描いているので、これらを参考にしていきたい

まず『関東古戦録』では、寄せ手の大将は三成、大谷吉継、長束正家で、2万人の軍勢を率いたとする。寄せ手の衆は城の周囲の諸口を囲む。

次に『小田原北条記』では、「三成を大将として、佐竹一統に真田昌幸が加わった関東勢2万5000人が忍城に押し寄せた」（意訳）と記す。

両書の内容は微妙に異なるが、ここで、「三成の役割」を考えてみよう。

はたして、彼は大将だったのだろうか？

結論を述べれば、あくまで三成は秀吉の取次として同行したのであり、彼自身が関東に手勢を率いてきた様子はない。ならば、佐竹一統という混成部隊の**目付**（軍監、軍奉行）として、同行したのであろう。

その意味では大将ではない。公儀軍の部将ですらない。大将とは、軍勢を率いる佐竹義宣らを指す。

三成は〈文官・取次→武官・目付〉とスライドし、秀吉の軍令を混成部隊に伝える役割を担う。近代軍制でいえば、旅団に派遣された本部参謀。それも旅団長に指示できるクラスである。

目付は、他にも軍律（乱暴狼藉の禁止など）を遵守させ、戦場では手柄の確認を行う。行軍に際しては、小荷駄（食糧・武器輸送）も管掌する。

言い換えれば、戦闘以外のすべてが目付の業務範囲。しかも、場合によっては小部隊を率いて、戦闘に参加することもある。

忍城は、武蔵きっての要害。沼地を埋め立てて、建立された浮城だ。城の

周囲は、沼と泥田で覆われている。

　城主**成田氏**は忍を領する有力国人で、戦国期は北条氏と上杉氏との間を右往左往した。大軍が通過するたびに、優勢な方に靡く。

　当主の氏長は北条氏に与し、軍勢500人とともに小田原城に籠っているが、留守を預かる正室は太田資正※12の娘。「反北条」を唱える資正は、佐竹氏に身を寄せている。ここに、成田氏の微妙な立場が見えると思う。

三成の判断力

　以下、「忍城攻め」の通説を記そう。

　成田氏長の正室は、「成田の武名を汚してはならぬ」と家臣に命じ、一族の長親ら300人とともに籠城する。『関東古戦録』では、籠城する者の数を、領民を含めて約2600人と記す。

　6月初旬、佐竹一統の大軍が押し寄せ、城の諸口を囲むが、足場が悪いので、思うように攻撃できない。一方の城将・**成田長親**は諸口を良く守り、防戦を果たす。

　忍城は一向に陥落しない。『小田原北条記』によれば、岩付城から転戦してきた公儀軍1万3000人（浅野・木村隊、徳川勢）も加わり、陣容は4万人近くまで膨らむ。

　それでも、混成部隊は忍城を攻めあぐねる。

　そこで三成は、「この城は四方が沼なので、水攻めにしよう」と考える。かつて秀吉が、備中・高松城攻めに用いた作戦である。

　6月半ば、近くを流れる荒川や利根川を堰き止めた三成は、約30kmに及ぶ堤（石田堤）を築く。荒川などの水を堤の中に導き、城を水没させる目的だが、城内の水位はなかなか上らない。

　しかし、いずれ水位が上れば、城は水没する――。

　そう考えた長親は、ある夜、水練に長けた者に堤を切り落とさせる。また、大雨のために堤防が決壊したともいう。

　いずれにせよ、寄せ手に被害が出る始末で、水攻めは失敗に帰す。中止を決めた三成は、城の四方を同時に攻撃させるが、それでも忍城は落ちない。

　小田原城の開城は7月5日。まだ忍城は持ちこたえるが、16日になってよう

※12　太田資正：太田道灌の子孫で、武蔵・岩付を所領とした。法号を三楽斎といい、「関東に隠れなき武勇の武者」とされた。「反北条」を唱えて上杉謙信陣営に属したが、北条氏に追われたため、佐竹氏の客将となった。常陸で旧領奪回を夢見たが、果たせないままに終わる。

やく城を明け渡す。小田原城に籠城していた成田氏長が、降伏後、長親に開城を命じたからだ。

　この忍城攻めの失敗が、三成の**戦下手**を決定づけ、関ヶ原の戦いにまで影響を及ぼした、といわれる。

　が、それはいささか彼にとって気の毒な話。というのも、目付である三成が、大将と混同されているからだ。

　そもそも水攻め自体が、三成の発案ではない。秀吉の「水責（水攻め）普請の事、油断なく申し付け候」（6月20日書状）という命令を、混成部隊の諸将へ伝達したのが実際である。

　むしろ三成は、水攻めに懐疑的だったようだ。彼は浅野長政宛てに記す。
「忍城の儀は、**御手筋**（攻撃の基本手段）をもってすれば、大方が済みます。ところが、諸勢は水攻めの用意をするばかりで、城に押し寄せることはありません」（意訳）と。

　おそらく応援に来た長政も、目付の立場であろう。7月初旬、再度、秀吉は長政に水攻めを指示している。

　大軍で城を包囲すれば、敵は戦闘意欲を消失して、降伏を告げるのが常。これまで攻略した北条方の諸城では、その繰り返しである。

　しかし、佐竹一統は、忍城で初めて本格的な抵抗に遭った。しかも秀吉の基本戦術が水攻めならば、それに従うに決まっている。誰も命を的に戦いたくないし、手勢から死傷者を出したくないからだ。

　その諸勢（混成部隊）の消極性を、三成は嘆いている。むしろ忍城の一件は、三成の冷静な判断力を現している、と私は思う。

北条氏の滅亡

　話を小田原城攻めに移そう。

　6月下旬、豊臣公儀軍は忍城以外の北条方をすべて征圧する。籠城を続ける小田原城は、四面楚歌の状態に陥っている。

　その少し前から、東海道方面軍による切り崩し工作が始まる。

　堀秀政、黒田孝高らが取次（窓口）になり、北条氏重臣の松田憲秀の**内応**を誘ったのだ。憲秀が寝返れば、「伊豆・相模を与える」という条件で。

　だが、その密謀が発覚したため、北条氏直は憲秀を幽閉する。

　この事件が北条氏にもたらした衝撃は大きく、氏直は開城に大きく傾く。

そこで、密かに和睦交渉が始まり、公儀取次からは「伊豆・相模の2か国を氏直に安堵」という条件が出される。

少しタイムラグはあるものの、縁戚の家康も、「伊豆・相模・武蔵の3か国を氏政・氏直父子に進上し、残りの国は受け取ります。人質を提供して、開城されるべき」と、城内に伝えようとする。また織田信雄も、和議の斡旋を始める。

このように、ソフトランディングを図るために、複数の取次ルートが動き出す。

かつて九州を制圧した島津氏は、征伐後、当主・義久は助命された。と同時に、薩摩・大隅・日向2郡が本領として安堵され、それ以外の侵略地域は放棄した。その所領分割が「九州国分け」となる。

以上が先例であり、秀吉流の「降伏すれば許す。本領は安堵する」の典型だ。当然、北条氏への取次対応も、それに則っている。

むしろ焦点は、北条氏の**本領の範囲**を〈2か国or3か国〉にするかに、あったようだ。

7月5日、城を開いた氏直は、織田信雄の家老の陣屋へ赴く。諸説あるのだが、秀吉は氏直を助命し、氏政・氏照兄弟、松田憲秀、大道寺政繁の4人に切腹を命じた。氏直が除外されたのは、家康の婿だからだ。

一方、家康の陣屋に投降した氏政・氏照兄弟は、切腹を伝えられると、「一体どういうことだ。騙された」（意訳、『小田原北条記』）と叫んだという。

たぶん彼らは、〈助命＆本領安堵〉を心の底から信じていたのだろう。

切腹であれば、武士のプライドとして、彼らは降伏することなく、城内で遂げればいいのだから。

一連の流れから推察できるのは、なぜか、最終段階で秀吉が和睦条件を踏みにじった点だ。

征伐した佐々成政、長宗我部元親、島津義久……。秀吉は彼らを助命し、本領を安堵した。その流儀を外れ、北条氏だけには、〈切腹＆所領没収〉という**過酷な処分**を下した。関東から存在そのものを抹殺してしまった。

江戸期の政治学者・新井白石も、「秀吉は、諸大名が兵威に服せば、そのまま国や郡を与えた。相模の北条だけは滅ぼしたが……」（意訳、『読史余論』）と記している。

[小田原城包囲図]

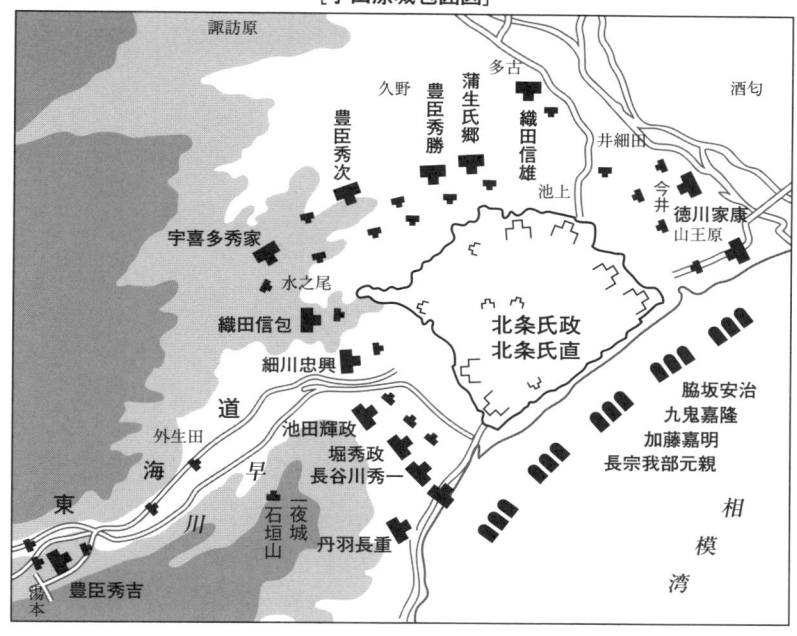

(図中の記載：諏訪原、多古、酒匂、久野、蒲生氏郷、豊臣秀勝、織田信雄、井細田、豊臣秀次、池上、今井、徳川家康、山王原、宇喜多秀家、水之尾、織田信包、細川忠興、北条氏政・北条氏直、脇坂安治、九鬼嘉隆、加藤嘉明、長宗我部元親、道、外生田、池田輝政、堀秀政、長谷川秀一、海、早川、東、一夜城、石垣山、丹羽長重、豊臣秀吉、相模湾)

関東国分け——家康の移封

　小田原城明け渡しの直後、7月13日に秀吉は論功行賞を行う。「関東国分け」である。

　旧北条分国は家康に与える。ただし関八州全域ではなく、常陸は佐竹義宣、下野は宇都宮国綱ら、下総は結城晴朝ら、安房は里見義康に分配される。

　家康の関東移封に伴い、玉突き人事が発生し、旧徳川分国3か国（三河、駿河、遠江）には織田信雄が、旧織田分国2か国（尾張、伊勢）には豊臣秀次が配置される。

　ところが、信雄が移封を拒んだため、怒った秀吉は信雄の所領を奪い、流刑に処してしまう。結果、旧徳川分国には秀吉の家臣が入封する。

　日頃から、秀吉を快く思っていない信雄は、北条氏と共謀して「秀吉挟撃」を画策した。そのことが背景にあり、信雄自身も暗愚だったとされる。

　それにしても、内大臣の失脚であるにもかかわらず、旧織田系で縁戚の前田利家（嫡子・利長は信雄の妹婿）、蒲生氏郷（信雄の妹婿）が、秀吉に取

りなした様子がない。

その意味では奇妙な事件だが、旧織田系の「沈黙の代償」が蒲生氏郷の抜擢人事に繋がっていく。

家康は8月1日に江戸に入る。江戸期、この日は「八朔といい、元旦と並ぶ吉日とされ、諸大名は白装束で江戸城に登城した。

家康の関東移封。

通説では「家康の実力を恐れた秀吉は、彼を上方（中央）から遠ざけた」とする。が、秀吉は関東制圧を果たしたばかり。

豊臣公儀として、いかに関東を支配するか？

それが喫緊の課題であり、東西一統後、秀吉は「唐入り」を計画している。

従って、通説とは逆に「信頼できる義弟・家康に関東を託した」と考えるべきであろう。

「家康事は、上様余儀なき御間柄」（『島津義弘書状』）と記されるように、家康が上様（関白秀吉）の縁戚なのは、諸大名周知の事実なのだ。

もし家康を恐れるならば、上方から遠ざけるのではなく、逆に目の届く範囲、たとえば南海道（紀伊、四国）に封じ込めるのが常道であろう。

実は秀吉も直前まで、関東国分けを迷っていた節がある。というのも、北条征伐の直前に、「関八州が静謐した際、関東の者どもの過半は景勝に付ける」（意訳）と、秀吉が語った記録が残っているからだ。

上杉景勝が関東管領に就き、関東を支配する。旧来の武家身分の影響力、景勝の東国取次就任の経緯、佐竹一統との関係を踏まえれば、有力な選択肢の1つだったのであろう。

端的にいえば、景勝の関東支配がスムーズに進む下地は十分にあった。これまでの家康は、東国取次以外に、関東とは縁がないのだから。

それでも、あえて**血族**を重視して、秀吉は家康を選んだ。一方の景勝は係累が少なく、秀吉とは縁組を結んでいない。

家康の最大の功績は、「同盟する北条氏に味方せず、義兄の秀吉に従った」こと。

8 奥州征伐

奥州仕置

　7月17日、東西一統を実現させるべく、秀吉は小田原城から奥州征伐へと向かう。家康や秀次などが従軍する。三成も秀吉に従っている。

　コースは東山道（仙道、中通り）を辿り、宇都宮から会津を目指す。大軍が通行できるように、東山道は幅3間（約5.4m）まで拡張され、河川には舟橋が架けられる（118ページ地図参照）。

　これは、軍役と同様に諸大名に課せられた労役。それまでは、主要街道でも、行き交う者がすれ違える程度の狭さだったのだ。当時の交通事情の悪さが、理解いただけると思う。大軍を動かすのは容易ではない。

　さて、秀吉は7月26日に宇都宮に到着し、第1回目の奥州仕置を行う。

　すでに小田原参陣を終えて帰国していた伊達政宗（会津、奥州探題）、最上義光（山形、羽州探題）も、「関白が奥羽の御置目（仕置）を仰せつけるので」（意訳）と、宇都宮に呼び出される。

　このとき、正式に佐竹義宣（常陸55万石）、宇都宮国綱（下野18万石）、南部信直（陸奥・南部7郡10万石）らが安堵され、小田原へ参陣しなかった那須氏などは所領を没収された。

　名実ともに「常州の旗頭」となった義宣は、12月に有力国人・江戸氏の居城である水戸城を奪う。さらに常陸南部の国人衆「南方三十三館」を、饗応の名目で招き、その場で全員を皆殺しにしてしまう。

　大胆にいえば、既成事実を作った後の**謀略**。

　実は小田原参陣時点で、義宣は常陸全域を支配していたわけではない。佐竹氏の基盤は常陸北部。義宣に服属していない中部・南部の国人衆は、相当程度存在したものの、彼らは一様に小田原へ参陣しなかった。

　それを利用して、義宣は「中南部の国人衆の所領も、佐竹分国の支配領域」と三成に申告し、取り次いだ三成は秀吉の承認を得る。

　それが奥州仕置で正式決定されると、義宣は彼らの所領を一気に奪い取ったのだ。

　謀略を義宣に入れ知恵したのは、三成ともいうが、やがて佐竹氏は、徳川、上杉、前田、毛利、島津氏とともに、**天下の六大将**（『藩幹譜』）と呼ば

れるようになる。

　三成は、六大将の内で「上杉、島津、佐竹氏」の取次を務めている。さらに毛利氏も加わる。今や公儀きっての権勢家といっていい。

　諸大名は秀吉を怖れるのと同様に、秀吉の代理人である取次を畏怖する。取次が秀吉に吹き込む一言に、彼らの浮沈が掛かっているのだから。

　奥州征伐といっても、もう合戦はない。諸大名は豊臣公儀の顔色を窺うばかり。

　8月9日、会津に到着した秀吉は、第2回目の**奥州仕置**を発表する。

　小田原に駆けつけなかった諸大名、国人衆は、所領没収の憂き目に遭う。葛西晴信（陸奥・葛西7郡）、大崎義隆（大崎5郡）、石川昭光（石川1郡）、白河結城義親（白河1郡）、大宝寺義勝（出羽・庄内3郡）……。

　なお、葛西氏は鎌倉期の奥州惣奉行※13、大崎氏は室町期の奥州探題※14といった武家身分を誇る家柄で、戦国期まで一定勢力を保ち続けたが、今は政宗の属国に近い。

　所領を没収されたのは、政宗に服属していた大名が多い。というのも、政宗は彼らを家臣同然に扱ったので、小田原に同行させなかった事情があるからだ。

　それとは裏腹に、豊臣公儀は彼らを独立した大名と見做した。

　原因は、政宗の認識不足、取次の浅野長政・木村吉清に対する根回し不足にあるのだろうが、取次サイドにも政宗に対する悪意があったようだ。

　朝鮮出兵後、長政と絶交する政宗は、取次の所業を強く非難している。

　「貴殿（長政）は理由のないまま、私の知行を上様（秀吉）に差し出すよう求めた」「会津領を望んだ木村伊勢守（吉清）は、上様に私の悪口をいい、伊達家を絶やそうとした。その伊勢守と貴殿は親しい」（意訳）と。

　注目すべきは、取次は「秀吉の機嫌を取るため、自らの領土欲のため」ならば、側近の立場をフルに活用して、平気で情報操作しかねないことだ。本来、指南してくれるはずの取次が、逆に政宗を苦境に追い込む。

※13　奥州惣奉行：鎌倉幕府が制定した武家身分の1つ。奥州藤原氏を滅ぼした源頼朝は、御家人・葛西清重を奥州惣奉行に任命し、奥州での残党蜂起などを警戒させた。鎌倉期、平泉に駐屯した軍事・警察長官と考えていい。

※14　奥州探題：室町幕府が奥州統治のために設置した軍事機関。武家身分の1つである。管領筆頭・斯波氏の一族である大崎氏が、「奥州探題」を独占した。しかし、大崎氏の勢威が衰えると、朝廷・幕府に献金を行った伊達氏が、陸奥守護と奥州探題ポストを獲得する。ちなみに、出羽に進出した大崎氏の一族・最上氏は「羽州探題」と称した。

奥州仕置で、政宗は侵略した会津領（会津6郡、仙道5郡）を没収される。「奥羽の仕置は任せる」という秀吉の言葉も、反故同然。
　代わって、新たに所領を与えられたのは、以下の3人である。
○**蒲生氏郷**：陸奥・会津6郡、仙道5郡（福島県、42万石）
○**木村吉清**：陸奥・葛西7郡、大崎5郡（宮城県、30万石）
○**上杉景勝**：追加分として出羽・庄内3郡（山形県、14万石）

　会津は陸奥鎮定の要地。秀吉は、そう考えたのであろう。
　結局、会津領は旧領主・蘆名氏に返還されることなく、蒲生氏郷（伊勢・松阪12万石）に与えられる。その代わりに、蘆名義広は常陸・江戸崎5万石（茨城県稲敷市）が給付される。
　関東国分けと奥州仕置の共通点は、北条氏と蘆名氏に本領を安堵しなかった点だ。従来の秀吉流（西国対応）とは、明らかに異なる。

秀吉の東西統治構想

　東西一統を成し遂げた秀吉は、**兄弟**による分割統治を考えた。西国は実弟の秀長に、東国は義弟の家康に託す形で。
　すでに述べたとおり、室町期の日本は、足利兄弟家の室町殿御分国（西国）と鎌倉殿御分国（東国）に分かれていた。
　その前の鎌倉期でも、病気の2代将軍・源頼家は、「全国の総守護職・関東28か国の地頭職は嫡子・一幡に、関西38か国の地頭職は弟・千幡（後の3代将軍実朝）に譲る」と遺言している。地頭職を「所領」と読み替えればいい。
　その武家政権の考え方を、関白秀吉は受け継いでいる。ただし、武家身分ではなく、朝廷官位で着飾っているが……。
　蒲生氏郷の会津移封についても、俗説では「家康の動きを背後から監視させるため、秀吉が配置した」と、〈家康＝秀吉の仮想敵国〉を前提に記す。すなわち、「家康関東封じ込め作戦」の一環であると。
　もっともらしい話だが、単に家康の牽制が目的であれば、たとえば、「家康を駿河などから動かさずに、氏郷を伊勢から相模・伊豆に移す」といった対応で済むはずだ。今は、もう誰も秀吉には逆らえないのだから。
　2人の大名を同時期に動かし、あえて難しい遠隔操作を行う必要はない。
　詳細は繰り返さないが、新たな東国支配構想にあたり、秀吉は**身内**で固めようとしたのだ。

氏郷の妹は、秀吉の側室・三条殿。しかも氏郷の嫡子・秀行は、後に秀吉の命で、家康の娘を妻に迎える。「豊臣・徳川・蒲生氏」は縁者となる
　新たな占領地である東国では、豊臣公儀に不満や恨みを抱く者が叛旗を翻す可能性がある。なぜならば、西国とは異なり、東国は厳しい処分なので、所領を没収された大名・国人衆がかなりの数に及ぶからだ。
　それを警戒して鎮圧することが、当面、関東の家康と奥州の氏郷に課せられた役目である。
　奥州仕置の時点（1590年8月）で、秀吉がイメージしたのは、次のような統治体制だったと思う。
○**西国**：豊臣秀長 – 中国探題・毛利輝元、九州探題・小早川隆景
○**東国**：徳川家康 – 奥州探題・蒲生氏郷、羽州探題・上杉景勝

　秀吉の弟2人を軸に、信頼できる有力大名を**ブロック単位**で配置する。
　当面、陸奥では氏郷に伊達政宗を、出羽では景勝に最上義光を警戒させる。景勝に庄内3郡を与えたのは、義光への布石であるとともに、関東管領に取り立てなかった代償の一面もあると思う。
　そして、〈秀長＆家康〉の上に君臨するのが関白秀吉。その秀吉は、次のステップとして、「唐入り」を考えている。
　秀吉は、国内の後継者（将来の関白）に秀長を想定していたのだろうが、秀長は翌1591（天正19）年1月に病死するため、統治構想に大幅な狂いが生じる。
　実は、1589年に秀吉に男子・鶴松が誕生しているのだが、鶴松は3歳で夭逝してしまう。こちらは1591年8月のこと。
　また奥州の氏郷は1595 （文禄4）年に、九州の隆景は1597（慶長2）年に病死を遂げるため、晩年の秀吉は、その都度、軌道修正を余儀なくされる。
　おいおい説明していくが、ぜひ上記の**統治構想**の「原型」を、インプットしていただきたい。
　ついでながら、権力を握った者の最大の関心は、家系を絶やすことなく、権力を維持することにある。
　後に徳川将軍家を創立する家康は、「どのような支配体制を構築すれば、15代続いた足利将軍家を超えることができるか」と、その仕組作りに腐心したという。
　現代風にいえば、家康は歴代将軍の最長不倒距離更新を目指したが、徳川

将軍家も15代慶喜で滅びてしまう。

刀狩と検地

会津での奥州仕置（8月9日）を終えた秀吉は、後を秀次に託す。そして3日後には帰路につき、9月1日に上方に着く。

会津滞在中、秀吉は三成らに奥羽の刀狩と検地を命じる。

○**検地**：奥羽で検地を行い、百姓には臨時課税は実施しないこと。
○**兵農分離**：武家の諸奉公人は給恩をもって、役を務めること（ギブ＆テイクの考え方）。百姓は田畑の開作に専念すること。
○**刀狩**：日本60余州の百姓は、刀、脇差、弓、槍、鉄砲などの武具類を持つことを禁止している。それを奥羽でも適用すること。

1588年に発布した刀狩令を、占領地でも徹底させる。その具体的推進者として、秀吉の取次、側近は動き出す。

ただし、奥羽の場合は、次のように考えた方がわかりやすい。

進駐軍（豊臣公儀）に対する旧領主・家臣団の蜂起を、未然に防止するための武装解除策と。所領を失った彼らは、新たに仕官しないかぎり、武家身分も奪われてしまう。

三成は、太平洋側の岩城貞隆の領国（福島県いわき市）、相馬義胤の領国（福島県南相馬市）を検分する。いずれも佐竹親族で、三成は岩城氏の家督相続問題で尽力した経緯がある。

8月下旬、浅野長政と落ち合った三成は、ともに〈旧大崎分国＆葛西分国〉に赴き、城の接収や諸郡の収公を行う。新領主への引き継ぎ作業と思っていい。その後、三成は上方へ引き揚げている。

なお、出羽・庄内3郡でも検地が実施される。秀吉は大谷吉継らに奉行を命じ、新領主の景勝に協力させている。吉継が上杉氏取次だったのか、どうかはハッキリしないが、秀吉側近の1人なのは間違いない。

大崎・葛西一揆の勃発

奥州仕置の結果、取次の**木村吉清・清久**父子は、〈大崎5郡＆葛西7郡〉で30万石を与えられる。大崎5郡を吉清が、葛西7郡を清久が管掌したようだ。

1590年10月下旬、その領国内で大規模な一揆が勃発する。これを「大崎・葛西一揆」という。

新領主を恨んだ〈大崎氏＆葛西氏〉の旧臣が、百姓を煽動して蜂起したのだ。その数は約4万人に及ぶ。
　通説によれば、小身の木村父子には、わずかな家臣しかいなかった。
　ところが、大大名になったので、急遽、牢人などを召し抱え、不足する家臣数を補おうとした。その「俄侍（にわかざむらい）」が横領、略奪行為を働いたので、旧臣や領民の怒りは頂点に達した、とされる。
　要するに、原因は木村父子の**悪政**にあったという。
　ただし、入封してから3か月弱では悪政の施しようもなく、実際の原因は「所領没収、刀狩」にあった、と思われる。
　ともあれ、一揆勢に囲まれた木村父子は、それぞれの居城を脱し、11月には佐沼城（宮城県登米市）に籠る。
　当時、取次の浅野長政は白河におり、郡の収公業務を継続中。
　その長政の許に、一揆勃発の情報が入る。早速、彼は蒲生氏郷（会津黒川城）と伊達政宗（米沢城）に出兵を要請する。氏郷は奥州の責任者であり、領国が隣接する政宗は地理に通暁している。
　と同時に、長政は徳川家康に連絡を入れる。バックアップするために、家康は関東衆（徳川軍）を白河まで派遣する。関東衆は東山道コースを辿る。
　この一連の動きに、秀吉が意図した「東国の軍事防備体制」を見ることができよう。
　それと、非常事態発生時の「取次の機能」も──。
　長政は秀吉の代理人として、要請の形とはいえ、実質的に軍事動員を発令している。書状以外に通信手段がない時代である。秀吉に伺いを立てる時間的余裕もない。
　先鋒の政宗の活躍で、11月下旬、木村父子は救出され、やがて一揆は沈静化していく。
　ところが、上方では情報の遅れや錯綜があったようで、12月半ば、秀吉は**後詰**として、東山道・白河口に家康と秀次を、東海道・相馬口に三成を派遣している。
　少し前に戻ったばかりの三成は、再び、奥州に下向する。といっても、軍勢を引き連れたわけではない。
　取次として、〈佐竹氏＆親族〉に、出兵の軍令を伝えるのが目的である。そして、佐竹氏・岩城氏・相馬氏が一揆討伐に赴けば、三成は同行して目付の役目を果たす。

[大崎・葛西一揆]

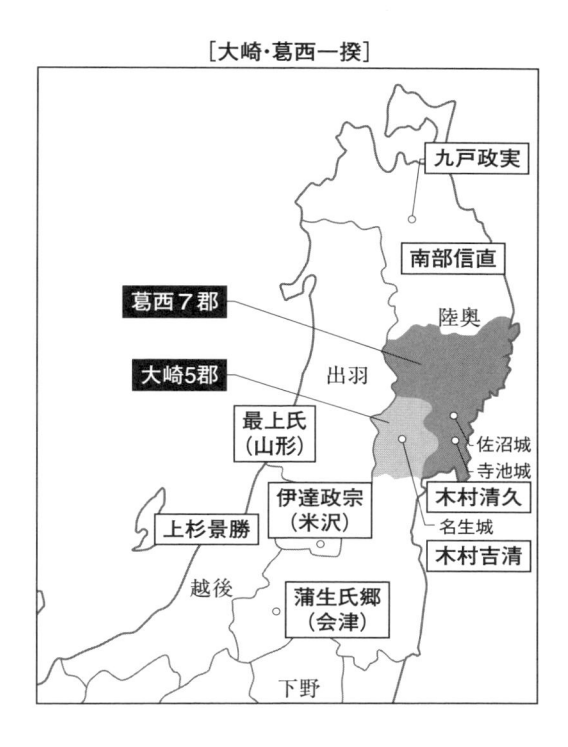

・九戸政実
・南部信直
葛西7郡
大崎5郡
陸奥
出羽
最上氏（山形）
・佐沼城
・寺池城
木村清久
伊達政宗（米沢）
上杉景勝
・名生城
木村吉清
越後
蒲生氏郷（会津）
下野

　翌1591年1月早々に、三成は相馬口に到着するが、一揆鎮圧の情報に接したため、上方へ引き返している。その途中で、佐竹義宣は太田城（茨城県常陸太田市）に三成を招き、茶会を催している。

　この騒動の処分は2月に決まる。責任を問われた木村父子は、所領没収。〈大崎5郡＆葛西7郡〉は政宗に与えられるが、代わりに蒲生領国に隣接する5郡は削られ、氏郷に与えられる。

　実は氏郷と政宗との間に確執があり、氏郷は政宗を「陰の一揆扇動者」と疑った。政宗の転封には、その懲罰的色合いもある。

　その結果、氏郷の所領は膨張し、92万石の規模に達する。

　1月中旬に上方に戻った三成は、今度は増田長盛、大谷吉継らとともに、慌しく九州へ下る。朝鮮出兵の準備のためだ。2月初旬、博多の豪商宅で、しばしば茶会が催され、小早川隆景や宇喜多秀家らと同席している。

第2次奥州征伐

　1591年2月、再び奥州が揺れる。

南部一族の九戸政実(くのへまさざね)が、現在の岩手県北部で反乱を起こしたのだ。

遠因は、1582（天正10）年の南部氏の後継者問題にある。当主と嫡子の相次ぐ死亡に伴い、南部一族・重臣は跡目の評議を行う。

候補者は田子(たっこ)信直と九戸政実だったが、信直が宗家・南部氏の当主に決まる。それに不満を抱いた政実は、自ら惣領と称し、信直に従おうとはしない。

その後、九戸領を含む形で南部領国を申請した信直は、奥州仕置で10万石を安堵される。佐竹義宣の手法と同様である。

が、宗家との同格意識※15が強い政実は、大崎・葛西一揆の残党を九戸城（岩手県二戸市）に招き入れ、信直への徹底抗戦を叫ぶ。籠城者の数は約5000人。所領もさることながら、もうプライドの問題。

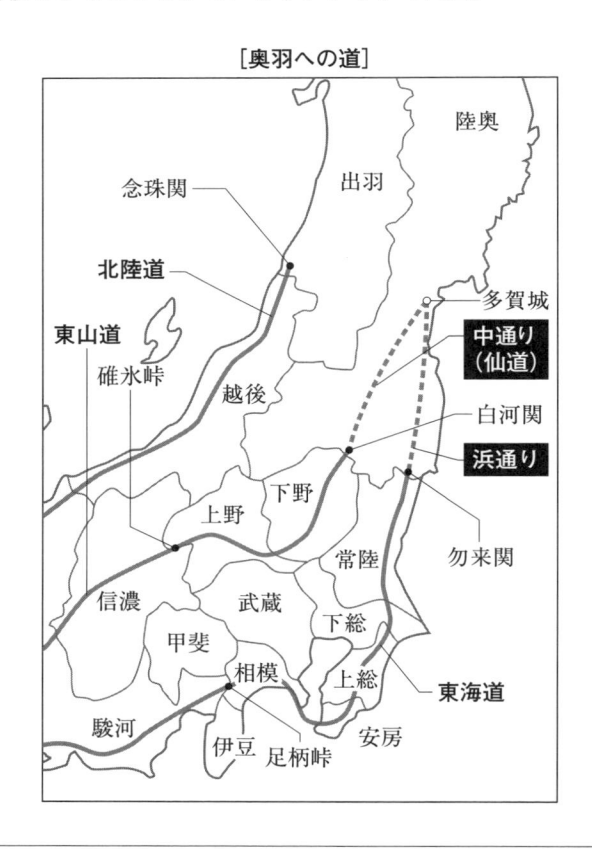

[奥羽への道]

※15 同格意識：室町幕府の末期、「関東国人衆」の一員として、幕府は南部氏と九戸氏を同格で扱った。なお、関東国人衆とは、「東国の国人」という意味で、現在の関東地方＆東北地方を指す。

信直は政実を退治したいと思うが、惣無事令によって私戦は禁止されている。そこで、信直が豊臣公儀に訴え出たため、6月に第2次奥州征伐（九戸成敗）が実行される。動員数は約6万人。
　地方領主に対する成敗にしては、大規模な動員体制だが、豊臣公儀に逆らう者への「見せしめ、デモンストレーション」の意味合いが濃い。
　豊臣公儀軍の編成は、次のとおり。
○**東山道方面軍**（内陸部の中通り）：総大将には徳川家康と豊臣秀次が就く。先鋒は蒲生氏郷と伊達政宗が務め、二本松口から進む。目付（軍監）は浅野長政。
○**東海道方面軍**（太平洋側の浜通り）：佐竹義宣、宇都宮国綱らの佐竹親族が、相馬口から進軍する。目付は石田三成。
○**北陸道方面軍**（日本海側）：上杉景勝、最上義光、出羽の諸大名は、最上口から進む。目付は大谷吉継。

　秀吉自身は出馬していない。弟の秀長は1月に病死したばかり。代わりに甥の秀次（清洲中納言）が派遣される。
　そして三成は東奔西走。佐竹義宣らを出兵させるため、三度目の奥州下向を命じられた。秀吉、佐竹親族の双方にとって、彼が「余人を持って変えがたい存在」だったことは間違いない。
　三成は8月に相馬口に達し、9月中旬には現在の岩手県水沢市付近まで北上するが、結局、九戸城までは行かずに戻ったようだ。北陸道方面軍も、途中から引き返している。
　というのも、9月初旬、城を包囲した東山道方面軍は、政実に降伏勧告を行う。それを受けて、孤立無援状態の政実が降伏したからだ。
　ちなみに「降伏勧告状」は、浅野長政（公儀の目付）、井伊直政（家康勢の目付）、堀尾吉晴（秀次勢の目付）、蒲生氏郷（奥州探題）の連名と、バランスに配慮がなされている。
　この第2次奥州征伐が、東西一統の締め括り。
　あまり知られていないが、以下の点で重要な遠征である。
○**各方面軍の編成**：源頼朝の奥州征伐に由来するのだが、この3方面（東山道、東海道、北陸道）からの奥羽進入は、上杉征伐（1600年）で踏襲される。なお、戊辰戦争時の官軍も、この部隊編成を採る。
○**豊臣秀次の存在**：二度の奥州征伐で、秀吉の代理を無事に果たした秀次の

評価が上る。また秀次は奥州諸大名（伊達政宗、最上義光）と親交を結ぶ。

関白秀次の誕生

　1591年、56歳の秀吉は東西一統を成し遂げた。本人は「武家の棟梁・源頼朝以来の出来事」と、語ったと伝えられる。

　が、その年に秀吉は2人の肉親を失う。1月に弟の秀長が、8月（第2次奥州征伐の最中）に実子・鶴松が病死を遂げる。

　そこで、係累の少ない秀吉は「跡目に甥の秀次を」と考え、嗣子・秀次（24歳）の昇進を急ぎ始める。55ページの系図を参照いただきたいが、秀次は、秀吉の姉の長男で、弟に秀勝や秀保がいる。

　中納言だった秀次は、1591年2月に大納言、12月に内大臣、そして年末には関白にまで上り詰める。

　秀次に関白の座を譲った秀吉は、**太閤**と号する。太閤とは、前関白の敬称である。と同時に聚楽第も秀次に譲り、秀吉は伏見城を築いて移る。

　このようにして、豊臣公儀は秀次に移譲されたが、実権は秀吉が握っている。両者は、おおよそ、以下の形の分担態勢を敷いたと思われる。

○**太閤秀吉**：伏見城で外征管掌（朝鮮出兵）
○**関白秀次**：聚楽第で内政管掌

　ところが、1593（文禄2）年、秀吉に実子・秀頼が誕生したため、秀次の運命は大きく狂い始める（後述）。

　ここで、参考までに**豊臣一族**の生没年を記しておこう。大半が1590年代に死に絶えている。
○秀吉：1536〜1598年、享年63
○鶴松：1589〜1591年、秀吉の実子（母は淀殿）、病死（3歳）
○秀頼：1593〜1615年、秀吉の実子（母は淀殿）、大坂夏の陣で自害（23歳）
○秀長：1540〜1591年、秀吉の弟、大和大納言、病死（52歳）
○秀次：1568〜1595年、秀吉の甥、関白、秀吉の命で切腹処分（28歳）
○秀勝：1569〜1592年、秀吉の甥、岐阜宰相、朝鮮出兵時に病死（24歳）
○秀保：1579〜1594年、秀吉の甥、大和中納言、秀長の養子、変死（16歳）
○（小早川）秀秋：1582〜1602年、北政所の甥、金吾中納言、小早川隆景の養子、関ヶ原の戦いの後に病死（21歳）

ちなみに秀勝の妻となったのが、淀殿の妹・**江与**である。彼女は秀勝との間に完子(さだこ)をもうけたが、夫の死後に徳川秀忠に嫁ぎ、家光や千姫らを産む。なお、淀殿に育てられた完子は、後に九条関白家に嫁ぐ。
　秀吉の猶子となった者も挙げておこう。猶子とは、家督相続権を有さない養子である。
○宇喜多秀家：1572〜1655年、備前中納言、妻は秀吉の養女・豪（前田利家の娘）
○結城秀康：1574〜1607年、結城少将

　結城秀康は家康の次男で、小牧・長久手の戦い（1584年）の講和に伴い、秀吉に提供された。「秀」は秀吉からの偏諱である。
　通説では、「秀吉に鶴松が誕生したため、1590年、秀康は結城晴朝の養子に出された」とするが、元々、彼に豊臣家の相続権はない。
　北条征伐後、実子のいない結城晴朝（下総の佐竹一統）は家康に接近するため、秀吉に秀康との養子縁組を望む。それが認められたわけだが、実は晴朝は先に朝勝を嗣子としていた。
　朝勝は宇都宮国綱の実弟で、佐竹義宣の従兄弟（98ページ系図参照）。秀康を迎えることで、朝勝は離縁され、実家に戻る。
　要するに、前の縁組を解消した結城晴朝は佐竹一統を離れ、新たに家康に属したのだ。
　秀康の件は秀吉が承認しているので、誰も文句はいえないが、かなりシコリが残る話。所領面でも、佐竹分国の属国が徳川分国に移ってしまう。
　おそらく三成は、義宣から相談を受けたが、秀吉のお声掛かりでは何もいえなかったのであろう。
　このような水面下の葛藤や確執が、秀吉の死後に表面化する。

第 IV 章

豊臣公儀と三成

西暦	和暦	齢	主な出来事
1560	永禄3	1	三成が近江で誕生　桶狭間の戦い
1570	元亀1	11	姉川の戦い
1574	天正2	15	秀吉が長浜城築城
1582	天正10	23	秀吉の備中・高松城攻め、本能寺の変、山崎の戦い、清洲会議
1583	天正11	24	賤ヶ岳の戦い
1584	天正12	25	小牧・長久手の戦い、三成が近江・蒲生郡で検地
1585	天正13	26	秀吉が関白就任、三成が治部少輔に叙任、佐々征伐
1586	天正14	27	上杉景勝の上洛（取次・三成）
1587	天正15	28	島津征伐、博多の町割り実施
1588	天正16	29	島津義久の上洛（取次・三成）
1589	天正17	30	浅野長政と三成が美濃を検地
1590	天正18	31	北条征伐、東国大名の小田原参陣、三成の武蔵・忍城攻撃、家康の関東入封、奥州仕置（奥州仕置）、大崎・葛西一揆の勃発
1591	天正19	32	第2次奥州征伐（九戸成敗）
1592	文禄1	33	第1次朝鮮出兵、三成の渡海
1593	文禄2	34	明（中国）との講和
1594	文禄3	35	三成家臣による島津・佐竹領国検地
1595	文禄4	36	豊臣秀次の自害
1596	慶長1	37	明使節の来日
1597	慶長2	38	第2次朝鮮出兵

1 佐和山城主・三成

佐和山入封の時期

前に述べたとおり、三成の所領面に関しては、不明な点が多い。

彼の居城として知られる近江・佐和山城。石高は19万4000石。

江北3郡（浅井郡、坂田郡、伊香郡）を領国とし、大隅や常陸などでも所領を与えられる。それぞれ取次を務める島津氏、佐竹氏の領国内である。

なお、本来は分国なのだが、公儀体制下ということで、以下、**領国**と表記したい。

だが、三成が佐和山に入封した時期は定かではない。間違いないのは1595（文禄4）年7月以降で、『多聞院日記』（奈良興福寺の僧・英俊の日記）で確認されている。

そこには「石田治部少輔は江州にて30万石の知行を与えられた」（意訳）と記されており、タイミングは豊臣秀次の切腹直後である。

ここでの石高の違いは、伝聞によって過大な数値になったとされる。

実は三成は本領（19万4000石）の他に、代官地（秀吉の近江・美濃蔵入地※1　4万石）を管理していた。知行トータルは23万石強。

ところが、同じ史料の1592（文禄1）年4月の項に、「北庵法印之息女、嶋ノ左近之内方、今江州サホ山ノ城ニアリ（英俊の知人である医師・北庵法印の娘は、島左近の妻で、現在近江の佐和山城にいる）」と記録されている。

北条征伐（1590年）の際、左近は三成に同行している。その妻は1592年に佐和山城にいる。ならば、少なくとも1592年時点では、三成が佐和山城主だった可能性は高い。第2次奥州征伐の翌年にあたる。

以下は推論である。

その前提として、北条征伐に伴う①関東国分けは1590（天正18）年7月、②奥州仕置は同年8月だったことを、思い出していただきたい。

豊臣公儀が大名の領国を大きく動かしたのは、この時期に集約される。

※1　蔵入地：直轄領のことで、「御蔵入、台所」ともいう。秀吉が所領の要地に代官などを派遣して、直接支配する。そこからの年貢や諸役で、豊臣氏の財政を運営する。畿内を中心として、全国で200万石の規模があった。江戸期、徳川氏の直轄領は「御領、公儀御領地」といわれた。よく「天領」といわれるが、それは明治維新後、天皇が徳川氏直轄領を受け継いだときの命名である。

もちろんメインは東国対策ではあるが、その所領分配措置が三成への**佐和山領給与**にも絡んでいるのではなかろうか？
①関東国分け：近江などを領していた秀次は、織田信雄の移封拒否により、信雄の旧領国（尾張・伊勢）に移される。逆にいえば、近江は空白になる。
②奥州仕置：三成と同じ取次である木村吉清が、大崎・葛西領30万石を与えられている。元は数千石の小身だから、大抜擢である。

　状況証拠と同僚とのバランス感ではあるが、東西一統がほぼ実現した1590年7〜8月の前後に、秀吉は三成に佐和山領19万4000石を与えた、のではなかろうか？
　戦闘での殊勲ではなく、取次として機能を発揮したことに対して。
　木村吉清の手柄が伊達政宗の小田原参陣（秀吉への臣従）であれば、三成は〈佐竹一統＆親族〉を参陣させたばかりでなく、戦闘にも従事させたのだから。
　なお、同じく取次の浅野長政（若狭・小浜5万石）は、1593（文禄2）年になって加増され、甲斐22万石に移封される。
　そして、長政は東国の諸大名（伊達政宗、南部信直、宇都宮国綱ら）を寄騎とする。取次機能も備えているが、むしろ豊臣公儀の奉行として諸大名に指示を出す立場、と思っていい。
　が、吉清や長政とは異なり、三成は上方に隣接する近江で所領を宛てがわれた。それは朝鮮出兵が迫っていたからだ。征服欲に燃える秀吉は、三成を手許に置いておきたい。

重臣・島左近

　後世、佐和山城とともに三成には過分と謳われた島左近。
　「猛将」といわれる彼も、不明な点が多い。
　左近は通称で、諱は勝猛、清興（きよおき）とされる。姓も正しくは「嶋」である。
　『名将言行録』では、「幼少のころから兵法書に親しみ、軍学に通ずる。また薙刀（なぎなた）をよくする」（意訳）と描かれている。
　元々、島氏は大和・平群郡の国人で、左近は畠山高政（河内守護）、次いで筒井順昭（じゅんしょう）・順慶父子に属した。**筒井順慶**は興福寺門徒（僧兵）の棟梁から、戦国大名となった人物だ。
　なお、添上（そえかみ）郡柳生郷の国人だった柳生氏も、一時期、筒井氏に属したこと

がある。島氏、柳生氏はともに、その遠祖は春日神社の神官とされる。

以下、歴史読み物などで紹介される経歴を掲げよう。

生年は1540（天文9年）という説がある。

勇名を馳せた左近は順慶の侍大将となり、同輩の松倉右近重信とともに、「右近左近」と称せられた。

しかし、順慶が没して定次が跡を継ぐと、筒井氏は伊賀に移封される。それを機に、筒井氏を去った左近は、「大和大納言」豊臣秀長、その養子・秀保に仕えるが、秀保が死んだため、再び浪々の身となり、近江に隠棲する。

そのころ、近江・水口4万石を領した三成は、「武勇の士」左近の奉公を望み、知行の半分にあたる2万石を与えて召し抱えた。

三成の心意気を感じた左近は、以来、忠誠を尽くし、関ヶ原の戦いでも奮闘する。

とはいうものの、三成が水口城主だった確証はなく、誤りも目につく。たとえば、豊臣秀保が病死したのは1594（文禄3）年。その時点では、明らかに左近は三成に出仕している。

確実な内容で、左近を追ってみよう。

〇1584（天正12）年

8月、筒井順慶が病死し、左近は葬儀に出席する。筒井氏の家督は定次が継ぐ。

〇1585（天正13）年

閏8月、定次は伊賀・上野20万石に移封される。以降、その許を去る家臣が続出する。定次は遊興を好んだといわれ、退散した1人が左近だった可能性は高い。牢人した左近は落魄した、豊臣秀長に仕官した……、と諸説がある。

〇1590（天正18）年

『多聞院日記』の5月の項に、「左近は陣立てで留守。その間に、北庵法印が（伊勢の）亀山にいる内方（法印の娘、左近の妻）を訪ねる予定」（意訳）という記事がある。陣立てとは北条征伐を意味し、同月、左近が佐竹氏宛ての使者を務めた事実と符合する。

主人・筒井定次に愛想を尽かした左近は、1585〜1590年の間に三成に仕えた。どこで、どういう出会いがあったのか、はわからない。

2 第1次朝鮮出兵

秀吉の唐入り構想

　東西一統の最中から、信長の意思を引き継いだ秀吉は「唐入り」を計画していた。
　それは朝鮮（高麗）、中国（唐、明）に留まらず、インド（天竺）、琉球、台湾、フィリピンまでも視野に入れた構想だった。
　征服欲（領土拡大欲）に加えて名誉欲——。
　秀吉自身は「名誉を三国にあげるのが望み」と記している。三国とは、日本、中国、インドを指し、朝鮮出兵はアジア大陸進出を果たす第一段階、ステップとなる。
　九州にいる太閤秀吉が、聚楽第の関白秀次に送った書状（1592年5月）に、征服後の支配構想が書かれている。豊臣公儀軍の緒戦勝利が続き、意気軒昂なころで、自身の渡海も予定している。
○**中国**：後陽成天皇を移し、都周辺の10か国を進上する。秀次を「大唐之関白職」とし、都周辺の100か国を与える。
○**日本**：帝位は皇太子・良仁親王か、皇弟・智仁親王（八条宮）。関白は秀保（秀長の養子、秀次の弟、1594年没）か、宇喜多秀家とする。
○**九州**：秀俊（後の小早川秀秋）を置く。
○**朝鮮**：織田秀信（信長の孫）か、宇喜多秀家を置く。

　朝鮮出兵は2回実行され、**文禄・慶長の役**といわれる。当時の言葉では、「唐入り、唐御陣、高麗御陣」。
　延べ7年に及ぶ出兵の全体像を、あらかじめ記しておこう。
○**第1次出兵**（文禄の役）：遠征軍15万8000人
　1592（文禄1）年、豊臣公儀軍（遠征軍）が九州から朝鮮に上陸し、漢城（ソウル）を攻め落とす。さらに北上する遠征軍は、明の援軍を撃破する。

　しかし、合戦の長期化に伴い、軍勢の士気が衰え、病人も多くなったため、1593年、明と停戦協定を結んで撤退する。
○**第2次出兵**（慶長の役）：遠征軍14万2000人

協定に基づく交渉（朝鮮南部の割譲など）が決裂したため、1597（慶長2）年、秀吉は再出兵を命じるが、終始、劣勢が続く。

翌1598（慶長3）年、秀吉の死をもって、豊臣公儀は停戦協定を結んで遠征軍を帰還させる。これをもって、朝鮮出兵は終結する。

三成は、この2つの朝鮮出兵に深く関わる。

出兵の準備──船奉行・三成

1591（天正19）年2月、第1次奥州征伐から戻った三成は、朝鮮出兵の準備に向けて九州へ下る。

そして、再び三成が第2次奥州征伐に従軍する6月。

秀吉は、対馬の島主・宗義智（小西行長の娘婿）を、朝鮮国王・李氏の許に派遣する。「明を日本に来貢させるべく、仲介せよ」という高飛車な要請を伝えるために。

どうやら九州と朝鮮の間に位置する宗氏は、これまで秀吉の要求内容をすり替えて、朝鮮に伝えていたようだ。

秀吉の機嫌を損ねないように、取り繕う。たとえば、秀吉が「朝鮮から服属の使節を日本に派遣せよ」と命じると、宗氏は朝鮮に「秀吉の天下統一の祝賀使節を派遣してください」と依頼するといった具合。

そのため、秀吉は〈朝鮮＝服属国〉と勘違いしてしまうのだが、宗氏も今度ばかりは、正確に内容を相手に伝える。

明は朝鮮の宗主国だから、当然、朝鮮国王は秀吉の要請を拒否する。

それを契機に出兵を決意した秀吉は、8月、前線基地とする城の築城を九州の諸大名に命じる。奉行は浅野長政と黒田孝高。これが肥前・**名護屋城**（佐賀県唐津市）である。

続いて9月に、秀吉は出兵の布告を出す。今度の主力部隊は西国大名の番で、秀吉は彼らに船拵え（年内の軍船準備）を命じる。このころ、三成は奥州から上方に戻ったようだ。

家康に付属する松平家忠は、「関白様（秀吉）唐入り必定候。殿様（家康）へもお供のよしに候。中納言様（秀次）へ天下参り候よし」と、10月の日記に記している。天下を参るとは、政権の移譲。

この『家忠日記』の噂どおり、12月、秀次に関白を譲った秀吉は、太閤となって外征に専念する。

年が明けて1592年。

2月、秀吉は最後通牒を伝えるため、小西行長、宗義智を朝鮮に派遣する。が、交渉は進まず、3月13日、秀吉は諸大名に渡海命令を発する。

その前の2月下旬、三成、大谷吉継以下10数名が「船奉行」を命ぜられ、上方から名護屋に向う。

前に記した**小荷駄**の業務である。

朝鮮半島に渡る軍船は、遠征する諸将の自前となる。「国々の大名、小名は船数を飾り、我も我もと打ち渡る」(『島津義弘書状』)

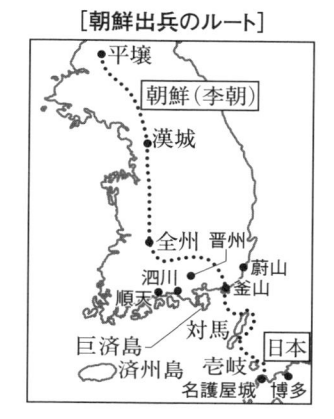

しかし、義弘は国許から船が来ず、賃船での渡海を余儀なくされ、上陸も遅れる。それを彼は「日本一の遅陣」と表現している。

一方で豊臣公儀は、食糧輸送用の商船を手当しておかねばならない。

三成は、以下の業務に忙殺されたと思う。事前に博多の豪商と打ち合わせたのも、当然であろう。

各地からの船舶の調達、物資の手配と集荷、積荷量の測定、気象情報の収集、渡海の順番、上陸地での荷揚げ、荷揚げを終えた船の回航……。

そればかりではなく、調達は別として、軍船の管理(乗船の指示、渡海の順番、回航など)もしなければならない。軍船と商船の合計は4万隻に及ぶ。

遠征軍の上陸予定地は、朝鮮半島の釜山(プサン)。従って、軍船・商船は〈名護屋―壱岐―対馬―釜山〉を回航する。

気象条件の悪化に伴う海上事故も予想されるが、何よりも、この**海上ライン**が切断されれば、九州からの補給路は途絶えるだけでなく、遠征軍が帰還できない恐れも生じる。

その意味ではライフライン、命綱。三成と吉継は名護屋に詰め、壱岐や釜山口にも豊臣公儀水軍が張り付く。

遠征軍の朝鮮上陸

遠征は西国(西海道、南海道、山陽道、山陰道)の諸大名が命じられ、第2次奥州征伐から間のない東国や北国の諸大名は、予備として名護屋で待機する。

なお、遠征軍は約16万人だが、相当数の陣夫を含んでいる。物資、武具の輸送などに携わる非戦闘員だ。また家康、上杉景勝、前田利家、蒲生氏郷、伊達政宗らの名護屋留守部隊は、10万人を数える。

遠征軍は**9番編成**とされる。
○1番：小西行長、宗義智、松浦鎮信など
○2番：加藤清正、鍋島直茂、相良頼房
○3番：黒田長政（孝高の子）、大友吉統（旧名は義統）
○4番：毛利吉成、島津義弘、秋月種長など
○5番：福島正則、長宗我部元親、蜂須賀家政、生駒親正など
○6番：小早川隆景、小早川秀包、立花宗茂、安国寺恵瓊など
○7番：毛利輝元
○8番：宇喜多秀家
○9番：豊臣秀勝、細川忠興
○水軍（船手衆）：九鬼嘉隆、藤堂高虎、脇坂安治、加藤嘉明など

4月12日、1番小西行長隊が釜山に上陸し、遠征軍は大きな抵抗に遭うことなく、首都・漢城を目指して進撃を始める。

上陸したのは8番宇喜多秀家隊までで、9番豊臣秀勝隊は壱岐で待機となる。従って、現地での総大将は宇喜多秀家となる。

攻撃に曝された朝鮮国王・李氏は、北方の平壌に逃れ、5月3日、別コースを辿った1番小西行長隊、2番加藤清正隊が、漢城を占領する。

約130里（520km）を3週間で行軍する、という猛スピードぶりで、行長と清正が激しい先陣争いを展開したという。ともに肥後の大名である。

漢城に集結した1～8番の諸将は軍議を開催し、朝鮮八道の分担態勢を敷いた。これを**八道国割**という。

日本の「五畿七道」（畿内＆7地方）と同様に、朝鮮も「八道」（8行政区）に分かれていたのだ。

たとえば、平安道を割り当てられた行長は、その地方の国郡に進軍する。制圧に成功すれば、論功行賞によって、やがて行長の支配地として認められる。

諸将の任務は唐入りの道筋確保だが、実態は所領の分捕り合戦だ。八道国割とは、「事前の国分け」を意味する。

三成の渡海——軍奉行の役割

　そのころ九州では——。
　3月下旬に京都を発った秀吉は、4月下旬に名護屋に到着していた。その間に、上陸緒戦の戦勝報告が入る。最初は破竹の勢いだ。
　5月半ば、漢城占領の報に接した秀吉は、士気高揚のため、自ら渡海しようとするが、家康らの諫止に遭い、来春までの延期を決める。
　もう1つ事情がある。
　李舜臣率いる朝鮮水軍が豊臣公儀水軍を攻撃し、〈対馬—釜山〉間の制海権を奪い返そうとしていたからだ。火砲を有さない公儀水軍は敗戦を続けたので、次第に食糧の補給が難しくなっていく。
　なお、秀吉にせよ、三成以下の船奉行にせよ、商船を半島に沿って〈釜山—漢城〉と運ぶ計画は、立てなかったようだ。
　船の仕様や航海技術もさることながら、海上輸送経験のなさと地理不案内に起因するのだろう。
　釜山上陸後は、陸戦部隊（1〜8番）に付属する陣夫が物資を運搬する。が、戦線が伸びると、輸送が困難になりだす。さらに朝鮮水軍に制海権が奪われると、食糧そのものが届かなくなる。
　また陸戦部隊でも、進軍を急ぐあまり、武器携帯を優先させ、朝鮮軍から食糧を奪おうとする。また、秀吉から食糧備蓄の命令があったにもかかわらず、八道の諸国から年貢を取り立てようとする。
　要するに現地調達だが、耕地を荒らされた農民は逃げてしまい、残った者は食糧を隠す。侵略目的の遠征軍（倭賊）に、食糧を提供するはずもない。この食糧不足問題が苦戦の原因となっていく。

　秀吉は代わりに、6月3日、三成、増田長盛、大谷吉継を**軍奉行**（目付）として渡海させる。
　7月16日、漢城に到着した三成らは、総大将・宇喜多秀家に軍令を伝えるとともに、食糧備蓄状態の調査を行う。
　そこへ新たな秀吉の指令がもたらされる。作戦の一部変更だ。秀吉の唐入り（明への進撃）は来春に延期されたので、遠征軍は年内に朝鮮（明への通路）を固めよと。
　それ以前、北進した1番小西行長隊は、朝鮮軍が放棄した平壌（平安道）

に入る。7月24日のことだ。

　平壌の北方と全羅道(チョルラド)を除き、遠征軍は朝鮮をほぼ制圧するが、食糧不足、猛暑による高温、風土病の流行などのため、病人が増え始める。

　一方、遠征軍の侵略に対して、明からの援軍が朝鮮に派遣される。朝鮮各地で義兵（正規軍の残党・義勇兵）のゲリラ戦が展開される。

　情勢の変化に伴い、宇喜多秀家以下の諸将と三成らの軍奉行は、協議の結果、平壌を「対明軍」の前線として、漢城を守ることに決める。

　遠征軍は大軍とはいえ、漢城を拠点として、広大な八道に軍勢を分散し、戦線は伸びきっている。いわば、「点と線」の状況。

　そこへ膨大な数の義兵が蜂起する。となると、軍勢の増強、武器弾薬の補給がない遠征軍は苦しい。

　それどころか、病人続出のために兵力は減少し、食糧不足は深刻な局面を迎えている。義兵に焼かれた食糧庫も多い。

　遠征軍の士気は上がらず、さらに冬の厳しい寒さが彼らを襲う。気温は零下まで下がる。

明との講和

　1593年1月8日、鴨緑江(おうりょくこう)を渡った明軍4万8000人は、朝鮮軍1万人と連合して、平壌に駐屯する1番小西行長隊（1万人弱）を攻める。

　多勢に無勢。寒気は厳しく、籠城しようにも食糧がない。餓死寸前である。

　撤退した行長が、漢城との中間拠点までくると、そこを守っているはずの3番大友吉統隊は、敵の襲来を怖れて逃亡していた。そのため、後に吉統は改易処分となり、豊後を没収される。

　6番の小早川隆景、吉川広家に合流した行長は、1月17日に漢城に辿り着く。三成と行長は親しい関係なので、三成も気を揉んだと思う。

　その行長を追って、明軍は漢城に迫る。

　それ以前の1月11日に、三成は名護屋の秀吉に戦況を伝えるとともに、食糧補給を依頼している。

　同じころ、三成ら3奉行は、名護屋在陣の長束正家、石田正澄（三成の兄）らに、「大明国への乱入の難しさ」を報告している。理由として、食糧不足、寒さ、兵站線の長さ、軍勢の損耗などを挙げている。

　さて、明軍の進軍を知った宇喜多秀家や三成ら3奉行は、付近の諸将を集

めて軍議を開催する。撤退策、籠城策なども出たが、最終的に漢城城外での戦闘を決める。

小早川隆景や立花宗茂が、積極的な迎撃策を主張したという。食糧不足なので、籠城策は採れない。また援軍の当てもないから、短期決戦で臨まざるをえない。

戦闘の主力は6番小早川隆景隊と3番黒田長政隊で、先鋒は立花宗茂と定める。

1月26日、漢城北方の碧蹄館(へきていかん)で両軍は激突するが、「智将」隆景の用兵、「猛将」宗茂の活躍で、遠征軍は大勝を収める。

翌日付けで、三成が宗茂の殊勲を褒めた感状が、今も残っている。

現地の窮乏を知った秀吉は食糧を送るが、釜山までの海上輸送、釜山からの陸上運搬がともに円滑に進まない。

一方、敗れた明軍も実は食糧事情が厳しい。本国からの兵站線が非常に長く、食糧補給が難かしいのは変わらない。

ともに戦線が行き詰まった3月半ば、明から**講和**の打診を受けた行長が、交渉の場につく。明側の出した条件は、次のとおり。

○加藤清正が捕虜とした朝鮮国王の2王子の返還
○日本からの遠征軍の漢城撤退

秀家や三成らと相談した行長は、「明帝の講和使節を日本に派遣する」ことを条件に、提示内容を受け入れる。

約束どおり、明からの使節が4月中旬に漢城に到着したので、〈行長＆3奉行〉は使節を伴って、釜山経由で5月15日に名護屋へ戻る。

使節は、約1週間後に秀吉に謁見する。

そのころ、秀吉は「大明国より詫び言の勅使が参ったので、許すつもりです。高麗の仕置を申し付け、10月ごろに凱旋する予定です」(意訳)という書状を、出陣中の宇喜多秀家の母(お福)に送っている。

秀吉は、「明の降伏」と思い込んでいた可能性が高い。

講和をスムーズに進めるために、双方の折衝担当者は、ともに「敵が降伏した」といったニュアンスで、本国に報告していたらしい。

使節到来とほぼ同時期に、漢城を明け渡した遠征軍は、釜山一帯(朝鮮南部の沿岸地域)にまで退き、陣を張る。明軍の裏切りを懸念して、殿軍は河川の舟橋を絶ち、渡し船を沈めたという。

使節を送り届けた行長、三成、吉継の3人は、再び釜山に渡り、「2王子の送還と晋州(チンジュ)城攻略」を秀家に伝える。
　慶尚道・晋州(キョンサンド)城は、釜山から西へ約130km。この城への攻撃は、明との講和交渉にあたり、「朝鮮南部の日本支配を既成事実化したい」という思惑が背景にあり、遠征軍は6月下旬に攻め落とす。
　なお、晋州城攻め（1593年4月）には、新たに渡海した伊達政宗も従軍している。滞陣期間は約4か月だったが、母に宛てた書状で、政宗は次のように記している。
　「物すべてが日本と違います。山と川、太陽と月だけが一緒です」
　「この国では水が合わないので、多くの者が死んでいきます」
　「筑紫（九州）・四国衆は残留、われら（関東衆）は帰朝と決まりましたが、このときばかりは在所が東(あづま)の果てで幸せ、と思いました」（意訳）

　6月末、名護屋の秀吉は、明の使節に講和条件を伝える。行長や3奉行の情報操作によって、「明は降伏の使節を派遣してきた」と、秀吉は思い込んでいる。従って高圧的な態度を示す。
　「明帝が天皇と縁組すること」「日本との貿易を復活すること」「朝鮮八道の内、南の四道を日本に割譲すること」「朝鮮の王子、大臣を人質として派遣すること」……。
　この親書には、秀吉以下、増田長盛、石田三成、大谷吉継、小西行長が連署している。そして、使節は帰国の途に就く。
　かくして、第1次朝鮮出兵（1592年4月〜1593年6月）は、とりあえず終息する。以降は休戦に入り、秀吉が投げたボールを明で検討する期間。年末には、行長の重臣・内藤如安(じょあん)が、折衝のために北京に入っている。
　ただし、遠征軍は帰国したわけではない。朝鮮南部に布陣した彼らは、新たに**倭城**(わじょう)（日本式城郭）を築き、占領体制の維持に努める。「朝鮮南部の割譲」を実現するために。
　釜山にいる総大将の秀家以下、加藤清正、鍋島直茂、黒田長政、島津義弘らの九州大名が、残留部隊（在陣衆）となる。
　講和条件が正式決定するまで、彼らが国境で朝鮮軍と睨み合う。だが、重臣らに警備を託した諸将は、徐々に交代で帰国し始める。
　名護屋在陣の秀吉は8月に上方へ戻り、家康などの関東衆も引き揚げる。三成も9月ころには、上方に帰ったようだ。

この休戦状態は、4年後の第2次朝鮮出兵（1597年）まで続く。

第1次朝鮮出兵で、三成は船奉行として赴いたが、その後は渡海し、実質的な**朝鮮奉行**（豊臣公儀軍の監督官）として機能した。明との講和折衝も、行長と三成ら3奉行が責任者となる。

3 国内の情勢

毛利氏の後継者問題

第1次朝鮮出兵の最中。

秀吉の養子・秀勝（秀次の弟）は遠征軍の総大将格であったが、1592年9月、朝鮮沖の巨済島で病死を遂げる。妻は淀殿の妹・江与。

秀吉の係累で生存している男子は、関白秀次と養子の秀秋（金吾）のみ。

ところが、第1次朝鮮出兵が終息した1593年8月に、秀吉に待望の実子・**秀頼**が生まれる。母は淀殿。

我が子が可愛い太閤秀吉と、関白秀次との間には次第に溝が生じ始める。出兵中にもかかわらず、聚楽第の秀次は乱行が絶えなかった、といわれる。それも不仲の要因となり、2年後、秀吉は秀次を切腹させる（後述）。

その前に、毛利氏の家督問題を記しておこう。

当主・毛利輝元（1553年生）も実子に恵まれない。輝元は、山陽道・山陰道7か国で120万5000石の太守。

後継者不在は大問題であり、通説では次のように記されることが多い。

一言でいえば、**小早川隆景**（輝元の叔父）が、秀吉の「毛利宗家乗っ取り」を阻止したと。

〇後継者不在に付け込んだ秀吉は、養子・秀秋に輝元の跡を継がせようと考える。毛利氏取次・黒田孝高の進言ともいう。

〇それを察した隆景は、急遽、秀元（輝元の従兄弟）を輝元の嗣子とする。

〇その代わりに、隆景は養子・秀包（隆景の実弟）を廃し、秀秋を小早川氏の跡目に迎える。

〇『藩翰譜』には、隆景は「輝元の家は嫡流、我が家は庶子。嫡流の種が絶えないように、と自らが禍を代わろうとした」（意訳）とある。

しかし、実際は微妙に異なる、と私は思う。

幼いころ、**毛利秀元**は輝元の人質（世継ぎ）として大坂城に送られた。利発だったらしく、秀吉は「この幼き者、世の常の人に非ず」（『藩翰譜』）と可愛がったという。

1592年4月、第1次朝鮮出兵のために名護屋へ下る秀吉は、途中で安芸・広島城に立ち寄り、秀元（14歳）を輝元（40歳）の嗣子と定める。当時、輝元や隆景は名護屋から朝鮮に渡航中。

そのとき、秀吉は「輝元はまだ若いので、実子ができるだろう。その際は実子を立て、秀元には相応の扶持（知行）を遣わすこと」（意訳、『毛利家文書』）と、将来禍根を残さないようにと、配慮している。

明らかに、秀吉には毛利氏を乗っ取る意思はない。むしろ、秀元を通じて毛利氏を**親族化**しようと考えたのだ。

その証拠に、2年後、秀吉は養女（姪、故秀長の娘）を秀元に嫁がせ、彼を参議（安芸宰相）に昇進させる。

ところが、1595年、輝元に実子・秀就が誕生したため、秀元は宗家の嗣子を辞す。秀元の振る舞いは「潔い」とされ、彼は〈輝元の代理＆秀就の後見〉となる。

しかし、別家を立てる秀元への所領分配問題は揉める。毛利領国内での国分けを、秀吉が「娘婿の秀元が有利になるように」と考えたからだ。

秀元への厚遇は、宗家（輝元・秀就父子）にとっては所領削減を意味し、毛利領国内の吉川広家らの所領にも影響を及ぼす。

秀吉は没する直前（1598年8月）に分配裁定を下すが、秀吉の意向を受けて調整に当たったのが、三成と増田長盛だ。その結果、輝元と秀元は納得するが、あおりを食らった広家には不満が残る。

では、なぜ三成が毛利氏への対応面で登場するのだろうか？

秀元が嗣子となった翌年（1592年）、**毛利氏取次**は、黒田孝高から「三成、増田長盛、大谷吉継」に交代したからだ。朝鮮の3奉行である。

孝高（豊前・中津12万石）は、第1次朝鮮出兵に従軍している。3奉行も渡海しているが、〈孝高＝武官、三成＝文官〉という立場の違いがある。

それと孝高の所領は九州なので、豊臣公儀（上方）と毛利領国（中国地方）との仲介を果たすには、ロケーションが難しい一面もある。

朝鮮出兵で、最大規模の軍事動員を行ったのは毛利一族。それを秀吉は3奉行に管轄させたい。毛利氏も三成ならば、望むところ。おそらくそういう動きが、水面下であったのであろう。

　結局、ポストを奪われた形の孝高は、この年（1592年）に出家して、如水と号す。公儀内での地位の低下が、彼にとって不本意だったのであろう。

　三成は、従来の上杉氏、島津氏、佐竹氏に加え、毛利氏の取次も兼任する。まさに豊臣公儀きっての実力者だ。

　しかし秀吉の命とはいえ、結果的に、三成は吉川広家や黒田孝高・長政父子を敵に廻すことになる。

［毛利氏系図］

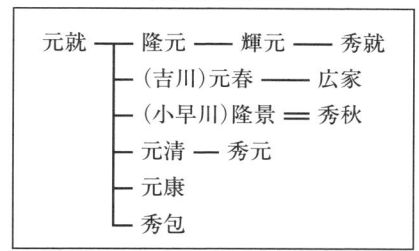

```
元就 ─┬─ 隆元 ── 輝元 ── 秀就
      ├─ (吉川)元春 ── 広家
      ├─ (小早川)隆景 ══ 秀秋
      ├─ 元清 ── 秀元
      ├─ 元康
      └─ 秀包
```

豊臣公儀の次世代──小早川秀秋のケース

　話の成り行き上、ここで小早川秀秋についても触れておきたい。
　秀吉は毛利氏の親族化を図り、次のような縁組を行っている。
○毛利秀元と養女（秀長の娘）の婚姻
○吉川広家と養女（宇喜多秀家の姉）の婚姻
○小早川秀包と養女（大友宗麟の娘）との婚姻

　後継者に恵まれなかった小早川隆景は、早くから弟の秀包を跡目に据えていた。なお、秀包と広家には、中国大返しのとき、秀吉の人質に提供された過去があり、秀包は秀吉に可愛がられたという。

　隆景は、島津征伐後の国分けで、筑前1国、筑後2郡、肥前2郡を領する九州の太守となっている。

　秀頼が誕生した翌年（1594年）、秀吉（59歳）は秀秋（13歳）を隆景（62歳）の養子とする。秀包は、別家を立てることを条件に。

　そして秀秋は、毛利輝元の養女を妻に娶り、より親族化が推進される。タ

イミングは、明との休戦中。

この養子縁組について、通説では「秀頼の誕生に伴い、秀秋が邪魔になった」と描かれることが多い。

だが、係累の少ない秀吉にとって、甥の秀秋は重要な存在である。2歳の秀頼が、兄・鶴松と同様に早世する可能性もあるからだ。

にもかかわらず、**切り札**を秀吉は切った。

その理由を、私は次のように考える。

唐入りの実現とともに、〈豊臣公儀＆豊臣家〉の安泰を願う秀吉は、政策的に秀秋を小早川氏の養子にしたと。

事実として、秀秋は第2次朝鮮出兵の総大将に就く。

それと豊臣公儀の**次世代構想**がある。

秀吉の思惑は、秀頼が成人した暁には、秀次から関白を譲らせる。秀次の娘との結婚を条件に。

おそらく秀吉の脳裏には、まだ明・朝鮮支配もあったと思うが、とにかく、秀頼を支える身内が必要になる。

前に記したとおり、秀吉の分割統治構想は〈西国＝秀長、東国＝家康〉だったが、秀長はすでに物故しており、一画が崩れ去っている。

ならば、西国統治は毛利一族に託さざるをえない。

そこで、〈娘婿・毛利秀元＝山陽道＆山陰道、甥・小早川秀秋＝西海道〉という親族統治方針を推進しようとしたのであろう。

一方、東国対策として、家康の嫡子・秀忠の許へ、秀吉の養女・江与（淀殿の妹）が嫁いだのもほぼ同時期。1595年のこと。彼女は再々婚となる。

このように、秀吉の次世代構想は、〈西国＝小早川秀秋＆毛利秀元、東国＝徳川秀忠〉が秀頼を盛り立てることを、かなり意識したものだった、と思う。

彼らの諱は、すべて「**秀**」を冠する。それは、秀吉との擬制の父子関係を意味する。

三成の検地Ⅰ──島津氏のケース

第1次朝鮮出兵が休戦に入った直後、1593年9月。

三成の生母の葬儀が、3日に京都の大徳寺三玄院で執行される。詳細はわからない。

その5日後、在陣していた島津義弘の嫡子・久保が、朝鮮沖の巨済島で病死を遂げる。享年21。

久保の妻・亀寿は、当主である義久の娘。義久には男子がおらず、婿の久保が島津宗家を継ぐ予定だった。
　島津氏への秀吉の介入はなかったが、9月下旬に取次の三成は、島津氏の重臣・伊集院忠棟（号は幸侃）に指示を出している。
　「その方（忠棟）は大儀でしょうが、京都に上り、義久の考えに従い、跡目の件を御前（秀吉）に披露するとともに、在陣中の羽兵（義弘、羽柴兵庫頭）にもかならず報告してください」
　「義弘は取り乱しているでしょうが、今が島津殿の御家の大事なときです。ご油断されないように。前に朝鮮で申し上げたとおり、御家の御仕置（検地）も決まりました。この件もあるので、上洛が必要です。詳細は使者が申します」（意訳）
　その後、跡目は義弘の3男・**忠恒**（久保の弟）と決まる。亀寿との結婚を条件として（79ページ系図参照）。
　翌1594年2月、忠恒は伏見城で太閤秀吉に、聚楽第で関白秀次に拝謁し、正式な後継者と認められる。
　彼が上方にいる間、三成が何かと面倒をみたため、実父の義弘も頼りになる「治少様」（三成）に感謝の意を表明している。
　程なくして、忠恒は朝鮮渡海、残留部隊派遣を命じられ、名護屋経由で、10月に巨済島へ渡る。
　そのときも、三成は親しい大名の寺沢広高と小西行長に、御曹司というべき忠恒の世話を依頼している。なお、寺沢広高（肥前・唐津8万石）は近江出身で、休戦中の名護屋城を預かっている。
　ここに登場する三成像は、大名世子の「指南」（指導者）である。

　それと同時期のこと。
　1594年9月、島津氏が公儀に申し出た**検地**が、三成の家臣50人（検地衆）によって実施される。彼らは島津領国を、5か月をかけて調べ上げる。
　現地に出張した検地衆が検地を行うと、石高は間違いなく増える。その増加分は、大名の蔵入地（直轄地）となり、経済基盤がより安定する。従って大名の方が、公儀の検地を求める。
　そういう仕組なのだが、わかりやすく説明したい。
　大名の家臣が与えられた石高を、従来からの①「緩めの査定」としよう。たとえば、A地区を所領とする家臣が新田を開発しても、石高に反映されて

いないケースは多々ある。

　しかし、公儀が実施する検地は、一定の長さの竿と縄で土地測量を行って石高を決める。当然、外部からの②「厳しい査定」となる。

　たとえば、A地区で①1500石ならば、土地生産高に相当の余力が見込めるので、②では2500石となりうる。このケースの増加分は1000石。

　ここがミソなのだが、A地区で①1500石の家臣を、B地区で②1500石に移動させる。

　表面上の石高は一緒だが、新査定方式②で洗い替えたので、②ベースで統一すれば、A地区で「増加分1000石」が発生した勘定になる。この査定方式変更に伴う「浮き分」を、大名が吸い上げる。

　検地と移封を利用して、家臣に土地含み益を吐き出させ、それを大名は実現益として自らの財政を潤す。このスキームを**打出**といい、当時の土地活用・蓄財法（大名専用の財テク）である。

　ここでの話は、土地生産高に限ったが、大名からすれば、**軍役**の要素も大きい。

　軍役は石高に応じて、家臣から兵力を提供させる。従って、領国の石高が多い大名ほど、豊臣公儀から割り当てられる動員数は多い。

　それは当たり前のことだが、大名の領国支配体制がきめ細かくなるのも事実。また「御家大事」と秀吉への奉公を心掛ける大名は、割り当て数以上を動員したい。他の大名に負けたくない。そういう見栄も働く。

　検地のお陰で、実際の島津領国の石高は、〈①22万5000石→②57万石〉となった。倍増以上である。

　この査定結果は、豊臣公儀にもメリットがある。何よりも、「唐入り」に向けて軍勢を欲しているのだから。

　が、検地後の島津氏は、薩摩の義久は「大隅に蔵入地10万石」、大隅の義弘は「薩摩に蔵入地10万石」と所領交換が図られ、当主ではないものの、豊臣公儀では義弘が島津氏を代表する大名とされた。

　他に三成とのパイプを有する伊集院忠棟に、主人と差のない8万石もの知行を日向に与えられたので、義久と家臣団には不満が募る。

　なお、島津領国内には、秀吉の蔵入地1万石、三成の知行6200石、細川幽斎の知行3000石も設定された。上記の蔵入地や知行は、すべて57万石の範囲内である。

　秀吉の蔵入地は、現地で管理され、年貢だけが上納される。取次の三成・

幽斎が得た所領は、公儀への口利き手数料、実務手数料。現代風にいえば、マージンになるのだろう。

大夫落 三成の検地Ⅱ——佐竹氏のケース

　島津領国の検地と同時期に、東国の佐竹領国（常陸、下野の一部、属国の陸奥・岩城領）でも検地が実施される。期間は1594年10月～12月。

　佐竹義宣が三成に検地を依頼したためで、領国内に「石田殿の衆をもって、縄打ちをせられ下るべく候」と伝達している。

　この時期、三成は東西に検地衆を派遣したわけだから、相当数の実務担当者を召し抱えていたことになる。

　さて、今では「日本全国が石高制だった」と思われがちだが、太閤検地の実施前は、おおよそ〈西国＝石高制、東国＝貫高制〉と分かれていた。

○**石高制**：土地を米の生産量で表示する方式、米そのものの生産量を表示
○**貫高制**：土地を銭（貨幣単位が貫文）で表示する方式、米の生産価値を銭に換算

　さらにわかりやすくいえば、〈石高制＝現物表示、貫高制＝銭表示〉となる。

　余談ながら、有名な真田氏の家紋「六文銭」は、貫高制に由来するもの。徳川幕府の時代になっても、信濃・松代藩（真田氏）は、領内で貫高制を採用している。

　それはさておき、豊臣公儀は西国を基盤とする政権だから、東西一統の実現後は、石高制が**全国統一基準**となる。

　しかし東国では、関東の北条分国、奥羽の伊達分国などの分国ごとに、独自の貫高制が採用されていた。要するに基準はバラバラ。

　至急、東国の検地を実施し、貫高制を石高制に切り換える必要がある——。

　というのも、単一政権の支配地で、土地生産高の表示が異なれば、さまざまな問題が生じるからだ。何よりも、大名に課す軍役の基準が決まらない、大名の移封が実施できない……。

　だから、第1次奥州征伐直後、陸奥で三成・浅野長政、出羽で大谷吉継が直ちに検地を実施したのだ。

　奥州仕置で佐竹義宣が安堵された所領は、実は貫高ベースだった。

それが、今回の検地で石高に切り替わり、翌1595年、秀吉の朱印状で54万5800石が正式に安堵される。検地前との対比は難しいが、倍増したようだ。

このとき、佐竹領国内にも、秀吉の蔵入地1万石、三成の知行3000石、増田長盛の知行3000石が設定された。島津氏のケースと同様である。

ちなみに、佐竹領国に隣接する結城秀康領（徳川領国の属国）では、後に佐渡金山の発掘で知られる大久保長安※2が、検地奉行を務めている。家康も徳川領国内の検地を、独自に急いでいる。

要するに武士の奉公は、戦場だけとは限らない。検地を推進して、「租税・軍役体系」を確立するのも、立派な奉公である。

4 矛盾を内包する公儀

蒲生氏郷の死——三成による毒殺説

蒲生氏郷は、公儀の奥州探題というべき存在。ちなみに、『藩翰譜』では、彼を「奥羽・出羽の守護職」と記す。そういう感覚であろう。

第1次朝鮮出兵（1592年）のころ、氏郷は名護屋に駐屯したが、翌年1月に発病したために、京都で療養を続けていた。

そして、1595年2月、40歳で病死を遂げる。膵臓ガンだったようだ。

会津領92万石は、直ちに13歳の嫡子・藤三郎秀行が継ぐ。6月、彼に「会津領は没収、新知は近江国内で2万石」の沙汰が下るが、結局、取り止めになる。

大幅減封処分を免れた後、公儀取次・浅野長政が秀行を補佐し、国政を見る。また秀行は、家康の娘を娶る。

ところが、蒲生家中に起こった騒動が原因で、1598（慶長3）年1月、秀行は下野・宇都宮18万石に減封の上、移される。

代わりに、秀吉の命で上杉景勝が会津に入る。秀吉が没するのは、その年の8月のこと。

江戸期の三成は悪臣とされたため、軍記物などでは、上記の「蒲生氏の動き」の各段階で、「三成の企み、陰謀」があったとする。

※2 大久保長安：甲斐の能楽師出身。徳川氏家臣・大久保忠隣の推挙で家康に仕えた長安は、佐渡金山の開発、徳川領国の検地奉行、五街道の整備などを行い、「天下の総代官」といわれた。死後、蓄財での不正が発覚するとともに、謀反の証拠も見つかったため、遺体は磔処分とされた。この事件に、大久保忠隣などの諸大名が連座した。

その代表といえるのが、三成による**氏郷毒殺説**。

結論からいえば、濡れ衣。明らかに後世の創作である。氏郷の発病時、三成は朝鮮にいた。死因も毒物死ではないから、毒殺説は成立しない。

では、なぜ、三成が氏郷毒殺で登場するのだろうか？

2つの殺害説の動機を挙げよう。

①**氏郷野心説**：『藩翰譜』

第2次奥州征伐（1591年）のとき、氏郷の見事な用兵を見た三成は、「氏郷は殿下（秀吉）に二心あるのだろう」と考え、密かに毒を与えた。

つまり、氏郷には天下を狙う野心があり、それに三成が気付いたとする。

②**家康挟撃説**：『会津陣物語』

会津陣とは、上杉征伐（1600年）のこと。ここでは、有名な三成と直江兼続の密謀「家康に対する東西挟撃」が話し合われる。その共同謀議の前段に「氏郷毒殺」が登場する。少し長いが、紹介したい。

秀吉がまだ存命中のあるとき。

夜更けまで兼続と酒を酌み交わしながら、三成は密かな大望を語り出す。

「侍として生まれ、天下を取る望みのない者は、男ではありません。私にも世を治めたい、という気持があります。しかし、秀吉公の在世中は慎み、他界後に挙兵したい、と思っています」

「貴殿（兼続）も景勝に逆心を勧めて挙兵させ、天下を覆した後に景勝を滅ぼし、ご自身が関東管領になられればいい。われらは将軍となり、京都・鎌倉の代のように、両人で世を治めようではありませんか」

兼続も大胆な男なので、三成の申し出を好ましく思い、次のように語る。

「そういうご決心であれば、上杉家中は私にお任せください。ついては謀(はかりごと)を巡らせましょう。蒲生会津宰相氏郷は武道に優れ、御所公(ごしょ)（家康）に次ぐ大将です。氏郷の子・藤三郎秀行は、御所公の婿。その領地・奥州は下野に接し、御所公の背後は万全です」

「従って貴殿（三成）が旗上げを決意されても、御所公と氏郷がいれば、退治できないと思います。そこで、まず氏郷を殺し、その跡（会津領）に景勝を国替えさせ、御所公を東西から挟むならば、討ち果たすこともできましょう」

兼続から策を授けられた三成は、氏郷を毒殺する。次いで、蒲生氏の家老に騒動を起こさせ、秀行を大幅減封処分とし、景勝を会津に移したという。

このように、「蒲生氏の動き」の黒幕を三成とすれば、一応、話が通じるのがミソ。それも、上杉征伐や関ヶ原の戦いに繋がる壮大な策略である。
　だが、秀吉没後の挙兵を考えて、将来の仮想敵国・家康を挟撃するために、3年前から〈氏郷毒殺→秀行移封→景勝国替え〉という大仕掛けを両者が講じる、という設定はかなり無理がある。
　要するに、**結果論**からさかのぼった記述なのだ。
　もう1つ、江戸初期に断絶した蒲生氏の事績が、わからなくなっていた事情がある、と思う。秀行の〈減封&移封〉について、『藩翰譜』では、伝聞調で次のように記す。
　「この人（秀行）、徳川殿（家康）の婿君なれば、石田の計らい（計略）にて、かく事につけて所領減ぜられしとも申すなり」と。
　三成の敵は家康。だから、娘婿の所領を削減したようだ。それが、江戸期の認識である。

　とはいえ、『会津陣物語』には興味深い箇所もある。
○東西分割統治
　三成が語る「京都・鎌倉の代」とは、室町期の〈西国＝室町殿御分国、東国＝鎌倉殿御分国〉の意味。
　従って〈西国＝三成、東国＝兼続〉という分割統治を、三成は目指したことになる。三成は将軍、兼続は関東管領に就いて。
　豊臣公儀の分割統治体制は、この考え方に立脚していると思う。
○徳川・蒲生氏の関係
　通説では、「徳川氏の背後を警戒するのが、蒲生氏の任務」と記述されるが、著者は「家康の背後は万全」と、両氏を「一体の親族」と見做している。そう考えるのが自然であろう。

豊臣秀次事件――二重政権の矛盾

　豊臣公儀は、関白秀吉による武家政権。
　公儀内では、朝廷官位に基づく大名の序列が定められる。
　そして、秀吉が下す軍令や裁定を、忠実な閣僚（奉行、取次）が執行していく。成敗を恐れ、誰も秀吉に刃向かう者はいない。
　日本のすべての者が、秀吉に示す「屈服と従順さは、この世に類例を見ないもの」（外国人宣教師フロイス）だったという。

秀吉の忠実な部下・三成は、閣僚きっての実力者にのし上がった。

が、「唐入り」を前にして、豊臣公儀の構造に微妙な変化が生じる。〈太閤秀吉＆関白秀次〉体制に移行し、〈秀吉＝外征管掌、秀次＝内政管掌〉と機能を分担したからだ。

もちろん、秀吉が絶大な権力を握る構図に変わりはないが、**新権力者・秀次**に接近する大名も数多く存在する。

秀次を取り巻いたのは、池田輝政（秀次正室の兄）、浅野幸長（よしなが）（長政の嫡子、秀次の相婿）、細川忠興（娘が秀次重臣の妻）、最上義光（娘が秀次の側室）、伊達政宗らであり、秀次付きの大名には中村一氏や山内一豊（やまのうちかずとよ）らがいる。

中でも義光と政宗は、第2次奥州征伐を機に、秀次に急接近した。彼らは、かつての奥羽での権威を失い、秀吉からは疎外されている。

秀吉の血縁者の中で、唯一の成人男子が秀次。ポイントは、ここにある。

「老人の秀吉はいずれ死ぬだろうが、豊臣公儀は続く。そのときは、秀次が名実ともにトップに君臨する」と、考える大名がいても不思議ではない。

たとえば、義光や政宗はリカバリーショットを放ちたい。他の大名も立身出世、所領拡大、御家安泰といったさまざまな思惑を秘めながら。

ところが、1593年、秀吉に待望の嫡子・**秀頼**が誕生する。また、第1次朝鮮出兵の休戦に伴い、太閤秀吉（伏見城）は関白秀次（聚楽第）の内政に干渉を始める。

その矛盾が露呈したのが、蒲生氏の相続問題（1595年）だ。

6月、氏郷の病死に伴い、秀吉は13歳の秀行では奥州の統治は困難と考え、会津領92万石没収（新知2万石）の裁定を下す。検地で、重臣の不正が発覚したのも一因という。

が、家康や前田利家の取りなしもあり、内政を管掌する秀次は、秀行の相続を認める。秀次の立場からすれば、「秀吉裁定は筋違い」。

秀吉の裁定を覆した――。これが翌7月の秀次切腹の引鉄になった、と思う。

確かに、通説で掲げられる「秀吉の我が子可愛さ」、「秀次自身の乱行」も大きな要素なのは間違いない。そのために、「秀吉は秀次に関白を譲ったことを後悔した」という。

だが、秀頼が成人するまでの繋ぎを託せる身内は、秀次以外にはいなかったのも事実。秀吉の複雑な気持が、両者の間に溝を作り、裁定問題を契機に亀裂を深めた。そういう流れであろう。

7月に入り、**秀次謀反**の噂が流れる。秀吉は三成、増田長盛、長束正家、富田一白らの使者を聚楽第に派遣して、真偽を問いただす。噂を否定した秀次は、誓詞を差し出す。

だが、それで事態は沈静化しなかった。

2か月程前、秀次は毛利輝元に誓詞の提出を求めたという。

「関白殿下（秀次）に対して、太閤様（秀吉）と同様に馳走（奔走）いたします」という内容だ。その文案を、毛利輝元が取次・三成経由で提出する。

怒った秀吉は、秀次に謀反の嫌疑を掛ける。

とはいえ、噂や誓詞提出依頼だけで、謀反は飛躍し過ぎ、という気もするが……。噂自体も、意図的に秀吉サイドが流した可能性はある。

「秀吉の心情を思いやった側近の三成らは、秀次の悪口をいい、邪魔者に仕立て上げた」「三成が秀次を陥れた、讒言した」とする俗説もある。

が、全体の構図は、「秀次排斥」を前提とする秀吉＆側近の巻き返し策、**政権奪回策**と考えるべきであろう。三成も、その陰謀の一端を担ったことになる。

豊臣秀次の切腹——連座した大名

容疑を掛けられた秀次は、伏見城に赴いて釈明しようとするが、7月8日、秀吉は処分を下す。

秀次を豊臣氏から追放する。関白を剥奪する。聚楽第を召し上げる。尾張などの所領100万石を没収する。高野山へ追放する——。

一切を奪われた秀次は、敗残者として高野山に登るが、追い討ちを掛けるように、切腹処分が決まる。

7月15日、秀次切腹。享年28。検死は福島正則らが務めた。

それでも、秀吉の憎しみは収まることなく、秀次の妻妾らを捕らえ、京都三条河原で処刑してしまう。秀次の重臣も自害した者が多い。

さらに累は、秀次の取り巻き大名にも及ぶ。浅野幸長は能登へ流罪、最上義光と伊達政宗は閉門蟄居などである。

義光と政宗は、徳川秀忠邸の門前に掲げられた高札が問題視された。

「最上と伊達は逆心を企て、太閤を討ち、日本を2つにして、西33か国を最上が、東33か国を伊達が領し、両将軍になろう、と内談しています。速やかに退治されないと、由々しき大事に至ります」（意訳）

謀反を疑われた両者は、釈明して嫌疑を免れるが、政宗は在京を義務づけ

られる。

　問題は、むしろ**浅野幸長**の流罪であろう。父の長政は秀吉の取次、嫡子の幸長は秀次の側近。父子で豊臣2代を牛耳っていたのだ。

　長政も幸長に連座しかけたが、家康の取りなしによって、窮地を脱する。長政は家康と親しく、領国の甲斐は徳川領国と隣接している。

　このとき、浅野父子は「三成の讒言」と深く恨んだという。

　前述のとおり、北条征伐のころ、駿府城入城を巡って、長政と三成は対立し、以来、「年頃の遺恨」があったとされる。

　また、『藩翰譜』によれば、長政の家臣が贋金を造る事件を起こし、長政も処分されかけたとき、家康が取りなしたため、長政は「徳川殿の御恩」を深く感謝したという。

　関ヶ原の戦いの勃発により、秀吉在世中から〈三成VS家康〉という対立構造があったように思われがちだが、かならずしもそうではない。

　三成は、「上杉氏、島津氏、佐竹氏、毛利氏」の取次であって、家康との接点はあまりない。その家康は、秀吉に完全服従している。言い換えれば、この時点で両者が対立する要素は乏しい。

　むしろ不和だったのは、秀吉の側近同士で、〈三成VS長政〉の構図があったのではなかろうか？

三成と浅野長政——宇都宮氏の後継者問題

　三成と浅野長政との対立。

　それを象徴するような事件が、2年後の1597年10月に起こる。朝鮮出兵が再開されているころ、突如、**宇都宮国綱**（下野・宇都宮18万石）が改易される。

　前述のとおり、宇都宮氏は佐竹一統で、国綱は佐竹義宣の従兄弟にあたる。当時は、長政の寄騎大名となっている。

　国綱の処分理由には2つの説がある。いずれも**養子問題**だ。

①後継者不在の国綱は、「長政の末子を嗣子に迎えよう」としたが、弟の芳賀高武は反対を唱え、養子賛成派の重臣と交戦した。そのため、公儀から家中不統一を問われた。

②長政の方が、国綱に養子縁組を持ちかけた。日頃から折り合いが悪いので、国綱が断ったところ、それを恨んだ長政が改易を画策した。

まったく逆の内容だが、私は②が実態に近いと思う。

その理由を記す前に、事件の影響を記そう。

国綱処分は、佐竹義宣にも波及しそうになる。在京中の義宣は、取次・三成と相談する。結果、義宣は父・義重に宛てた書状に、次のように記す。

「我らの身上（知行）にも、上様（秀吉）が仰せになりましたが、治少（治部少輔三成）が奔走してくれたので、身上を守ることができ、満足に思います」（意訳）

三成が、佐竹氏の所領を守ってくれたのだと、義宣は報告している。

それは事実として、気になるのは「満足」という表現だ。手紙は佐竹氏の取次の目に触れる可能性は高い。そのリスクを考えれば、すべてが本音とは限らない。

ここで、佐竹宗家というべき義宣の「立場、気持」で、一連の秀吉裁定を考えてみよう。判断の物差は、**所領**である。

○プラス面

「義宣は常陸を安堵された」「弟・貞隆が岩城氏の相続を認められた」

いずれも三成の世話になった事柄で、秀吉の御恩であろう。だが、常陸安堵は、義宣が反北条勢力を糾合して、小田原参陣（奉公）を果たした代償でもある。関東を与えられた家康は、宿敵・北条氏と同盟を結ぶ仲だった。

○マイナス面

「秀吉との約束にもかかわらず、会津領42万石は弟の蘆名義広に返還されなかった。蒲生氏郷に与えられ、その遺領（加増後の92万石）は秀行（家康の娘婿）が相続した」

「秀吉が、結城氏の養子に秀康（家康の次男）を認めたため、先の養子だった朝勝（従兄弟、国綱の弟）は追放された。結果、結城領12万石は家康の属国となった」

「従兄弟の宇都宮国綱は改易処分を受け、所領18万石は没収された」

損得勘定でいえば、秀吉裁定によって、佐竹親族は合計72万石もの所領を失ったのだ。それも所有権を主張できるものばかり。

これでは、満足どころか、不満に思うのが自然だろう。しかも、失った所領の多くは徳川親族のものになっている。

国綱の後継者問題も、本来は佐竹親族で決めるべきテーマ。そこに家康と親しい長政が、②の形で干渉したのではなかろうか？

北条征伐後の東国において、結果的に佐竹氏は所領面で割を喰った。東国取次の上杉景勝も、関東管領に就けなかった。

　逆にいえば、それほどまで秀吉は義弟・家康を大切に扱い、すべてにおいて優遇した。

　東国での潜在的な対立構造も、三成と長政の関係に反映された。公儀における側近同士の不和として。私には、そう思えてならない。

　後世、三成は家康に敵対した悪臣とされたので、割引が必要だが、長政との関係を記す有名なエピソードがある。時期は、秀吉の死後のようだ。

　ある冬の日の大坂城内。頭巾(ずきん)を被った三成が火で暖をとっていると、長政が「家康公が登城するので、頭巾を外すように」と注意する。

　しかし、三成は聞き流すばかりで、頭巾をとろうとしない。怒った長政は、三成の頭巾をとり、火中に投じたという。

5　第2次朝鮮出兵

再出兵に至る経緯——明との外交折衝

　第1次朝鮮出兵後、朝鮮の南部は公儀軍残留部隊が占拠している。その中で、小西行長と加藤清正が激しく対立する。

　清正は朝鮮王子2人を捕虜としたが、講和締結によって朝鮮国王に返還された。いわば手柄が無くなったため、「行長は軟弱な折衝に終始している」と責めたのだ。

　どうやら、行長は「関白降表(こうひょう)」という偽りの降伏文書を作成し、秀吉の提示条件の中から、明との貿易再開だけを求めたようだ。

　「とても明帝との縁組や朝鮮南部の割譲は無理だが、せめて貿易による経済的利益だけは享受したい」という現実的な判断があったのであろう。

　確実な史料はないが、三成ら朝鮮奉行も密かに容認していた可能性はある。事が大きすぎて、とても行長の独断とは考えにくい。

　これに関して、第2次朝鮮出兵のとき、捕虜となった朝鮮人儒者・姜沆(カンハン)が書いた『看羊録(かんようろく)』に興味深い話が載っている。

　彼の情報源は、家康や三成も師事したとされる儒学者・藤原惺窩(せいか)など。従って、信頼性はかなり高い。

　「こうして内憂（秀次事件）は解決したものの、わが国（朝鮮）侵略は何

ら成果がなかった。家康らは、再挙（再出兵）は失計である、と言い、石田治部は、つねづね、『66州で充分である。どうしてわざわざ、異国でせっぱつまった兵を用いなくてはならないのか』と言っていた。ただ（加藤）清正だけは、再挙するのが良い、と主張した」

　ここに登場する三成は、第1次出兵の失敗を踏まえ、明快に**再出兵**を否定している。「日本だけで十分だ」と。

　だが、家康にせよ、三成にせよ、独裁者・秀吉を抑制できないジレンマがある。一方、清正は強硬に再出兵を主張している。

　行長の家臣・内藤如安は北京に赴き、講和の折衝を行っていたが、1595年1月になって、明は日本への使節派遣を決定する。

　「残留部隊は日本に帰国させよ。貿易は認めない。朝鮮へ再侵入しないことを約束せよ」などの条件付きで。

　国書を携えた明使節は、如安に同行して、〈北京→漢城→釜山〉に至り、行長との会見後、6月になって日本に到着する。

　行長も帰国するのだが、釜山で、秀吉を怖れた明の正使が、急遽本国に戻り、副使が正使に代わるという事件が起こる。

　とほぼ同時に、朝鮮国王も使節派遣を決め、朝鮮使節も8月に来日する。

　ところが、秀吉は「解放された朝鮮王子が、人質としてこないのは無礼」と怒り、朝鮮使節との会見を拒否する。

　結局、9月になって明使節だけが、大坂城で秀吉に謁見する。

　そのとき、秀吉は相国寺の僧・西笑承兌（さいしょうじょうたい）に明帝の国書を読ませる。

　すると、秀吉の提示条件はまったく無視され、「汝（なんじ）を封じて、日本国王とする」とあるのみだった。貿易再開は拒否され、朝鮮南部の日本割譲にも触れられていない。

　同席した行長は、承兌に「秀吉の気に入らない箇所は、読み飛ばすように」と依頼していたが、僧はすべてを読み上げてしまう。

　怒りのあまり、その場で、秀吉は行長を殺そうとした──。それを三成や承兌が取りなした。そういう話が伝えられる。

　明使節を追い返した秀吉は、ここに再出兵を決意する。

　ただし、秀吉の怒りの対象は明ではなく、礼儀を欠いた朝鮮国王と、交渉責任者の小西行長に向けられた。

　第2次出兵の目的は、もはや「唐入り」ではなく、怨念の発露と朝鮮南部

の領土化にある。

三成と清正の確執

　明使節が来日した6月ごろ、かねて召喚命令を受けていた清正も帰国した。
　親しい三成と相談した行長が、清正を訴え出たのだ。現地での確執もさることながら、スムーズな「明の国書受け入れ」を考えてのことだろう。
　行長が訴えた内容は、次の3点。
○清正の無礼：大将である行長を、清正が「町人上がり」と罵ったこと。
○清正の僭越：勝手に豊臣姓を称し、明への書面で豊臣清正と記したこと。
○清正の監督不行き届き：明の正使交代の原因は、清正の足軽が正使の財貨を奪い、逃走したため。

　秀吉は、**清正蟄居**の裁定を下す。
　やがて清正は、家康や前田利家の取りなしで許されるが、「三成が讒言した」と恨んだという。
　『藩翰譜』では、「三成も年頃から清正との間は良くないので、小西と心を合わせ、清正を讒言した」（意訳）と記されている。なお、清正は秀吉の死後、家康の養女を後室に迎えている。
　尾張出身の清正は、秀吉の縁者といわれ、幼いころから秀吉に仕えた。今は肥後半国の大名（25万石）。残り半国が、行長の領国である。
　参考までに、豊臣諸侯の中で、秀吉の**縁者**といわれる大名をピックアップしておこう。ただし、確実な証拠はない。
○加藤清正：母が、秀吉生母（大政所）の従姉妹。
○福島正則：母が、秀吉実父の姉妹。正則は、秀吉の従兄弟。
○小出秀政：妻が、秀吉生母（大政所）の妹。秀政は、秀吉の叔父。秀政の嫡子・吉政（但馬・出石5万石）は、秀吉の従兄弟にあたる。
○青木一矩（かずのり）：母が、秀吉継父の姉妹。一矩は、秀吉の従兄弟。

　秀吉正室・北政所の場合は、実家が木下氏で、養家が浅野氏となる。
○木下家定：北政所の兄で、小早川秀秋はその子供。
○浅野長政：北政所の姉妹の夫。秀吉とは相婿の関係。

　だからといって、彼らが徒党（親族閥）を組んでいたわけではないが、清

正と福島正則は比較的親しかったとされる。

　第2次出兵で、行長と清正は先陣を命じられる。それも「1日置きの交代」という苛酷な条件を付けて。
　秀吉は、反目する2人を煽ったのだ。「先陣争いをせよ」「それで失敗を償うのだ」と。
　同様にリカバリーの目的で、浅野幸長（秀次事件連座）、宇都宮国綱（改易）なども従軍している。

第2次出兵の編成——総大将は秀秋

　翌1597年2月、朝鮮再出兵の軍令が西国大名に発せられる。秀吉の死の前年のことだ。
　作戦の概要は、朝鮮南部の全羅道を占拠し、忠清道（チュンチョンド）などへ侵入する。四道を占領した後は、建設した倭城で守る——。
　老齢の秀吉は名護屋には赴かず、伏見城で指揮を執る。従って、三成も九州へは下向していない。
　遠征軍の総大将は、16歳の**小早川秀秋**。副将は宇喜多秀家（26歳）、毛利秀元（17歳）が務める。
　詳細は繰り返さないが、いずれも西国の探題クラスで、秀吉の身内。それぞれが、秀吉の「甥、猶子、娘婿」と、豊臣公儀の次世代を担う若者だ。
　秀吉の人選理由は、若き彼らに手柄を立てさせることで、諸将の認知を得るためだった、と思う。
　注意すべきは、養子に出された金吾中納言・秀秋のステータスが、依然として非常に高いことだ。
　毛利宗家の嗣子だった安芸宰相・秀元の上に立つのは、当然かもしれないが、第1次出兵の総大将である備前中納言・秀家を差し置いて。
　かつて毛利輝元が初上洛したときの序列を、思い出していただきたい。秀秋は上壇に座り、家康や輝元から拝礼を受ける立場だったことを（86ページ参照）。

　さて、遠征軍の総数は14万2000人で、**8番編成**とされた。
○1番：加藤清正（1万人）
○2番：小西行長（1万4700人）

○3番：黒田長政、毛利吉成ら（1万人）
○4番：鍋島直茂・勝茂父子（1万2000人）
○5番：島津義弘（1万人）
○6番：長宗我部元親、藤堂高虎、生駒一正ら（1万3200人）
○7番：蜂須賀家政、脇坂安治ら（1万1000人）
○8番：宇喜多秀家（1万人）と毛利秀元（3万人）
○釜山在城：小早川秀秋（1万人）
○その他在城：立花宗茂、浅野幸長、小早川秀包ら

　目付（軍監）には、太田一吉、毛利高政、垣見一直、福原直高、早川長政、熊谷直盛の6人が任命され、同時に渡海する。なお、7〜8人説もある。
　彼らは、8番編成の部隊に**先手目付**として付属し、軍令遵守とともに毎日の戦況（諸将の手柄など）を報告することが義務づけられた。
　そのため、戦況報告書は、〈釜山→対馬→壱岐→名護屋〉と専用船で送られ、さらに伏見城に届けられる。
　現代風にいえば、ワンマン社長が、各営業部長からではなく、部付きスタッフから「営業成績のデイリーレポート」を提出させる。そういう仕組。
　前述のとおり、第1次朝鮮出兵後、敵前逃亡した豊後の大名・大友吉統は改易された。
　上記の目付は、福原直高を筆頭として、その没収地に配置された大名ばかり。三成と親しい者が多く、中でも福原直高、熊谷直盛は、三成の**妹婿**である。
　第1次出兵に従軍した諸将は、軍費は自前。八道国割も実現せずに終わる。しかも、病気や飢えに苦しめられたが、戦果がないので、奉公（軍役）に見合う国内での加増はない。異国の地で、残留部隊を命じられた者も数多い。これに関わる費用も持ち出しになる。
　にもかかわらず、没収された旧大友領国は、三成系の諸大名に分割された。清正らの西国大名が、不満を抱くのも当然であろう。「お手盛りではないか」と。この問題は尾を引く。
　やがて、戦局の悪化とともに、諸将と目付が衝突する日が訪れる。

戦況──蔚山城の戦い

　先鋒の行長と清正は、「我先に」と競い合う形で、早くも1月には朝鮮に上

陸する。以降、後続部隊が渡海し、7月、最後の小早川秀秋が海を渡る。なお、養父・隆景は6月に病死している（後述）。

7月、朝鮮水軍は巨済島付近に停泊し、遠征軍の航路遮断を狙う。

それを知った遠征軍は、海上から藤堂高虎、加藤嘉明らが、陸上から島津義弘・忠恒父子らが攻撃を掛け、勝利を収める。結果、〈対馬―釜山〉の制海権を確保することができた。

釜山に終結した諸将は、8月、左軍、右軍の2軍編成で全羅道を目指す。
○**左軍**：大将・宇喜多秀家、先鋒・小西行長、長宗我部元親、藤堂高虎ら
○**右軍**：大将・毛利秀元、先鋒・加藤清正、黒田長政、浅野幸長ら

以降の詳細は略すが、冬場が近づくに連れ、遠征軍は朝鮮南部に退き、倭城を築く。本営の釜山城を中心とすれば、東側の蔚山城を加藤清正が、西側の順天城を小西行長が守る（129ページ地図参照）。

端的にいえば、朝鮮南部の沿岸一帯を死守するため、倭城で迫りくる〈明軍＆朝鮮軍〉を迎撃する作戦だ。

第1次出兵で悩まされた「飢えと寒さ」を、凌ぐ一面もある。

12月に入り、総大将・小早川秀秋が日本に召喚される。詳しい事情はわからない。後に秀吉が彼を処分した事実からすれば、全羅道を制圧できなかった責任を問われたのかもしれない。が、これが大事件に発展していく。

明の大軍4万4000人は、12月下旬になって、清正、浅野幸長、目付・太田一吉が籠る蔚山城へ押し寄せる。明軍は、主戦派の清正を「目の仇」にして、集中攻撃を掛けたという。清正が、講和に反対し続けたから、我々は戦わざるをえないのだと。

蔚山城は孤立無援。死傷者は続出し、食糧も乏しくなる。

1598年1月になって、ようやく毛利秀元、宇喜多秀家らの援軍が駆けつけ、清正は窮地を脱する。一方、背後を断たれるのを恐れた明軍は、撤退を始める。

第2次出兵最大の激戦とされる**蔚山城の戦い**の反省点は、〈蔚山城―順天城〉の倭城防衛ラインが約240kmと非常に長く、かつ兵力を分散しているので、容易に相互応援ができないこと。

再び、明軍の大軍に倭城が狙い撃ちされたら……。そこで秀家と秀元は、防衛ライン縮小を具申するが、秀吉は「言語道断」と許さなかった。

その後、以降、際立った動きはないままに推移し、5月になって、秀家、

秀元らは半分の軍勢（約7万人）を率いて、帰国を遂げる。秀吉の病状が悪化したためだ。

　行長、清正、島津義弘らは残留し、引き続き倭城を守る。彼らが帰国できたのは、秀吉死後のこと。

　この蔚山城救援を巡って、諸将と目付が激しく対立することになる。「関ヶ原の戦い」の遠因といっていい。

第Ⅴ章

秀吉の死と三成

西暦	和暦	齢	主な出来事
1560	永禄3	1	三成が近江で誕生　桶狭間の戦い
1570	元亀1	11	姉川の戦い
1574	天正2	15	秀吉が長浜城築城
1582	天正10	23	秀吉の備中・高松城攻め、本能寺の変、山崎の戦い、清洲会議
1583	天正11	24	賤ヶ岳の戦い
1584	天正12	25	小牧・長久手の戦い、三成が近江・蒲生郡で検地
1585	天正13	26	秀吉が関白就任、三成が治部少輔に叙任、佐々征伐
1586	天正14	27	上杉景勝の上洛（取次・三成）
1587	天正15	28	島津征伐、博多の町割り実施
1588	天正16	29	島津義久の上洛（取次・三成）
1589	天正17	30	浅野長政と三成が美濃を検地
1590	天正18	31	北条征伐、東国大名の小田原参陣、三成の武蔵・忍城攻撃、家康の関東入封、奥州征伐（奥州仕置）、大崎・葛西一揆の勃発
1591	天正19	32	第2次奥州征伐（九戸成敗）
1592	文禄1	33	第1次朝鮮出兵、三成の渡海
1593	文禄2	34	明（中国）との講和
1594	文禄3	35	三成家臣による島津・佐竹領国検地
1595	文禄4	36	豊臣秀次の自害
1596	慶長1	37	明使節の来日
1597	慶長2	38	第2次朝鮮出兵
1598	慶長3	39	上杉景勝の会津転封、三成の会津出張、三成の筑前出張、三成の五奉行就任、秀吉の死、朝鮮残留部隊の撤収
1599	慶長4	40	七将の三成襲撃事件、三成の佐和山城引退

1 公儀統治体制の強化

秀吉の国内統治構想——坂東・坂西の儀

話は少しさかのぼる。

1595（文禄4）年7月、豊臣秀次事件が起こった直後、三成と増田長盛は秀頼への忠誠を起請文で誓う。

「御拾様（秀頼）に表裏別心なく」と。別心とは、背く気持、二心の意味である。

同様の誓詞を、秀次切腹の後に、「家康、毛利輝元、小早川隆景」の3人も連署して差し出している。

揺れる豊臣公儀の引き締め策であるが、秀吉は東西分割統治構想をより明確に打ち出している。

東国支配は北条征伐（1590年）以降、一貫して家康。

それに引き換え、西国支配は弟の秀長が病死したため、適任者がいない。西国大名が動員された第1次朝鮮出兵（1592年）では、宇喜多秀家が総大将を務めたが、まだ若いので箔付けの色合いも濃い。

秀吉は、内政を託した身内の秀次を切腹させた。が、一方で、それは公儀の執行責任者を欠いたことを意味する。

そこで、秀吉は次のような**仕分け**を考える。

「坂東の法度（法律）・置目（掟）・公事（訴訟）は、順路憲法の上で（正しい道筋を守り）、家康に申し付けます。坂西の儀は、輝元・隆景に申し付けます」（意訳）

東西における行政権・裁判権の付与である。秀吉はその上に君臨する。なお、坂東、坂西については、87ページを参照いただきたい。

○**坂東**（関東、東国）：徳川家康
○**坂西**（関西、西国）：毛利輝元・小早川隆景

豊臣家には代わるべき人材がいない、という事情が秀吉にのしかかる。

そこで支配者を欠く西国に、輝元（中国探題）と隆景（九州探題）を充て、隆景に宗家の輝元を補佐させる。

先に書いた毛利一族の親族化や公儀次世代構想も、この統治体制をベース

にしていることが、おわかりいただけると思う。いずれは、彼らが秀頼を支えるのだと（138ページ参照）。

○**東国**：徳川秀忠（家康の嫡子）
○**西国**：小早川秀秋（秀吉の甥、隆景の養子）、毛利秀元（輝元の嗣子）

8月に入ると、秀吉の意向を受けた「徳川家康、宇喜多秀家、上杉景勝、前田利家、毛利輝元、小早川隆景」の6人が連署して、**御掟**を発布する。

目的は諸大名の動揺防止、統制強化にある。

具体的には、諸大名の私的な婚姻の禁止（秀吉の許可が必要）、私的に誓詞を交換しないこと（同盟行為の防止）などで、違反した場合は厳罰が科せられる。

そして、「乗物御赦免衆（しゃめん）」を家康、景勝、利家、輝元、隆景の5人と定める。輿に乗れる特権を与えられた有力大名だ。隆景以外は、中納言以上のポストにいる。なお、秀家（22歳）は若年という理由で外された。

ちなみに、室町期では、武家身分の守護（御屋形）が輿を認められていた。

後の**五大老**は、上記の6人の大名連署が始まりとされる。その中で〈輝元＆隆景〉をワンペアとすれば、現時点では、東西を託された家康と輝元が別格扱いになる。

公儀の構成──五大老の原型

翌1596（慶長1）年1月、「石田三成、増田長盛、長束正家、前田玄以」の4人が秀吉に誓詞を出す。特に秀吉に取り立てられた者である。

彼らは秀吉父子への忠誠とともに、政務の沙汰では依怙贔屓（えこひいき）しないこと、私的な遺恨で朋輩（ほうばい）（同僚）を害さないことなどを誓う。これが**五奉行**の原型となる。

秀次を切腹させた秀吉は、地域ブロック制とともに、「五大老・五奉行制」による集団指導体制を強く志向し始めたのだ。

ところが、1597（慶長2）年6月、第2次朝鮮出兵の最中、小早川隆景の病死によって、東西分割統治構想は、またもや「西国」で頓挫してしまう。

隆景は「類（たぐ）い稀なる才能によって、非常に尊敬された人物」（外国人宣教師フロイス）だけに、秀吉には「輝元だけの力量では……」という思いが強い。輝元は人柄は良いが、比較的凡庸な人物だったようだ。

ここで留意すべきは、「毛利両川」の中で、小早川氏のステータスが、宗

家と肩を並べるほどまでアップしたこと。

　隆景の存在価値は大きく、秀秋を養子に迎えてからは宗家以上の待遇を受けている。改めて記せば、第2次朝鮮出兵の総大将は小早川秀秋、副将が毛利秀元。宗家と庶家の逆転は、当時、衝撃的なことなのだ。

　それと相まって、吉川氏の地位は相対的に低下する。「両川」の吉川氏は、小早川氏の兄の家柄。

　にもかかわらず、豊臣公儀では重用されない。その不満が、吉川広家の心中に鬱積している。取次の三成が、うまく取りなしてくれないからだと。

　かつての毛利氏取次である黒田孝高・蜂須賀家政は、奉行衆（三成、増田長盛ら）と仲が悪く、広家が三成へ「秀吉への娘の御目見え」「伏見の広家邸への秀吉御成り」などを願い出ても、叶うことがなかった。

　三成と親しい毛利秀元や安国寺恵瓊が、毛利氏の主流派を形成する。その一方で、旧取次と昵懇の広家は隅に追いやられる。これは、関ヶ原の戦いにおける広家の行動に結びついていく。

　さて、隆景の病死に伴い、さらに家康の比重が増す。そのバランスを取る働きを期待されたのが、**前田利家**だ。信長への奉公以来、秀吉と親しく、衆望のある人物。

　豊臣公儀の官位（1598年時点）を示せば、次のとおり。
○太政大臣　従一位：豊臣秀吉
○内大臣　　正二位：徳川家康†
○大納言　　従三位：前田利家†
○中納言　　従二位：豊臣秀頼（6歳）
○中納言　　従三位：上杉景勝†、毛利輝元†、宇喜多秀家†、小早川秀秋、徳川秀忠、織田秀信
○参議　　　従四位：毛利秀元、結城秀康、丹羽長重

　成人した秀頼が、〈正二位・内大臣→従一位・関白〉と昇進すれば、自動的に徳川氏、前田氏の上に立つことができる。なぜならば、関白に就ける家柄は、五摂家と豊臣家だけなのだから。

　上記の中で、†マークが五大老であり、その所領規模は次のとおり。
○**徳川家康**：江戸内大臣（内府）、関東256万石
○**前田利家**：加賀大納言、加賀など84万石

○**上杉景勝**：越後中納言、越後など91万石
○**毛利輝元**：安芸中納言、安芸など121万石
○**宇喜多秀家**：備前中納言、備前など57万石

　景勝を除けば、すべて秀吉とは縁戚関係にある。家康、輝元、秀家については前に触れた。そこで、利家について記すと、「娘・豪姫は秀吉の養女となり、秀家に嫁いでいる。また別の娘は、秀吉の側室・加賀殿」となる。

上杉景勝の会津移封

　1598（慶長3）年1月、朝鮮で蔚山城の戦いがあったころ。秀吉逝去の7か月前である。
　秀吉は、蒲生秀行を〈陸奥・会津92万石→下野・宇都宮18万石〉と移すとともに、上杉景勝を〈越後など91万石→会津120万石〉と転封する。
　まず、秀行の大幅減封理由は、蒲生家中の不統一が原因とされる。
　三成と親しい家老・蒲生郷安（近江の六角氏旧臣）が、他の重臣と激しく対立し、蒲生騒動が勃発したという。ただし、蒲生氏の取次は浅野長政。

　家中で騒動があったのは事実だが、蒲生氏の移封は、その跡に景勝を移すことを優先した結果だ。
　加えて、「秀次裁定」を覆すこと。そこへ、適当な秀行の移封先が生じる。3か月前、宇都宮国綱を改易したばかり。ここであれば、家康が娘婿・秀行の後見ができる。
　若年の秀行では奥羽の鎮将は無理、というのが秀吉の判断であろう。
　ところで、景勝の会津移封は定説がなく、次のような俗説ばかり。
○金山奪取説：秀吉が越後の金山を奪おうとした（ただし、依然として佐渡は景勝領）。
○主従分断説：秀吉が景勝・兼続主従の離間を企てた。
○三成・兼続密約説：前述のとおり、天下を狙う両者が共謀して、蒲生氏郷を毒殺の上、景勝の会津国替えを企てた。
○秀吉恩賞説：かねがね秀吉は、景勝の所領を少ないと思っていた。

　いずれも後世の憶測に過ぎず、秀吉の狙いは**奥羽の支配**を景勝に託すことにある。豊臣公儀の統制強化を図るために。五大老のパワーバランスを取る

ために——。

　そうでなければ、五大老の1人の大規模移封を企てるはずがない。

　秀吉が景勝に宛てた書状では、次のように記されている。兵農分離の考え方だ。

　「今度の会津国替えについて、其方(景勝)の家中は、侍のみならず、中間や小者に至るまで、奉公人は1人残らず召し連れなさい。移らない者には、成敗を加えます。……ただし、検地帳面の百姓は一切召し連れてはなりません」(意訳)

　秀吉の命令を、景勝はいったん固辞したらしい。

　『会津陣物語』によれば、越後は先祖伝来の地なので、国替えはお許しくださいと。だが、秀吉は「奥州は大国で、一揆もしばしば起こる。其方の武力でなければ、治めるのは難しい」(意訳)と語り、強行したという。

　また、「会津は奥羽2州の要枢の地なので、(景勝は)その鎮将となる」(意訳、『上杉年譜』)という記述もある。

　これを信じるべきであろう。

　この移封によって、公儀・羽州探題の立場だった景勝は、〈奥州＆羽州探題〉を兼ねる。東国における景勝の権限強化が、秀吉の狙いだった、と私は思う。

　ここで、五大老の管轄と機能を掲げれば、次のとおり。

○徳川家康：関東（関東公方の位置づけ）
○前田利家：北国（北陸探題）
○上杉景勝：奥羽（奥州＆羽州探題）
○毛利輝元：西国（中国探題）
○宇喜多秀家：上方駐在

　わかりやすく表現すれば、中納言以上による**連邦制**の施行。

　残る九州探題は小早川秀秋に託す。彼が第2次朝鮮出兵で、成果を挙げれば……。それが秀吉の分権構想であろう。

② 三成の動向

大方落 上杉・蒲生氏の移封対策

　公儀樹立後、太閤検地による地ならしが行われたとはいえ、上杉・蒲生氏の同時移封は最大規模の**プロジェクト**である。

　上杉氏の取次は三成、蒲生氏の〈取次＆補佐〉は浅野長政。

　両者は会津に下る。会津黒川城以下の諸城を接収し、上杉氏に引き渡すために。蒲生家中の動揺を防ぐために。

　上杉氏の本拠だった越後には、堀秀治（秀政の子）が入封する。三成は、上杉氏の会津入封とともに、上杉領国（越後、信濃北部4郡など）の後始末も担当する。

　そのころ、景勝は上洛中。上杉領国では、三成の指示を受けた重臣・**直江兼続**が、指揮を執る。

　2月10日、兼続は信濃北部の城将に、「信州川中島の海津城と長沼城は、治部少輔殿奉行衆へ相渡すこと」など17項目を伝達する。

　現代風にいえば、異動・転勤のマニュアルだ。本社全面移転に伴い、支社の引継ぎ、従業員・家族の引越し、さらには什器備品の管理に至るまで。

　たとえば、「城中の障子や畳などが見苦しいのは仕方がないが、物の所在は明らかにして奉行衆に引き渡すこと」（意訳）といった具合。

　数日後、三成と兼続は会津で落ち合ったようだ。2月16日に、〈直江山城守＆石田治部少〉の連名で、「今度、藤三郎（蒲生秀行）国替えに付いて」という布告を、蒲生領国内に発布している。

　諸侍（蒲生家中）の移動に際し、荷物輸送や領内宿泊などを円滑に運ぶこと。領内の百姓は、宇都宮への移動を禁止すること……。

　第2次朝鮮出兵の戦局が気になる最中にもかかわらず、実務者・三成の面目躍如。このような事前準備を経て、3月、景勝は会津に入る。

　4月になると、堀氏受け入れのために、越後に布令を出す。どうやら三成は、しばらくの間、会津に滞在したようだ。

　蒲生氏の移封に伴い、数多くの牢人が生まれた。所領が約5分の1と大幅に削減されたため、家臣団を扶養しきれなくなったのだ。

元々、蒲生氏は近江の国人。その縁であろう。三成は、牢人した重臣・蒲生郷舎（さといえ）、蒲生頼郷（よりさと）、蒲生将監（しょうげん）、北川平左衛門（へいざえもん）ら10数名を、高禄で召し抱えている。

共通点は、江南の出身者。関ヶ原の戦いでは、彼らは島左近とともに「石田軍団」の侍大将に就く。

逆にいえば、それまでの三成の家臣は、文官（検地奉行など）が大半だったのかもしれない。

余談ながら、戦功を挙げた家臣に対して、蒲生氏郷は気前良く所領とともに、姓の「蒲生」と諱の「郷」を与えた。当時、奇癖といわれたが、そのために家臣は似通った名が多い。

三成が召し抱えた者は、他に蒲生大炊助（おおいのすけ）、同大膳などがいる。

〇蒲生郷舎
旧名は坂源兵衛という。父・蒲生郷成（さとなり）は六角氏の旧臣で、氏郷の重臣になった人物。関ヶ原の戦いの後、郷舎は再び秀行に3000石で仕えた。

〇蒲生頼郷
旧名を横山喜内真令（きないさねのり）といい、六角氏旧臣。「蒲生備中」の通称で知られる。『常山紀談』には、「蒲生備中真令は、石田が内にて聞こゆる勇将なり」とある。

関ヶ原の戦いで敗戦を悟った蒲生備中は、唯一騎で引き返し、織田有楽斎（うらくさい）長益（ながます）の軍勢に立ち向かい、戦死を遂げる。

〇蒲生将監
美濃三人衆※1と謳われた安藤守就（もりなり）の実弟で、元は安藤将監直重（なおしげ）という。彼も関ヶ原で黒田長政勢と戦って、討死した。

〇北川平左衛門
北条征伐の折に活躍した。関ヶ原の戦いの後は小川土佐を名乗り、秀行の家老に就いたという。

小早川秀秋の処分——三成讒言説

前述のとおり、1597年12月、第2次朝鮮出兵の総大将・小早川秀秋が帰国を命じられる。

翌1598年1月の蔚山城の戦いでは、小早川勢も戦ったといわれ、その戦闘

※1　美濃三人衆：美濃の戦国大名・斎藤氏の有力被官で、稲葉一鉄、安藤守就、氏家卜全の3人をいう。斎藤龍興の代に離反して、織田信長に通じた。

後に召喚された、という説もある。いずれにせよ、その前後のこと。出兵は継続中である。

では、秀秋はなぜ召喚されたのか？

詳しい事情はわかっていないが、朝鮮人儒者の『看羊録』では次のように記す。

「筑前中納言金吾（秀秋）なる者がいる。秀吉の本妻（北政所）の甥で、輝元の女婿である。……（第2次朝鮮出兵のとき）元帥となって釜山に駐屯したが、賊魁（秀吉）は（彼が）軍律を失うことが多かったので、厳しく叱責した」

さらに同書の原注には、「（秀秋の）性格は軽薄で、感情の起伏が激しい」と付記されている。

軍律のチェックは、目付の最重要職務——。

ならば、現地に同行した三成系大名の目付が、秀秋の行状を秀吉に報告したことになる。

一方、『藩翰譜』では、三成の**讒言**があったと記す。

1月初めの蔚山城の戦いで、「秀秋が奮戦し、多くの首を討ち取った」という報告が、1月下旬、伏見城にもたらされる。秀吉の機嫌は良い。

ところが、三成は密かに秀吉に具申する。

「金吾殿（秀秋）の御振る舞いは、誠に勇ましく聞こえますが、（秀吉の）御代官として発向された御身（立場）です。自ら釜山を出て、敵中に深く入って戦うのは、軽率かと存じます。その隙を突いて、敵が釜山を攻め取れば、本朝（日本）との通路が自在ではなくなります。今後は、斯様な御振る舞いのないように、仰せ下さい」（意訳）

そのために、秀吉は秀秋の殊勲を褒めなかったとする。

4月になって、秀秋は秀吉に謁見する。

結果、秀秋は領国（筑前など52万石）を没収され、越前・北ノ庄16万石に転封される。**大幅削減処分**を課せられたのだ。

旧小早川領国は、秀吉の蔵入地となり、三成が代官に任命される。

その経緯を、『藩翰譜』に沿って記そう。ここでも、三成は中傷されている。

秀吉との対面時には、目付も同席した。『藩翰譜』では、彼らは秀秋の行動を弁明したという。

だが、秀吉は秀秋の軽率な行動を責め、「朝鮮に差し向けたことを後悔している」とまで告げる。

それを聞いた秀秋は、非常に心外に思って抗弁する。

「幼弱の身ですが、追討の御使ということなので、承りました。しかるに、大勢の前で、『後悔された』とは口惜しいことです。秀秋の不覚であれば、首を召されて、御憤慨を晴らされますように」

秀吉は席を去り、内へ入る。すると三成が来て、秀秋の家老に「大殿（秀吉）の御喜色が良くないので、御館へ帰られるように」と伝える。

三成の首を落とそう、と秀秋は刀を取って立ち上がる。それを家康が引き留めて、秀秋の館に連れて帰る。

そこへ使者の孝蔵主（北政所付きの上臈）が来て、「蔚山での軽々しい振る舞いに加えて、今の申し方は奇怪である。筑前を返し、越前に移れ」と、秀吉の命令を伝える。

怒った秀秋は、「国を奪われる罪の覚えはない。速やかに首を刎ねよ」といって、孝蔵主を追い返す。

話はさらに続くが、最終的に家康がなだめ、秀秋は渋々越前へ移る。

その後、家康は、秀秋に秀吉との対面の場を設ける。喜んだ秀秋は、使者を派遣して、家康に「このたびの御芳恩は忘れることなく、いずれ報いるときがくるでしょう」と伝える。

その機会が、2年後の関ヶ原の戦いで訪れる――。

17歳の秀秋の性格を直情的に描き、「反三成、親家康」とするのが『藩翰譜』の特徴だが、「秀秋移封の理由はハッキリせず、異説が多い」とも記している。

幻に終わった三成転封

実際、小早川秀秋事件に、どこまで三成が関与したのかは、わからない。

秀秋の処分が決まった4月は、三成は会津にいる。彼が上方に戻ったのは5月5日、と一応のアリバイはある。

ただし、三成と秀秋との間に確執があった、と疑われても不思議ではない状況も、一方である。

というのも、没収した小早川領国を、秀吉は三成に与えようとしたのだから。

5月22日、佐和山城の家臣・大音新介に宛てた書状で、三成は伝える。このとき、三成は伏見にいる。なお、大音は島津領国検地の際の総奉行を務めた者だ。

「（秀吉から）内々に筑後、筑前を下され、九州の物主（国持大名）にして遣わそう、ということでした。しかし、それでは佐和山に遣わす人がおらず、伏見で（秀吉が）御用を申し付ける人も少なくなるので、（私は）このまま（佐和山）でと、なりました」（意訳）

結局、秀吉が三成を手放さなかったようだ。三成も是非に、と希望した雰囲気はない。公儀を牛耳る奉行や取次を離れれば、三成は一大名になってしまう。たとえば、豊前の黒田孝高のように。

権力の中枢で、辣腕を振るった方がいい――。おそらく、そういう判断があったのだろう。

というのも、従五位下治部少輔の官位、三成の家格では、「九州探題」に就くことはできないからだ。

少なくとも三成には、小早川領国を奪おうという野心はない。

ならば、三成が秀秋を讒言する必要性は乏しい、と思うのだが……。やはり秀秋処分は、秀吉の意向が強く働いた、と考えるべきであろう。

結局、筑前・筑後は秀吉の蔵入地となり、「金吾殿、越州（越前）へ御越し、変わり目」に伴い、三成と浅野長政が代官に任命される。

秀吉の病状が悪化したため、朝鮮から宇喜多秀家、毛利秀元らが帰国したのが5月。その月末になって、三成は九州に下り、6月16日に博多に到着する。

途中、厳島神社に立ち寄った三成は、平家納経を見て筆跡の美しさに驚く。実はその1年ほど前、彼は『源平盛衰記』を僧に頼んで写させている。先祖・石田為久の活躍した時代を好んだのかもしれない。

博多で掟書を布告後、27日になって、三成は大宰府を訪れ、荒廃した社殿や回廊の修復を依頼している。三成の教養人としての一面である。

そして、ここで浮上するのも、小早川家中の牢人問題だ。

三成は毛利輝元に「毛利家中への牢人復帰」を依頼するとともに、自らも曾根高光らを召し抱えている。

三成の代官期間は、約8か月で終了する。その間に秀吉が逝去したからだ。

翌1599（慶長4）年2月、秀吉の遺言として、家康は秀秋を旧領に復帰させる（後述）。

V・秀吉の死と三成

3 秀吉の死

五大老・五奉行

1598年7月、伏見城——。

死期が迫った秀吉は、遺言を述べる。

家康の侍医・板坂卜斎(ぼくさい)が書いた『慶長記』によれば、秀吉は「西国の侍は伏見、東国の侍は大坂に詰め、秀頼公を盛り立てよ」(意訳)と遺言する。

この東西区分は重要なので、記憶に留めていただきたい。そして、『慶長記』は「五人の御家老、五人の奉行もこの時定まり候」と続く。

実は五大老の「大老」とは、徳川幕府の職制であり、豊臣公儀で用いられた形跡はない。

当時の表現で、五大老・五奉行を記せば、次のとおり。

○**五大老**:五人の御家老、御奉行五人(五人の奉行)、五人家老
○**五奉行**:五人の奉行、おとな五人、年寄共五人

合わせて「十人衆」と書かれるケースもあるが、混乱を生じかねないので、本書では引き続き五大老・五奉行の表記を用いたい。なお、制定時期については諸説ある。

一言でいえば、秀吉の死後は、**集団指導体制**に移行する。家老である五大老が政策を協議の上で定め、それを五奉行が執行する仕組。

かつての〈秀吉=外征、秀次=内政〉という機能分担を考えれば、それを受け継いで、〈五大老=軍事、五奉行=内政〉と棲み分けした可能性もある。

五大老については前に述べたので、五奉行を説明したい。

そもそも奉行とは、「命令を受け、行い奉る」の意味で、武家政権誕生とともに職制化され、奉行人(政務官)を指すようになった。

東西一統を成し遂げるべく、秀吉は惣無事令、刀狩(兵農分離)、検地などの諸施策を推進し、豊臣公儀のフレームを作り上げた。

その手足となって動いたのが、秀吉が登用した取次の三成らであり、奉行に相当する。

現代でいえば、政権の重要施策を執行する閣僚。三成は権力の中枢にいる。その際、石高の大小はあまり関係ない。

五奉行・三成——その評価

五奉行とは、以下のメンバーをいう。

ただし、取次の富田一白や大谷吉継らも、奉行を務めていたことがある。たとえば、吉継でいえば「出羽の検地、朝鮮奉行」である。

また、五奉行の職務分担もわかっていない。

唯一、『甫庵太閤記』が管掌を掲げているが、これまで本書で述べてきた「有力大名の取次・取りなし、家督相続問題への対応、検地の実施、戦時下の目付・小荷駄業務、大名移封時の対応・引継ぎ」といった重要機能には触れていない。

従って、以下に掲げるのは、『甫庵太閤記』の記す管掌、秀吉の選抜理由と理解いただきたい。

○**前田徳善院玄以**（丹波・亀山5万石）：御所・公家・寺社管掌

織田信忠の旧臣で僧体。京都の所司代として朝廷を担当し、洛中・洛外の揉め事から寺社に至るまでの裁判権を有する。

○**浅野弾正少弼長政**（甲斐・府中22万石）：一般政務管掌

秀吉の相婿で、内外の評定に参画する立場にある。

○**増田右衛門尉長盛**（大和・郡山20万石）：一般政務管掌

秀吉の長浜城時代から「労を尽くした」家臣で、「損益に明るく、かつ剛の者」と秀吉は評価する。

○**石田治部少輔三成**（近江・佐和山19万4000石）：一般政務管掌

同じく長浜以来「労を尽くした」家臣。諫める際に、秀吉の機嫌を取らず、あるべき姿を好んだ。

○**長束大蔵少輔正家**（近江・水口12万石）：財務管掌

諸大名の知行などの「算用」で、正家は裁許する立場にあった。

要するに、専門職である朝廷担当・前田玄以と財務担当・長束正家を除けば、管掌は定かではない。また序列も明確ではないが、筆頭は秀吉身内の浅野長政であろう。

が、世評では、三成が筆頭格とされたようだ。

同時代の**三成評**を掲げよう。

○島津義弘は、「江州佐和山の城主・石田治部少輔は、太閤公の股肱の臣にして、その勢威、比肩する人なし」と記録している。また、毛利輝元は、

「かの仁(じん)（三成）は、当時、肝心の人」とする。
〇高野山の木食応其(もくじきおうご)上人は、「治部少（三成）が御奉行の随一。少しでも背けば、身の障(さわ)りをなす仁だ」（意訳）と記す。
〇『看羊録』では、「石田治部少輔は、賊魁（秀吉）の大層な寵臣である」と書かれている。

　これを読めば、三成の権勢とともに、シャープさが見えるようだが、注意すべきは、甲斐に所領を有する浅野長政を除くと、残り4人はすべて上方付近に配置されている点だ。
　大雑把にいえば、前田玄以が山陰道、増田長盛が上方・南海道、三成が東山道・北陸道、長束正家が東海道の備えとなる。
　秀吉身内の宇喜多秀家が山陽道の大名だから、有事の際には首都圏を防備する。そういう使命を、秀吉は彼らに与えていた可能性が高い。
　三成が九州の大名に移らなかったのも、〈文官＝政権の閣僚〉であるとともに、〈武官＝首都圏の防衛〉のミッションもあったからではなかろうか。

秀吉の遺言

　7月、病床の秀吉は、五大老・五奉行に宛てた遺言を述べる。それを、近侍の者が11か条に整理する。長文なので、ダイジェストを意訳で示したい。
①江戸内府（徳川家康）宛て
　内府は律儀な人柄にして懇意なので、秀頼様を**孫婿**にされ、取り立てていただきたい。このことは、大納言殿（前田利家）や年寄衆五人（五奉行）のいる所で、たびたび話しました。
②加賀大納言（前田利家）宛て
　幼友達にして律儀なので、秀頼様の**お守役**になっていただきたい。このことは、内府や年寄衆五人のいるところで話しました。
③江戸中納言（徳川秀忠）宛て
　秀頼様の御舅(しゅうと)になるので、内府が齢を取っても、同様に秀頼様をよく助力いただきたい。
④羽柴肥前守（前田利長）宛て
　大納言殿が齢を取っても、変わらずに秀頼様のお守役とするので、よく助力いただきたい。（利長を）中納言として、10万石を加増します。
⑤備前中納言（宇喜多秀家）宛て

幼少より取り立てたのだから、秀頼様を放って置けない義理がある。御奉行（五大老）になったので、おとな五人（五奉行）の内に入り、諸職（政務）に依怙贔屓なく邁進していただきたい。

⑥会津中納言（上杉景勝）、安芸中納言（毛利輝元）

両名は律儀なので、秀頼様を取り立てていただきたい。

⑦年寄共五人（五奉行）宛て

たとえ誰であっても、御法度に背いてはならない。仲違いした者がいれば、双方に意見し、仲直りさせてほしい。

また、たとえ秀頼様に面を張られても、それは上様（秀吉）のしたことと思い、秀頼様を大切にしてほしい。

⑧年寄共五人（五奉行）宛て

年寄五人は、蔵入地の算用（財政）を内府と大納言殿に見せ、受取状を取っておくように。秀頼様が成人されたときに、その受取状を見せるようにしてほしい。

⑨全般

何事も内府と大納言殿の御意見を聞き、それに従って決めるように。

⑩同上

内府は伏見城におられて、諸職（政務）を行っていただきたい。城番は徳善院（前田玄以）と長束大蔵（正家）が務めるように。

⑪全員

秀頼様は大坂城に移るので、大納言殿がすべてに助力いただきたい。城番は、皆が協力して務めてほしい。

以上の11か条は、年寄衆（五奉行）を始め、側に仕える女房衆まで聞き届けた内容である。

秀吉最後の政権構想

遺言に対して、五大老・五奉行は背かないことを誓い、起請文を作成して血判を押す。

さて「秀吉遺言状」には、秀吉没後の豊臣公儀体制が示されており、非常に興味深い。

すべてが、幼い秀頼（6歳）の行く末を心配してのこと。

以下、特徴といえる点を挙げていこう。

○家康・利家二頭体制の確立

小早川隆景の死後、家康への権力集中を牽制するために、秀吉は利家の大納言登用を行った経緯がある。

そのため、両者は五大老の中でも一頭地抜けた存在となり、⑨条のとおり、両者が公儀の最高意思を決定する。

その分、上杉景勝と毛利輝元の立場は、いささか微妙になる（⑥条）。〈徳川＆前田体制〉の偏重によって、扱いも下位に置かれる。なお、若き宇喜多秀家は政務の修行中（⑤条）。

○家康と利家の機能分担

家康は伏見城に入り、政務を担当する（⑩条）。一方の利家は秀頼とともに大坂城に入り、そのお守役に就く（②、⑪条）。つまり、秀吉は豊臣公儀（政権）と豊臣内儀（家政）の棲み分けを、明確にしたわけだ。

なお、前述のとおり、「西国大名は伏見城、東国大名は大坂城」に出仕する。この仕分けも、家康と東国大名が徒党を組むのを嫌ったからであろう。また東西相互監視の意味合いもある。

○徳川氏の親族化

家康の正室・朝日姫（秀吉の妹）は逝去しているので、秀吉は新たな縁組を望む。①条の結果が、5年後の秀頼と千姫（秀忠の娘）の結婚となる。

なお、秀吉遺言状には記されていないが、『看羊録』は「家康には、秀頼の母（淀殿）を室として政事を後見し、（秀頼の）成人を待ってのち、政権を返すようにさせた」と記す。

この結婚話は、噂でも流れたようだ。「家康の繋ぎ登板」は、数年後の縁組よりも現実的な政権運営策であり、十分ありうる線だが、淀殿が拒絶したという。

○豊臣公儀の次世代構想

五大老の宇喜多秀家以下（⑤、⑥条）を差し置いて、秀吉は徳川秀忠（③条）と前田利長（④条）宛ての遺言を先に述べている。

家康・利家の没後も視野に入れる秀吉は、次世代での「秀頼補佐の二頭体制」を意識して、秀忠とのバランス上、利長を抜擢している。

言い換えれば、豊臣家の身内に、誰も人材がいないことの証左であろう。小早川秀秋は秀家よりも若く、第2次朝鮮出兵でミソを付けたばかり。

なお⑤条で、秀家は五大老（政策決定）と五奉行（政策遂行）とのクッション的役割を期待されている。

○五奉行による監視

二頭体制などの件を、秀吉は五奉行のいる席で伝えている（①、②条）。また遺言記録者は、「11か条全体は、多くの側近の者がいる場で披露された」（⑪条）とする。

とすれば、五奉行には、「間違いなく、秀吉の遺言が実行されているか？」の監視業務が託されたことになる。

すなわち**目付**。武士の非違行為・失策などを監督、視察するのが、その職務である。

要するに、当面の豊臣公儀は「二頭合議体制を五奉行が支える構図」で、そのパイプ役が宇喜多秀家。

秀頼が関白になるころ、豊臣公儀は次世代の〈公儀＝徳川秀忠、内儀＝前田利長〉体制に移行する。これが秀吉の描いた絵図であろう。

それを可能にするのが、秀吉の巧妙な**朝廷官位活用術**。一種のマジックといっていい。

秀吉は関白に就いた。それは間違いないのだが、正確にいえば、「豊臣家を五摂家と並ぶ関白家とした」「武家では、豊臣家だけが関白に就ける家柄とした」と表現する方が適切であろう。

武家の場合も、家格で「極官」が決まる、という仕組（56ページ参照）。徳川氏の家格では、関白には就けない。

武家で、関白就任の有資格者は秀頼だけ――。

従って、6歳の秀頼が一定年齢に達して関白に就けば、自動的に徳川内大臣、前田大納言の上に君臨できる。

最大の問題は、秀頼が関白に就くまでの期間をどう乗り切るか？

もちろん、形式的に五摂家出身の公家関白で穴埋めする可能性はあるが、「武家関白」が復活するまでの期間。そういう意味である。

先に記した家康と淀殿の結婚話も、武家関白の不在期間を実態で埋める策。この期間を約10年とすれば、その間に年齢的に家康＆利家は没するだろう。だからこそ、秀吉は**次世代のサポート**を切望しているのだ。

ついでながら、上記の〈公儀＝朝廷官位〉の縛りがあるかぎり、家康は関白に就けない。そこで、関ヶ原の戦いの後、実質的に武家のトップに立った家康は〈幕府＝武家身分〉を復活し、征夷大将軍に就任する。

Ⅴ・秀吉の死と三成

秀吉の死

8月5日、秀吉は五大老に宛てた自筆遺言状を認める。

「秀頼の事、成り立ち候ように、この書付の衆（五大老）として、頼み申し候。何事も、この他には、思い残す事なく候。かしく」

「返す返す、秀頼の事、頼み申し候。五人の衆（五大老）、頼み申し上げ候。一切、五人の者（五奉行）に申し渡し候。名残惜しく候。以上」

宛名は「家康、筑前（羽柴筑前守利家）、輝元、景勝、秀家」。それが仮名書きされている。

この日、五大老と五奉行は互いに誓詞を交わす。相互の決意表明・監視の一環であり、以下の内容を確認し合う。

「秀吉と同様に、秀頼に奉公する。法度・置目に背かない。朋輩（同僚）に私的な遺恨を抱かない。朋輩で徒党を組まない。知行の訴訟は、秀頼が成人するまで取り次がない……」

翌6日、秀吉は在京中の4人の五大老（会津在国中の景勝以外）を枕元に招き、明との置目（朝鮮出兵問題）を依頼した。おそらく、死の直前に秀吉は停戦を決意したのだろう。

と同時に分割統治体制も、引き続き考えていたようだ。

毛利氏の記録では、「東西は家・輝両人、北国は前田、五畿内は五人の奉行異議なく候わば、一向別儀あるべからず候」とある。

秀吉は「東国は家康、西国は毛利輝元、北国は前田利家、五畿内（上方）は五大老で異議がなければ、それでいい」と語っている。

従来の東西分割（2分割）ではなく、たぶん日本を**5ブロック**に分割する発想であろう。史料には記載されていない上杉景勝を含めて。

○**東国**（関東）：徳川家康
○**東国**（奥羽）：上杉景勝
○**五畿内**（上方）：五大老
○**北国**（北陸）：前田利家
○**西国**（中四国＆九州）：毛利輝元

五畿内を宇喜多秀家とすれば、見事に五大老と5ブロック体制が符合するではないか。

実は秀頼が誕生したとき、太閤秀吉は関白秀次に次の2点を打診したとい

う。秀次を排除する前、まだ融和を求めていたころだ。
①日本分割（統治体制）：日本を5つに割り、4つを秀次に、残り1つを秀頼に与えたい。
②縁組（関白豊臣家）：将来、秀頼を秀次の娘と結婚させ、〈秀頼＝秀次の養子〉の形で豊臣家を相続させる。

　末期の秀吉の考えは、そのバリエーションともいえる。①を〈五大老＝5ブロック分割〉とし、②の相手を〈秀次→家康〉と変えて。
　上記の「分割統治文書」に関連して、もう少し私見を述べておこう。
○**西国探題**：毛利輝元
　秀吉の構想は、小早川秀秋に第2次朝鮮出兵で手柄を立てさせ、〈九州探題＝秀秋、中国探題＝輝元〉とすることだった、と思う。
　ところが、秀秋の移封・減封処分によって計画が、大きく変更される。
　ただし、これは秀吉の思惑であって、輝元自身は扱いに不満を抱いていた可能性はある。なぜならば、本来の二頭は〈坂東＝家康、坂西＝輝元〉のはずだからだ。
　推測ではあるが、輝元が密かに望んでいたのは、「三頭体制」ではなかろうか？
　豊臣公儀を東西に二分して、〈家康＆輝元〉。豊臣内儀は利家。そのためには、輝元が大納言に昇進する必要があるのだが……。
○**北国探題**：前田利家
　家康の対抗馬として、秀吉は利家の登用を考え、大納言に昇進させた。それは間違いない話だが、同時に利家に北国を管轄させようとした。
　その目的で、越後（北陸道）の上杉景勝を会津に移した可能性は、多分にあると思う。
○**五畿内**：宇喜多秀家
　五大老の内、政務管掌の家康は伏見城在城、お守役の利家は大坂城在城と決められている。
　ならば、上方駐在の秀家が、五畿内の行政・司法管掌と考えるべきであろう。現在の「中央集権、地方分権」と似ており、〈家康＝日本の首相、秀家＝首都圏の知事〉となる。
　なお、〈家康＆利家〉の二頭は上方駐在なので、現地の管轄は、〈関東＝秀忠、北国＝利長〉と、次世代を担う嫡子に託される。

官位から見れば、内大臣・家康は豊臣公儀、大納言・利家は豊臣内儀を管掌。そして5ブロックの統括者は、二頭の嫡子を含めた中納言となる。

　さて、ひたすら秀頼の今後を案じ続けた秀吉は、8月18日に逝去する。享年63。死因は労咳、もしくは肺がんだったようだ。
　影響の大きさを懸念した五奉行によって、秀吉の死は秘され、喪も発せられなかった。その棺には増田長盛だけが付き添い、京都の東山に埋葬された。
　家康が秀吉の死を知ったのは、翌日のこと。
　逸速く知らせたのは、意外かもしれないが、三成である。かならずしも、この時点の三成は、家康と対立していたわけではない。

　翌1599年、秀吉は朝廷から「豊国大明神」の神号を賜り、豊国神社が建てられる。つまり、秀吉は神として祀られ、あの世から豊臣家の繁栄を見守ることになる。
　後に家康が、日光東照宮に祀られ、「東照大権現」となったのも同じ考え方だ。家康も神になったので、「神君家康」といわれる。
　願いは、ともに家の存続と子孫の繁栄である。

4 秀吉死後の政情不安

朝鮮出兵への対応

　秀吉死後の豊臣公儀の運営は、五大老（二頭）・五奉行の合議制。諸大名を含め、数多くの誓詞が交わされる。
　喫緊の課題は、太閤遺命による朝鮮残留部隊の**撤退**。
　秀吉逝去の1週間後、8月25日、停戦を伝えて朝鮮との講和を図るべく、家康は使者の徳永寿昌らを朝鮮に派遣する。ただし、残留部隊には秀吉の死は伏せて。
　さらに28日には、毛利秀元（遠征軍の副将）、浅野長政、三成の3人が、博多へと下る。撤退準備、受け入れ体制確立のためである。
　同日、毛利輝元は、浅野長政を除く4人の「五奉行」に、以下の内容の誓詞を差し出す。三成らが提出を求めたものだ。まだ、秀吉の死後10日のこと

である。

「太閤様（秀吉）ご他界後、我らは秀頼様に無二の奉公をいたす覚悟です。自然と動乱となって、もし今度定められた五人の奉行（五大老）の中で、秀頼様への逆心ではないにせよ、増右（増田長盛）、石治（三成）、徳善（前田玄以）、長大（長束正家）と心違いの輩（方向性の違う者）がいれば、我らは四人衆と相談し、秀頼様への奉公で胸を合わせ、表裏別心（裏切り）することなく、奔走します」（意訳）

すでに五奉行は、この時点で〈浅野長政VS三成ら4人〉に分裂していたようだ。そして4人は、輝元との結束を図る。

その原因は、三成らが長政の行動に不信感を抱いたか、朝鮮対応で意見が衝突したか、であろう。もちろん、長政の背後に家康がいた可能性もあるが、確定的ではない。

ともあれ、不協和音を奏でながら、朝鮮撤退が進み始める。

ここで、秀吉在世中の5月に、いったん話を戻そう。

朝鮮問題は、終始、**蔚山城の戦い**を巡って燻り続けている。

宇喜多秀家や毛利秀元とともに、3人の目付（福原直高、垣見一直、熊谷直盛）が帰国する。当時、三成は会津出張中。

そのとき、3人の目付は、「1月の蔚山城の戦いで、蜂須賀家政と黒田長政らが戦闘に従事しなかった。また順天城（城将・小西行長）撤退を唱えた」と訴え出る。福原直高と熊谷直盛は、三成の妹婿だ。

結果、蜂須賀家政は領国・阿波での謹慎を命じられ、黒田長政と藤堂高虎は譴責処分。彼らは、所領の一部も没収されたようだ。

と同時に、順天城撤退に同調した他の目付（早川長政、竹中重隆、毛利高政）にも厳しい処分が下る。特に早川長政の場合は、豊後の所領を没収され、それは福原直高に与えられた。

が、事件はそれで終わらず、朝鮮撤退後に再び火を吹く。

秀吉逝去のころ、蔚山城に加藤清正、順天城に小西行長、泗川城（サチョン）に島津義弘・忠恒父子が在城している。

その3つの城に、9月、明・朝鮮連合軍は一大攻勢を掛ける。

その中でも、「泗川の戦い」における島津勢の活躍は目覚しく、明・朝鮮連合軍に大打撃を与える。島津氏の報告では、討ち取った首級は3万9000を

数えたという。

島津勢の強さを怖れ、明・朝鮮連合軍は攻撃をストップする。

朝鮮からの撤退——2つの訴訟

泗川の戦いの勝利が、朝鮮との講和のキッカケとなる。

10月上旬、使者・徳永寿昌らが泗川城経由で順天城に到着する。撤退期限は11月15日。

講和の条件は、「朝鮮王子の人質、朝鮮からの貢物（みつぎもの）提出」とし、小西行長が明・朝鮮連合軍との交渉に当たる。

残留部隊の諸将は、すでに噂で秀吉の死を知っていたらしい。

詳細は略すが、10月中旬に和議が整い、残留部隊は撤退を開始する。各々が守る倭城から釜山へ赴き、順次、帰路は〈釜山→対馬→壱岐→博多〉のコースを辿る。

行長が明軍の陸軍司令官に賄賂を渡したので、講和が成立したともいう。

だが、講和に納得しない朝鮮水軍が、海上封鎖を行う。それを島津義弘が海戦で撃破したため、12月上旬、殿軍の小西行長は、義弘とともに最後の帰還を果たした。

一足先に、加藤清正、黒田長政、鍋島直茂らは、無事に戻っている。

帰国する数万の将兵を、博多で毛利秀元、浅野長政、三成が出迎える。

朝鮮での島津義弘の活躍は知れ渡り、武名が高まる。撤退作戦も見事に成功させた。そのため、義弘父子は上洛し、破格の恩賞を受ける。加増と昇進である。

太閤置目では「秀頼が成人するまでは一切知行は宛（あて）がわない」とされていたが、義弘に秀吉蔵入地や三成知行地など5万石が与えられ、義弘は従四位参議（宰相）、忠恒は従四位少将に任ぜられる。

これを契機として、島津氏当主は〈義久→忠恒〉となる。

ただし、他の遠征諸将に恩賞はない。〈御恩＆奉公〉のルールからすれば、西国大名は奉公（従軍）の一方通行だけで終わる。それも、延べ7年間も戦い続けて……。しかも、処分を受けた大名もいる。当然、不満が渦巻く。

撤退後、時期は明確ではないが、2つの**訴訟**が起こる。

まず、前述の「蔚山城問題」で、今度は黒田長政、加藤清正らが、3人の目付を五大老・五奉行（十人衆）に訴え出る。

前回の厳しい秀吉裁定に対する名誉回復が狙い、とされる。

通説では「三成が目付の処分に応じないので、翌1599年閏3月、清正らが三成襲撃を企てた」と続く。たぶん、そういう流れなのだろう。

もう1つの訴えは、「講和成立後の帰還問題」。

こちらは逆に、三成と親しい小西行長と寺沢広高が、先に引き揚げた加藤清正や黒田長政らを軍令違反と非難したもの。

行長と清正の反目は、依然として続いている。もはや憎悪に近い。

『看羊録』によると、先に帰国した清正が、行長の怯惰（臆病）を嘲笑う。遅れて帰国した行長は、「清正は和議を待たずに退却した。……人質を連れた私（行長）と島津が殿を務めたのだ。清正と私のどちらが怯惰なのか」と憤慨し、毛利輝元は行長に同調したという。

両方の事件をまとめたような記事もある。

「朝鮮の事が終わり、黒田長政などは、小西・寺沢などと功を争って、訴を起こし、軍奉行（目付）の輩は流刑に処せられる」（意訳、『藩翰譜』）

表面には登場しないが、ともに**三成絡みの事件**である。

清正らは「福原ら3人の目付の行動は、三成の差し金だ」と思い、三成を恨む。しかも、恩賞は三成が取次を務める島津義弘だけ。さらにいえば、出兵失敗の責任を三成に科そうとする。

一方、終始、講和折衝を務めた行長は、清正らの朝鮮領土欲（我欲）のために、しばしば講和締結が危機に瀕したことを恨んでいる。

朝鮮出兵問題では、次の派閥が生まれる。

○**反三成派**：加藤清正、黒田長政、蜂須賀家政、藤堂高虎
○**親三成派**：小西行長、寺沢広高、島津義弘

なお、微妙な言い回しになるが、派閥といっても、単純な二極軸に分裂したわけではない。

確かに、〈武闘派、武功派VS文治派、吏僚派〉、〈北政所派VS淀殿派〉、〈尾張閥VS近江閥〉と、さまざまな形で表現されるのだが、すべてが実態に即しているとは、いえない。

政局不安の中で、諸大名の動きは錯綜し、かならずしも一貫したスタンスではなかったからだ。

たとえば、現在の政党の各派閥が、首相（総裁）候補を抱えて対立していた、としよう。

各派閥の会議や宴会に顔を出すA代議士は、その場の状態に合わせて悲憤慷慨し、「△△反対、××支持」を叫ぶ。さらに党内選挙の終盤戦では、露骨に有利な候補者へ擦り寄り始める。それに近い。

　三成ら4人の「五奉行」は、正しくは反浅野長政派であって、ハッキリと反家康派とは言い難い面がある。

　上記の寺沢広高にしても、当時は「親三成」。その一方で、「親家康」でもあり、関ヶ原の戦いでは東軍に加わる。実際、増田長盛は「親家康」である。

　なお、広高は「日本国の七奉行にて……太閤が一段と目を掛けた者」（意訳、『藩翰譜』）とされる。七奉行が誰かはわからないが、三成と同様に寵臣だったようだ。

5 三成の失脚

家康の置目違反

　年が明けて1599年。

　1月10日、秀吉の遺言に従い、秀頼は伏見城から大坂城に移る。それに前田利家らが従う。引き続き家康は、伏見城で政務を見る。

　19日になって、家康の許へ大坂城の十人衆（家康を除く）が派遣した糾問使が訪れる。

　秀吉の置目では、「諸大名の私婚は禁止」。それを無視して、家康が3つの縁組を強行したからだ。

　6男・松平忠輝の妻に伊達政宗の娘を娶る。養女2人を、それぞれ福島正之（正則の嫡子）、蜂須賀至鎮（家政の嫡子）に嫁がせる。

　当初、十人衆は「家康が聞き届けない場合、加判[※2]（五大老）から除く」という勢いだったが、家康は「手抜かりだった」と鉾先をかわす。

　それでも、家康の屋敷に「石治少発頭にて責入候（三成が大将となって攻めてくる）」（『慶長記』）という噂が流れ、緊張が走る。

　家康家臣の本多忠勝、井伊直政、榊原康政らが伏見に駆けつけ、屋敷を固める。

　また加藤清正、福島正則、黒田長政、池田輝政、浅野幸長、蜂須賀家政、

※2　加判：主君の上意を執行する際、文書に署名・捺印する重臣。執政職に列する者で、鎌倉幕府の「連署」や江戸幕府の「老中」が、加判にあたる。

加藤嘉明、藤堂高虎、大谷吉継、京極高次らの大名も、馳せ参じたとされる。なお、当時の吉継は親家康派である。

大坂にも諸大名が集まり、一触即発かと思われたが、堀尾吉晴や細川忠興らの仲介によって、2月上旬、十人衆と家康は誓詞を交わして和解を遂げる。

ポイントは、「太閤様御置目、十人連判誓詞の筋目、いよいよ相違あるべからず」の項にある。それが**集団指導体制**の基本なのだから。

実はこの私婚騒動よりも前に、家康は政治的な動きを見せている。前年（1598年）の暮に、諸大名の屋敷を訪問して接触を図ったのだ。長宗我部元親、細川幽斎、島津義久……。

これも、秀吉の置目「諸大名が徒党を組むことの禁止」に抵触する行為だ。そのために、三成は神経を尖らした節がある。

在京中の島津義久は京都で家康と会見し、その後、家康が答礼として義久の屋敷を訪問している。1599年早々、この家康との往来について、三成は義久に詰問する。もちろん、義久は異心がないことを、釈明するのだが……。

これも私婚騒動の伏線となる。

前年末に博多から戻った三成は、太閤置目を無視する家康に反発を覚えたのかもしれない。その分、彼は前田利家に接近する。俗説では、利家に「家康に野心あり」と讒言したともいう。

1月に起こった**宇喜多騒動**にも触れておきたい。

宇喜多秀家の領国支配や家臣同士の反目が複雑に絡み合い、家中が「秀家派、反秀家派」に分裂する。そのため、秀家は重臣・戸川達安（とがわたつやす）を騒動の首謀者として成敗しようとする。

ところが、秀家の従兄弟・詮家（あきいえ）は達安を保護し、大坂の屋敷に籠って激しく抵抗する。

この事件が一大騒動となったため、家康は大谷吉継と重臣・榊原康政（さかきばら）に斡旋を託すが、結果は失敗に終わる。両名の「扱い（仲裁）が悪い」と、家康はかなり叱責したようだ。

それまで、吉継は親家康派の有力者だったが、この事件をキッカケとして、家康と疎遠に陥ったばかりか、やがて三成と組んで家康に叛旗を翻した、とされる。その意味では、重要な事件である。

「特に刑部少輔（吉継）は懇意で、（家康の）相談相手になっていたが、こ

Ⅴ●秀吉の死と三成

のときから、相談はなくなった。(関ヶ原で)敵になったのも、このときの意趣(恨み)といわれる」(意訳、『慶長記』)

そういう事情があったため、やむなく家康が調停に乗り出し、最終的に反秀家派の重臣は主家退散と決まる。

また関ヶ原の戦いを前にして、一族の詮家らも秀家と袂(たもと)を分かつ。彼らの行動は、主人・被官の関係と思えば、わかりやすい。

その結果、秀家が立場を失ったのは当然として、宇喜多氏の大幅な軍事動員力低下を招く。

余談ながら、宇喜多詮家は、その後、名乗りを坂崎直盛と改める。大坂夏の陣(1615年)で、千姫を救出した坂崎出羽守その人である。

[宇喜多氏系図]

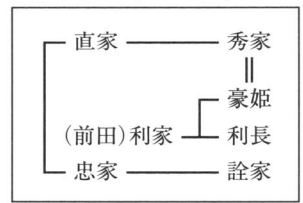

```
┌ 直家 ──────── 秀家
│                  ‖
│         ┌ 豪姫
│(前田)利家 ┤
│         └ 利長
└ 忠家 ──────── 詮家
```

島津領国の内乱──親三成大名の分断

3月中旬、上方にいた島津義久(龍伯)は、領国の大隅に到着する。伏見の屋敷には義弘・忠恒父子が残る。

一大事件が勃発したのは3月9日。

重臣の**伊集院忠棟**(幸侃)を屋敷に招いた当主・忠恒が、茶室を出た所で忠棟を斬殺したのだ。

忠棟は島津氏存続の功労者。重臣とはいえ、豊臣公儀から8万石を与えられた大名(日向国諸県郡(もろかた))でもある。その意味では、島津氏とは対等の関係で、しかも忠棟は三成と親しい間柄。

忠恒は、家康近習、三成、寺沢広高(たかお)宛てに「忠棟が逆心を抱いたので誅しました」旨を認め、京都高雄の寺に蟄居してしまう。

どうやら忠棟に専横の振る舞いがあった。義弘・忠恒父子の第2次朝鮮出兵を、補給面で支援しなかった……。それらが鬱積し、爆発したらしい。

忠恒からすれば、「家臣を処分した」という理屈になるが、豊臣公儀では、「大名が大名を殺害した」となる。事は大きい。

激怒した三成は、国許の義久に照会の書状を送りつける。もとより三成のスタンスは、忠恒の殺害行為は不届き千万というもの。
　ただ、それに関して、「義久が関与しているのか？　殺害された忠棟の子・忠真(ただざね)の動きは？」を確認しようとした。
　義久は返書を記す。丁寧ながら、「三成の許可があった、と思っていた」と記すように、あまり三成に好意を抱いていない雰囲気が窺える。
　「幸侃（忠棟）殺害の件は、御意(ぎょい)（三成の許可）を得て、急に仕出かしたと存じていましたが、又八郎（忠恒）の短慮によるもので、言語道断です。もちろん、拙者（義久）にも事前の相談はありません。兵庫入道（義弘）も（忠恒と）会ってないようです。（三成の）ご立腹は当然至極と存じます」（意訳）
　義久は、突発的な忠恒の単独犯行とする。が、忠棟の嫡子・忠真は義久の関与を強く疑っており、事件は義久・忠恒の共同謀議の可能性が高い。
　島津氏の〈前当主＆現当主〉が、領国での宗主権を確立しようとした。おそらく、そのことが背景にあるのだろう。
　実際、三成は相当怒っていたようだ。
　石田氏家臣は、「（忠恒の）幸侃成敗の際、御届けがなかったせいでしょうか、石治少様は腹を立てられているそうです」（意訳）と記している。
　ところが、翌閏3月になって、三成自身が五奉行を解任される、という事件が起こる（後述）。
　従って、以降の三成は、この事件に直接タッチはしていない。
　が、4月になると、3人の五奉行（前田玄以、増田長盛、長束正家）が話し合い、蟄居中の忠恒を赦免する。
　その際、忠恒を迎えに行ったのが、小西行長、寺沢広高、立花宗茂の3大名。3人の五奉行は三成と行動をともにし、3人の大名は三成と親しい。要するに三成派である。
　とすれば、島津義弘が三成へ忠恒赦免を依頼し、密かに三成が与党を動かした可能性もある。
　続いて、この騒動に五大老筆頭・家康が直接介入を行う。家康の理屈は、逆に「主人は家臣の成敗権を有する」というものだ。

　さて、父を殺害された伊集院忠真は、日向・都城(みやこのじょう)（庄内）に籠って、義久に叛旗を翻す。正確にいえば、城明け渡しを拒否したのだ。彼は義弘の娘婿で、泗川の戦いでは、義弘・忠恒父子とともに奮戦している。

豊臣公儀樹立後、初の内乱の勃発である。これを**庄内の乱**という。

家康は、忠恒に「伊集院成敗」を命じて帰国させ、さらに九州諸大名を動員しようとする。

伏見在住の義弘は、娘婿の忠真に降伏を勧告するものの、家康の強硬措置に、忠真は態度を硬化させる。一方、薩摩に戻った忠恒は援軍を断り、島津勢を率いて都城城を攻めるが、合戦は長期化する。

そこで家康は、11月、寺沢広高を派遣して調停に当たらせる。そのとき、忠真は他家への奉公を希望した。もう島津氏との関係修復は無理だ、として。

が、それも難しい問題。交渉は不調に終わるが、翌1600（慶長4）年2月、家康の調停が奏功し、和議が成立する。

双方に恨みと不満が残る内容だが、家康の面子(メンツ)を立て、「忠真は薩摩に移り、2万石で島津氏に仕えること」を条件として。

時勢は進み、東国では上杉景勝の謀反が噂されている。家康は南九州の内乱に決着をつける必要を迫られたのだ。

この庄内の乱を通じて、島津氏は2つに割れる。

○**親家康派**：義久、忠恒（島津領国）
○**親三成派**：義弘（上方）

元々、義久は「反三成」に近い立場だったが、当主・忠恒が〈親三成→親家康〉と鞍替えした点は大きい。

その後、関ヶ原の戦いで西軍に属した義弘は、手勢が少ないため、国許へ援兵派遣をしきりに要請する。

が、義久・忠恒は家臣の上洛を認めなかった。「獅子身中の虫」の忠真を警戒した一面はあるのだが……。

ともあれ家康は、紛争に介入することで、三成の影響力が大きい島津氏の分断に成功する。朝鮮での活躍により、島津勢は**最強**と謳われていた。

その強さを、『看羊録』では次のように記している。

「義弘の武勇は諸倭（日本の大名）に冠たるものである。倭人はみな、『義弘を、武勇の発揮できる地に居らせたならば、日本を併呑するのも困難でなかろう』と言った。その部下も精勇（精鋭、勇敢）で、しかも、みな代々の家臣である」

なお伊集院一族は、関ヶ原の戦いの2年後、忠恒によって皆殺しにされる。

前田利家の死──七将の武装蜂起

伊集院忠棟殺害事件が起こったころ。

1599年3月初め、病中の前田利家は、伏見の家康を訪問する。その2か月前には、家康の私婚問題を詰問したばかり。

つまり家康と反目していたわけだが、死期が迫ったことを悟った利家は、「この世の暇乞い」をしたという。

当時、利家派と見做されたのは、以下の大名だ。

宇喜多秀家（妻・豪姫は利家の娘）、細川忠興（長男・忠隆の妻が利家の娘）、浅野幸長（利家の娘と結婚）、加藤清正、加藤嘉明……。加えて三成である。

古参でお守役・利家には、幅広い求心力があった。

ところが、利家が家康に伝えたのは、「私が果てたときは、肥前（嫡子・利長）のことを頼みます」（意訳、『利家夜話』）のみ。

秀頼の将来について、利家は何も依頼していない。秀吉にしても、利家にしても、最期は「我が子可愛さ」ばかり。

翌閏3月3日、利家は、大坂の屋敷で逝去する。享年62。前田屋敷に詰める三成は、容態が悪化した利家の看病を続けたという。

その日の夕刻4時過ぎ。

7人の大名（七将）が、三成が前田屋敷を辞去する機会を狙って、殺害しようとする。

襲撃を企てた**七将**は、加藤清正（家康の娘婿）、黒田長政（同）、細川忠興、池田輝政（家康の娘婿）、藤堂高虎、福島正則（嫡子が家康の養女と婚約）、浅野幸長（秀次事件で家康が取りなし）。

家康の侍医が記した『慶長記』では、池田輝政の代わりに脇坂安治、藤堂高虎の代わりに加藤嘉明を載せている。

実は三成の仕置が気に入らない「高麗七人衆」（『慶長記』）が、以前から家康に「治部成敗」を願い出ていたが、家康が「朋輩が朋輩を殺しては、天下の仕置にならない」と、なだめていたようだ。

高麗七人衆とは、加藤清正、黒田長政、細川忠興、福島正則、浅野幸長、蜂須賀家政、藤堂高虎を指す。いずれも朝鮮で戦った者で、関ヶ原の戦いでは東軍に属する大名である。

『看羊録』では、上記の「治部成敗」の理由をストレートに記す。

清正らが朝鮮から撤退すると、秀吉はすでに死んでいたので、「どうしても右馬助(目付・福原直高、三成の妹婿)を殺してしまうのだ」と身構える。一方、三成派は右馬助直高を支援した。

この**蔚山城問題**が、三成襲撃事件の主因となる。秀吉から処分されたことへの恨み、彼らを訴えた者への復讐である。

七将の不満は、利家の死によって爆発する。

七将の内で4人(加藤清正、細川忠興、加藤嘉明、浅野幸長)は利家派と目されていた。利家の死が、彼らの重石を外したのは間違いない。

と同時に、「反三成」を唱える彼らは、この機会に家康派への鞍替えを図った。手柄を立てようとした。そういう一面もあると思う。さまざまな思惑が交錯している。

よく、この対立を〈武闘派VS文治派〉と表現するが、正しくは朝鮮出兵における〈続戦派VS講和派〉の延長線上にあり、訴訟・賞罰事件と感情面の対立が影を落としている。

わかりやすく三成と清正を対比してみよう。

○**石田三成**

五奉行の立場からは「前田利家派」で、「毛利輝元派」でもある。朝鮮問題では「講和派」で、遠征軍の働きは目付の意見を重んじた。

○**加藤清正**

秀頼への奉公と利家への私淑から、本籍は「前田利家派」。朝鮮出兵では「続戦派」。朝鮮出兵時の召喚・賞罰問題などでは「反三成派」。縁戚では「家康派」となる。

清正の場合は、上記の諸要素が収斂されて、最終的に「親家康派、反三成派」となる。とはいえ、実は微妙な面もあるのだが……。それは読者の混乱を招きかねないので、後で触れよう(258ページ参照)

参考までに、『看羊録』に記載された家康派、輝元派を挙げておこう。

○**徳川家康派**:加藤清正、細川忠興、福島正則、黒田長政、蜂須賀家政、藤堂高虎、浅野長政・幸長

○**毛利輝元派**:宇喜多秀家、小早川秀秋、石田三成、増田長盛、長束正家、

島津義弘、小西行長、佐竹義宣、伊達政宗、最上義光、上杉景勝

　家康派はよく知られたメンバーだが、輝元派は興味深い。
　秀吉の遺命により、宇喜多秀家は輝元との縁組が進行中。また、三成が取次を務めた有力大名が顔を揃え、五奉行の内3人が結束している。
　さらに小早川秀秋（輝元の娘婿）、奥羽の諸大名も参画している。島津義弘と小西行長は、朝鮮撤退時の殿を務めている。
　かつて対立した伊達政宗と上杉景勝・佐竹義宣は、『慶長記』によれば、秀吉死去の1か月前に仲直りをしたばかり。

　なお、〈北政所派：尾張閥VS淀殿派：近江閥〉という対立があった、という話が、歴史本や時代小説に登場する。
　尾張出身の清正は、幼少のころから北政所に育てられ、恩義を感じていた。一方、近江出身の三成は、浅井氏の息女・淀殿を崇敬したので、自然と対立が生まれたのだと。
　しかし、実際の北政所と淀殿は、協調して豊臣家と秀頼を守ろうとしている。ということは、対立の根幹そのものが、あやふやな話になってしまう。また北政所が可愛がったのは、甥の小早川秀秋だ。
　そして、三成のリスペクトの対象は、冒頭でも述べたとおり、名門の江北守護・京極氏であって、国人から勃興した浅井氏のはずがない。
　現代的な発想を過去に当てると、新解釈に映るが、あまり意味がない。

三成襲撃事件

　まず、三成襲撃事件の通説を記そう。
　七将の襲撃計画を通報する者がおり、前田屋敷を脱した三成は自邸に戻り、宇喜多秀家や小西行長と相談する。
　その結果、親しい佐竹義宣が三成を女性用の輿に乗せ、護衛をつけて大坂を脱出させる。輿は伏見の徳川屋敷へ送られ、三成は家康の保護下に入る。
　三成を追いかけた七将は、徳川屋敷に押し寄せ、身柄の引渡しを要請するが、家康は応じなかったという。
　要するに、襲撃を避けるため、三成はあえて家康の許に逃げ込んだとする。
　時代小説では、「死中に活を求めた三成の計略」「それを引き受けた家康の懐の深さ、腹芸」といった具合に、丁々発止で描かれる場面だ。

当時、天下の六大将と称せられたのは、徳川氏、前田氏、毛利氏、上杉氏、佐竹氏、島津氏。その内、三成は「毛利氏、上杉氏、佐竹氏、島津氏」の取次を務めていた。佐竹義宣とは昵懇の仲である。

事件当日、義宣は伏見の屋敷にいた。三成の危急を知った義宣は、まず重臣の東義久と親族の相馬義胤を大坂へ派遣し、自らも大坂へ赴く。

そこで三成を輿に乗せ、義宣が警護して伏見に運ぶ。つまり、義宣は〈伏見―大坂〉間を往復したわけだが、徳川屋敷までは送ってはいない。

後に義宣は、「旧恩があるので、治部少殿を救いました」と、取次経由で家康に伝える。それに対して、家康は「義理堅いことで、感服しました」と語ったという。

この事件は、さまざまな疑問が浮かぶ。特に「なぜ、三成は大坂から伏見に向かう必要があったのか？」「なぜ、徳川屋敷に逃げ込んだのか？」。

当日は大雨だった。

その中を、加藤清正と黒田長政の両勢だけでも3000人の鉄砲隊が、三成を襲おうとした。首都で勃発した**一大騒擾事件**である。

では、なぜ、三成は大坂を退いたのだろうか？　自邸に籠ってもいいはずだ。

結論を記せば、大坂は秀頼の居住地。1月には、宇喜多騒動が勃発したばかり。再度の騒動を回避しようとした三成は、佐竹義宣に警護を依頼して、伏見城内の**石田屋敷**に入る。伏見城がいわば豊臣公儀の政庁である。

そこで他の五奉行の意見を聞き、五大老の調停を仰ごうとした。

二頭体制は崩壊したばかり。宇喜多秀家は家中で騒動を抱えている。

残る五大老は、家康、上杉景勝、毛利輝元の3人。彼らに相談し、騒動を調停して貰う以外にない。そういう流れだったのでは、なかろうか。

なぜならば、置目に「私の遺恨を抱かない」「徒党を組まない」と決められているからだ。

三成は置目を定めた1人。成敗の対象は三成自身であるが、明らかに清正ら七将の行動は、禁止事項に違反している。

また近年の研究でも、三成は徳川屋敷に避難したのではなく、自邸（伏見城西の丸の向かい）に入ったことが明確になっている。

三成に対する処分——輝元・家康の仲裁

三成は伏見城内で五奉行の前田玄以、増田長盛と協議し、事態の打開策を練る。合戦も辞さない覚悟だったようで、小西行長と寺沢広高を使者として、毛利輝元の許へ派遣する。輝元は伏見の毛利屋敷にいる。

叔父の毛利元康に宛てた「輝元書状」が、その内容を記しているので、ポイントを意訳で記そう。なお、「⇒印」以下は著者のコメントである。

①三成からの伝言

「私（三成）を狙った者（七将）は、目的を達成できませんでした。彼らは手をこまねいているので、この機会に此方（われわれ）より仕掛けるべきでしょう。輝元は尼崎に下って、陣営を張って下さい」と。

⇒輝元に西国大名を糾合してほしい、という依頼であろう。

②小西・寺沢の談話

○大坂城の様子

三成は表面上そう言っているそうですが、使者両人の話によると、「御城（大坂城）は彼方衆（七将）が支配している、と聞いています。此方衆は出入りを止められ、立ち入れないそうです」と。

⇒この彼方衆を七将とするか、〈七将＆家康〉とするか、で随分と解釈は異なるのだが、家康が七将を煽動したわけではないので、〈彼方衆＝七将〉とした。なお、此方衆は三成を支持する勢力を指す。

○増田長盛の意見

「どうしても、三成より身を引かなければ、事態は決着しないでしょう」と。

③輝元の相談内容

以上のような次第で、みな彼方（七将方）になったそうです。安国寺恵瓊の意見は「山名禅高（秀吉の御伽衆）らを利用して、内々に調略されては」というものです。

早く元康にこちらに来ていただき、相談したいと思います。此方から申し出れば、調略は成功するでしょう。元康の考えは、いかがですか。

④輝元のコメント

○大坂城の様子

御城（大坂城）詰めの小出秀政や片桐且元は、内府方（家康方）です。

⇒輝元は彼方衆と内府方を区分している。なお、秀吉の遺命により、両名が

V・秀吉の死と三成

秀頼の実質的なお守役を務めている。前述のとおり、秀政は秀吉の叔父にあたる。且元は、「賤ヶ岳の七本槍」の1人。
〇大谷吉継の意見
　「輝元が別の屋敷に移るのは、良くありません。家康の真向かいになるからです。……輝元がこの事態を引き取り、三成に加担するのは無益なことです」とのことです。
⇒輝元が事態収拾に乗り出すことに、毛利氏取次の吉継は否定的である。「三成に加担しても無益」とまで、言い切っている。
　このように吉継のスタンスは、見定めにくい。宇喜多騒動で不興を買ったとはいえ、依然として「親家康」の立場だったのは間違いないようだ。

　複雑な政局である。
　その中で、三成が輝元を頼りにしたのは間違いない。
　輝元書状によれば、「三成と増田長盛は、『何事も上杉景勝と輝元の覚悟に従います』といった」とある。また、輝元もそれに応えようとする。が、七将に対する武力報復措置は考えていない。
　事件から6日後の閏3月9日。
　「治部少輔を踏み潰せ」（『慶長記』）と叫ぶ七将は、伏見城を包囲中。
　『看羊録』では、軍勢を率いた清正らは、三成を攻めようとしたので、輝元は恵瓊を家康の許へ派遣し、「戦闘回避」を伝えたところ、家康も同意したとする。
　三成を支援する輝元が、七将が頼りにする家康との協議に乗り出す。

　それを受けて、家康も動く。伏見城に籠っていた三成、増田長盛、前田玄以の3人に、「扱いこれ在る由」（『多聞院日記』）。つまり、騒動の仲裁、調停がなされたという。
　実は輝元が動いた理由は、三成との関係ばかりではない。
　「坂西の儀」は輝元の管掌。これも秀吉の遺言であり、七将（またはその一党）の中には、中四国・九州の大名がいるからだ。
　輝元は蜂須賀家政、黒田孝高（長政の父）、加藤清正の3人を呼び、三成の処分を申し渡している。
　黒田孝高と蜂須賀家政は、かつての毛利氏取次として縁が深い。
　どこまで、輝元が3人に語ったのか、はわからないが、彼の書状から当時

の三成の模様が判明する。
〇**調停内容**：三成1人を佐和山に隠居させ、天下のことに関与させません。
〇**増田長盛**：増田についても、とかく申す者がおりますが、三成1人で済ませます。これが家康の内意であり、増田の処分は行いません。
〇**三成の様子**：三成は非常に挫折した様子です。彼から恵瓊宛ての書状を見て、私（輝元）は涙を流しました。ただし、この書状の内容については、家康から「特に内密に」とのことです。

「治部、ことの他、折れたる……」が、挫折した様子の原文である。

三成の失脚——佐和山引退

家康の調停は、まず七将が武装解除し、伏見城の包囲を解くこと。それと引き換えに、三成の**五奉行解任・佐和山城引退**を約束する。

そのとき、七将は増田長盛の処分も求めたが、家康はそれを拒んだようだ。と同時に七将は、前述の蔚山城事件の張本人・**福原直高**（豊後12万石）の処分を望んだ。

それを呑んだ家康は、閏3月19日、秀吉裁定を覆し、五大老連署で新たな裁定を下す。

当時の目付の意見を再聴取した結果、蜂須賀家政・黒田長政の処分（一部所領没収）を撤回するとともに、早川長政の没収領（豊後・府内2万石）などを福原直高から戻させる。直高は半知の6万石とされる。

「朝鮮蔚山での後巻（救援）の合戦につき、今般様子を確認したところ、御目付衆のいうとおり、不当な処分と思われますので、（蜂須賀・黒田氏の没収領で、現在の公儀直轄地は）返還します。また、豊後・府内城も早川主馬(しゅめ)（長政）に返すように命じました。蔚山で、其方（蜂須・黒田）に落度がなかったのは歴然としています」（意訳）

連署したのは、家康、宇喜多秀家、上杉景勝、毛利輝元、前田利長。

これが五大老の序列であり、利家の死後、利長が五大老に就いたことが判明する。

ただし、彼は中納言に昇進したばかりなので、五大老の末席。

利家の死後、「二頭体制」は崩壊し、約2週間で「家康一頭体制」に移行したのだ。

三成襲撃事件の調停終了後、閏3月21日に家康は、「輝元を兄弟のように思

います」とする誓詞を記す。一方の輝元は「家康を父のように思います」と記し、その誓詞を交わす。**手打ち**である。

さらに五奉行の3人（増田長盛、前田玄以、長束正家）が、家康に入城を求めたことから、4月上旬、家康は伏見城に入る。それまでは、故秀吉への遠慮があったとされる。

そのとき、「親家康」の立場で大谷吉継が根回しを行っている。入城以降、家康は「天下の家老」「天下様」と称せられる。

さて、話を三成に戻そう。

閏3月9日、家康は中村一氏らを派遣し、城内の三成らと協議させる。恵瓊を介して輝元と意見を交換し、着地点を見出したからであろう。

その結果、三成は佐和山城閉居、翌10日に伏見城退散となる。また三成の嫡子・重家は、大坂城で秀頼に奉公することが決まる。

吉川広家が、この処分内容を簡潔に記している。何よりも、三成は**武士の面目**を失ったのだ。

「石治（三成）事、面目失われ、江州佐和山へ隠居候。子・隼人（重家）は大坂下られ候。右衛門（増田長盛）は前の如くにて候。……これにて、静謐（平和）に相済み候」

豊臣公儀の置目に逆らって、七将は「遺恨を抱いて徒党を組み、三成と直高を殺せ」と騒いだのだ。前述のとおり、それまで家康は、「朋輩が朋輩を殺してはいけない」と、七将の蜂起を押し留めている。

本来、七将の行動を許せば、公儀による「大名統制権の放棄」に繋がるからだ。武力行動は、十人衆に突き付けられた匕首といっていい。

その一方で、これほどの大騒動を三成の言動が招いたとすれば、十人衆の一員として、もはや「天下の仕置」に参画するのは難しい。三成の五奉行解任は止むを得ない。

それが、家康と輝元の共通認識だったと思う。

政情不安定な時期は、天下静謐のために、七将の沈静化を優先せざるをえない。

10日、伏見城を出た三成は、佐和山城へ戻る。

そのとき、家康は七将の三成襲撃を懸念して、次男・結城秀康と堀尾吉晴を警護に付けたとされる。

近江・瀬田で三成の家臣が出迎える。そこで三成は秀康に謝し、正宗の刀を贈ったという。
　この話は、腹黒い家康が、「三成に恩を売った」「三成を生かしておいて、利用しようと企んだ」と解釈されがちだ。
　が、瀬田までの見送りは、当時の慣行。まして、今の三成は失意のどん底なのだから。
　その後、嫡子・重家は、お礼を述べるために、家康を訪問している。

　ここまで読まれて、多少違和感を覚えないだろうか？
　そう、家康が三成に**同情**している、恩を売っている面が、垣間見られる点だ。
　七将の攻撃を抑制したこと。処分決定後、家康が三成書状を内密にしたこと。結城秀康らに見送りさせたこと。重家の秀頼出仕を決めたこと……。
　重要なのは、この事件当時の三成は、家康と完全に対立していたわけではない、ということだ。
　私たちが関ヶ原の結果を知っているだけに、表現が難しいが、少なくとも表面上は、そう見える。そう振る舞っている。
　家康の置目違反を、十人衆の一員として不快と思ったのは事実としても、三成が家康を「完全なる仮想敵国」と見做していた、とはかぎらない。
　七将にしても、この事件を契機として、「家康派」に転じたと思われる。それまでは、「本籍は利家派」で「親家康」の立場だった者も多い。
　関ヶ原の戦いに至るまで、まだ紆余曲折がある。

第VI章

上杉征伐と三成

西暦	和暦	齢	主な出来事
1560	永禄3	1	三成が近江で誕生　桶狭間の戦い
1570	元亀1	11	姉川の戦い
1574	天正2	15	秀吉が長浜城築城
1582	天正10	23	秀吉の備中・高松城攻め、本能寺の変、山崎の戦い、清洲会議
1583	天正11	24	賤ヶ岳の戦い
1584	天正12	25	小牧・長久手の戦い、三成が近江・蒲生郡で検地
1585	天正13	26	秀吉が関白就任、三成が治部少輔に叙任、佐々征伐
1586	天正14	27	上杉景勝の上洛（取次・三成）
1587	天正15	28	島津征伐、博多の町割り実施
1588	天正16	29	島津義久の上洛（取次・三成）
1589	天正17	30	浅野長政と三成が美濃を検地
1590	天正18	31	北条征伐、東国大名の小田原参陣、三成の武蔵・忍城攻撃、家康の関東入封、奥州征伐（奥州仕置）、大崎・葛西一揆の勃発
1591	天正19	32	第2次奥州征伐（九戸成敗）
1592	文禄1	33	第1次朝鮮出兵、三成の渡海
1593	文禄2	34	明（中国）との講和
1594	文禄3	35	三成家臣による島津・佐竹領国検地
1595	文禄4	36	豊臣秀次の自害
1596	慶長1	37	明使節の来日
1597	慶長2	38	第2次朝鮮出兵
1598	慶長3	39	上杉景勝の会津転封、三成の会津出張、三成の筑前出張、三成の五奉行就任、秀吉の死、朝鮮残留部隊の撤退
1599	慶長4	40	七将の三成襲撃事件、三成の佐和山城引退、家康暗殺未遂事件、前田征伐
1600	慶長5	41	上杉征伐、三成・大谷吉継の上方蜂起

1 三成の佐和山蟄居時代

上方の政局

　五奉行を解任された三成が、佐和山城に退いたのは、1599（慶長4）年閏3月。三成は40歳、家康は58歳である。

　そして翌1600（慶長5）年7月に、三成は家康討伐を企てて挙兵し、9月に関ヶ原で敗れ去る。

　1599年閏3月の「前田利家病死」は、**派閥**に大きな影響をもたらした。派閥均衡のバランスが崩れたのだ。

　端的にいえば、利家派は分裂を遂げ、親家康の諸大名は家康派に転じる。

　利家の家臣は「若き大名衆、内府（家康）の御意に入り度く体にて（七将は家康のお気に召すように）」と、三成襲撃事件の動機を記している。

　利家派だった三成は、輝元派へ傾斜せざるをえない。

　表面化しているのは、「七将と三成の対立」であって、家康と輝元という東西対立構造ではない。家康と輝元とは、微妙なバランスを保ちながら、併存しているような関係。

　七将が「三成を殺す」と武力行動に訴えても、家康と輝元との盃外交で**手打ち**が執り行われ、三成は助命される。

　三成は失脚したにせよ、嫡子・重家は家康が目を掛ける。家康が輝元と握手して、三成父子を庇護しているかのように。

　繰り返しになるが、三成は、家康と直接対立しているわけではない。そのニュアンスを汲み取っていただければ、と思う。

　このような家康派と輝元派という2大勢力の影で、第3勢力の結集を図ろうとする動きが起こる。現在の政界をイメージすれば、わかりやすい。

　『看羊録』に興味深い話が載っている。その大意を記そう。

　邪な加藤清正は、家康に三成を攻めるように勧めたが、家康と三成が和解すると、家康を滅ぼして徳川領国を分けようと企てる。

　その仲間が、前田利長、宇喜多秀家、浅野長政・幸長父子ら。

　秀頼のお守役を継いだ利長は、家康への対抗意識が強く、宇喜多秀家（義弟）、加藤清正、上杉景勝、佐竹義宣、伊達政宗らと、血を啜って同盟した。

要するに、家康派（東国）、輝元派（西国）の手打ちに不満を抱く大名が、密かに利長派（北国）として結集した。
　また、秀頼を奉じる五奉行（解任された三成以外の4人）は、すでに割れている。が、浅野長政父子は利長派に転じている。
　五大老・五奉行9人の分布は次のとおり。
○**家康（東国）派**：家康
○**輝元（西国）派**：輝元、宇喜多秀家、増田長盛、前田玄以、長束正家
○**利長（北国）派**：利長、上杉景勝、浅野長政、（宇喜多秀家）

　なお、五奉行の欠員は補充されなかったようだ。それに準ずる大谷吉継、寺沢広高らが、機能していたからであろう。

家康暗殺未遂事件——利長派の陰謀

　増田長盛ら3人の五奉行の要請で、4月、家康は伏見城に入る。
　8月になると朝鮮出兵に従軍した諸将は、帰国を願い出る。長らく国許を空けているので、領国の様子を気にし始めたのだ。
　同時に、毛利輝元、上杉景勝、前田利長も帰国を遂げる。騒動から半年以上が過ぎ、政治的緊張が緩んだ一面もあるのだろう。
　景勝は、会津移封後、まだ日が浅く、領国経営が気に掛かるため。秀頼の**お守役・利長**は、利家逝去後の襲封（相続）という大義名分で、大坂城を離れた点に注意したい。

　9月7日、家康は重陽※1の節句を祝うため、大坂城へ赴く。その晩、家康は城外の三成旧邸に泊まる。
　そこへ、増田長盛と長束正家が密かに訪ねてきて、「大坂城中で、家康を暗殺する計画があります。黒幕は前田利長」と告げる。密告である。
　家康の登城は9日の予定。家康を出迎える浅野長政は、家康の手を取って挨拶する。その隙を狙って、土方雄久（利長の従兄弟）と大野治長（淀殿・秀頼の側近）が家康を刺し殺す、という計画だ。
　『慶長記』でも、「討手の太刀は土方河内守（雄久）と定まり」と記す。

※1　重陽：五節句の1つで、旧暦9月9日の「菊の節句」をいう。ちなみに他の節句は、人日（1月7日、七草）、上巳（3月3日、桃）、端午（5月5日、菖蒲）、七夕（7月7日、笹）。

翌8日、家康は増田長盛の屋敷に移るとともに、急遽、伏見から軍勢を呼び寄せ、大坂城西ノ丸、大手口、船着場などを固める。
　その結果、暗殺計画は未遂に終わる。
　9日、家康は淀殿・秀頼母子への拝謁を無事に済ませるが、それでも身辺の警護を怠らず、今度は城内の石田正澄邸に移る。
　三成の兄・正澄は、堺町奉行だったことがあり、自身は堺へ移る。さらに下旬になって、家康は大坂城西ノ丸に入り、徳川氏家臣が正澄邸に詰める。
　それまで、西ノ丸には北政所が居住していたが、この機会に京都に移り住む。後年、その地に建立されたのが高台寺である。

　率直にいって、今の歴史観からすれば、奇妙な印象を覚える事件だ。
　通説では「反家康」とされる三成が、自分と兄の屋敷を家康に提供している。陰謀を密告したのは、三成グループというべき五奉行の2人。
　一方、「親家康」であるはずの浅野長政が、暗殺に加担している。
　まるで、**逆転の構図**ではないか……。
　その疑問に答えてくれるのが、『看羊録』だ。同書の大意を記すと、次のとおり。
　前田利長の一党は、大坂城に赴く家康を迎え討とうとし、土方雄久が刺客を志願した。
　三成は、利長派の加藤清正と仲違いしている。また三成は、家康に媚びようとする心積もりもあり、密かに書面で陰謀を知らせる。
　家康は浅野長政を問いただすが、彼は否認する。次に増田長盛を問いただすと、彼は「その話を聞きました」と答える。
　怒った家康は、長政を切腹させようとする。しかし、長政は「切腹が秀頼の命令であれば、私は服従します。が、内府（家康）がいくら大大名であっても、その命令には従えません」と答える。
　結局、家康は長政を追放して、土方雄久と大野治長を関東に流した。
　さらに家康は、軍勢で利長が攻め上る道（北陸道）を守らせ、自身は大坂にいて不安と疑惑を鎮めた。

　もう1つ、『看羊録』の別の箇所に重要なフレーズがある。
　「（家康は）肥前（利長）が倭京（京都）に上ってくる路を塞ぎ、石田治部少輔（三成）に命令して、近江州の要害を防備させた。……（肥前も）景勝

などとひそかに相互援助の盟約を結んだ」

三成 前田征伐──利長派の壊滅

　引退から半年たった時点で、三成は「親家康」に転じている。もしくは、転じているように見える。

　その間、家康は柴田左近重久という家臣を、佐和山城へ派遣している。

　三成は左近に誓詞を出したといわれるが、『慶長記』には興味深い話が載っている。

　左近が到着すると、三成は家臣の家で行水させる。その後、城から弁当を持参した三成が、やって来て歓談する。さらに、左近のために風呂を湧かさせる。

　翌日、左近が辞去する際にも三成は訪れ、城門まで見送ったとき、土産に葛籠を渡す。中には、丁寧に織られた小袖5枚、立派な脇差など、豪華な品々が入っていたという。

　佐和山城は、東山道・北陸道警衛の要──。

　『看羊録』によれば、そこで、三成は家康の恩義に報いるため、前田利長（北国派）の攻撃に備えている。

　先入観が邪魔をするのだが、そういう図柄を簡単に否定できない。左近への手厚い接待も、「親家康」の現れであろう。

　少なくとも家康サイドは、そう認識している。

　関ヶ原の結果だけで、「秀吉逝去以来、三成はずっと反家康のスタンスだった」と決め付ける方が、かえって不自然だと思う。

　派閥抗争の中で、あるときは排斥を試み、またあるときは自己保身に走る。

　三成にかぎらず、誰もが**行動の一貫性**を欠いているのだ。

　現代の政治家でも、政局を睨みながら、自分自身の当選を目指して離党や復党を繰り返す。また、第3政党を立ち上げ、仲間を集めようとする。

　それと同じで、大局観よりも自己保身が最優先。

　当時、〈忠義&奉公〉の概念はあるものの、「日本では望みのままに幾度も変節し、少しも不名誉としない」（外国人宣教師フロイス）という考え方が、根幹にある。

　『日本人とユダヤ人』の著者・山本七平も、「（三成の行動は）さまざまなことが書かれていてもすべて憶測で、真相は永久にわからない」（『徳川家

康』）としている。

　ただ、いえることは、『看羊録』の記述に沿えば、三成に関する話が繋がるという点だ。

　「親家康」に転じた三成は、家康に協力姿勢を示す。暗殺計画を知ると通報し、また北国警衛に従事したと。

　もう1つの視点は、暗殺計画の漏洩は浅野長政排斥が狙いだった——。**五奉行同士の確執**と考えれば、全貌が見えてくるかもしれない。

　利長派の陰謀はあったものの、三成、増田長盛、長束正家はそれを利用して、〈家康—長政〉を離間させ、政敵・長政を葬り去った。

　事件の全貌はわかりにくいが、秀頼主権を唱える〈豊臣内儀＝利長派〉が、集団指導体制の〈豊臣公儀＝家康派＆輝元派〉に挑戦し、失敗した。そうなるのだろう。

　事件から1か月弱後。

　10月早々、五奉行を解任された浅野長政は、甲斐・府中で蟄居。土方雄久は常陸流罪（佐竹義宣預かり）、大野治長は下総流罪（結城秀康預かり）の処分が下る。

　さらに家康は、大坂城西ノ丸で**前田征伐**を発令し、自らの出陣を決める。豊臣公儀（天下の家老・家康）による豊臣内儀（お守役・利長）への強権発動、報復措置である。

　細川忠興も、暗殺事件関与を疑われた1人。忠興は異心のないことを家康に誓い、3男を人質に提供する。やはり、何らかの陰謀があったのだろう。ちなみに、これが豊臣系大名が江戸に人質を出した最初のケースであり、家康は忠興に豊後・杵築（きつき）6万石を加増する。

　その忠興が、利長に対して家康への陳謝を勧告する。

　戦闘準備を進めていた利長は、前田征伐の決定に驚き、重臣と協議した結果、家康に恭順の意を示す。母・芳春院（まつ）の人質提供、徳川秀忠との縁組を願い出て。

　あまりに早く利長の腰が砕けたため、利長派は空中分解を遂げ、その多くは家康派に転じる。

　今や公儀は、「天下の家老」家康と3人の五奉行体制（増田長盛、前田玄以、長束正家）。五奉行からは、三成に続いて長政が去る。

　五大老では、利長を別とすれば、毛利輝元と上杉景勝が在国している。そ

の中で、景勝が独自の行動を見せ始める。

　大坂城が政務の中枢となり、そこで家康は精力的に案件処理に励む。前述した有力大名への介入である。
○1599年6月：毛利領国における秀元分与を確定させる。
○1600年2月：島津領国における「庄内の乱」の調停に乗り出す。
○1600年2月：秀吉の遺命として、小早川秀秋を筑前・筑後に復帰させる。
○1600年5月：宇喜多騒動の最終調停を行う。

2　上杉景勝の謀反

景勝の会津帰国——軍備の理由

　上杉景勝が帰国の途に立ったのは、1599年8月3日。東山道を辿り、会津到着は22日。
　3週間弱の行程である。重臣・直江兼続も随従している。
　帰国後、景勝は家康に帰国の旨を書状で伝える。
　家康は、景勝を労(ねぎら)うとともに、返書で「この間、大坂へ罷(まか)り下り、仕置など申し付け候」と認めている。仕置とは、暗殺未遂事件の処分を指す。
　秀吉の遺命には、徳川氏と上杉氏の縁組もあったとされ、表面上、家康と景勝とは不仲ではない。
　だが、山本七平が「（三成以上に）、最もわからないのが上杉景勝の意図である」と記すように、なぜか景勝は会津で顕著な動きを示し始める。
　会津で新たに神指(こうざし)城を築く、領国内の諸城を修築する、道路の整備を始める、川に橋を架ける、大量の牢人を雇用する、武具を備蓄する……。
　明らかに戦闘準備であり、豊臣公儀への謀反を企てたのは間違いない。
　問題は、その**動機**である。
　『看羊録』では、おおよそ次のように記す。
　景勝を移封した秀吉は、越後を奪って堀秀治に与えた。景勝の心は揺れ、越後の領民も景勝を主人に望んだ。
　家康が秀吉に代わると、前田利長が家康と不仲になった。領地（会津）に戻った景勝は、利長と結んで越後を攻撃しようとした。
　恐れた堀秀治は家康に訴える。家康も根本（基盤）の関東を景勝が襲うこ

とを懸念して、景勝に上洛を勧めたが、景勝は従わなかった。

　この記事によれば、会津移封を嫌った景勝は、政局が不安定になると利長派に加わり、旧領の越後回復とともに関東乱入を企てたことになる。
　景勝が利長派（北国派）と連携していたような痕跡は、直江兼続の書状に窺うことができる。帰国途中の8月下旬。家康暗殺未遂の前である。
　「北国から迎える人※2が、近日中に会津に到着する由、何よりと思います。家を建てることもよろしく」（意訳）と。
　ただし、景勝は利長派からのスピンアウトというよりも、**独自の東国勢力**とする方が適切であろう。
　室町期から戦国初期にかけて、越後は越後上杉氏（山内上杉氏の有力な一族）の守護国。また、関東では関東管領・山内上杉氏が君臨し、上野・武蔵・伊豆などの守護を兼務していたのだ。
　山内上杉氏を継いだ景勝は、秀吉から東国取次に任命されたものの、最終的には関東管領から外された。しかも越後から会津へと移され、奥羽探題の扱いとされた。
　本来、関東支配権を有するのは景勝のみ――。
　実は『藩翰譜』の中で、家康も「そもそも上杉が家は、累代**坂東の大将**にて」と語っている。
　それが景勝のバックボーンであり、思いは関東・越後の回復以外にはない。
　景勝と同盟を結んだのは、常陸の佐竹義宣。彼もまた、豊臣公儀によって親族・宇都宮氏などの所領を奪われ、それらは徳川領国に組み込まれた。境遇は景勝と同様である。
　秀吉から所領を没収され、しかも秀次事件に連座した伊達政宗（旧奥州探題）と最上義光（旧羽州探題）も、密かに景勝に味方を約束した。
　言い換えれば、景勝らは天下への野心は持ち合わせていない。
　目的は東国での旧領回復にあり、時勢を「豊臣公儀は分裂し、弱体化する。早晩、群雄割拠の時代へ戻る」と読んだのだろう。
　景勝が利長派だったか、どうかは別として、上方での各派閥の動き・対立はつぶさに見ていたはずだ。

※2　迎える人：有名な前田慶次は、景勝を「我が主」と頼み、会津に下向したとされる。確証はないが、もしかしたら、前田利長の密命を受けた慶次の「迎え入れ準備」だったのかもしれない。

大胆に記せば、彼らの狙いは、「関東管領・上杉景勝」を中心とする東国政権の樹立——。
　すなわち関東、奥羽、越後の併呑構想であり、武家身分へ回帰すれば、支配の大義名分は成り立つ。
　関東から徳川氏（256万石）を駆逐して、上杉氏（120万石）と佐竹氏（55万石）はそれぞれの旧領を奪回する。
　事態がそう展開すれば、伊達氏（58万石）と最上氏（24万石）も奥羽の旧領を回復できる仕組。たとえば、景勝が江戸に移ると、会津は政宗に譲られる、といった具合に。
　と同時に、政宗は奥州探題、義光は羽州探題に復帰できる。
　秀吉逝去の前に、「政宗と景勝・義宣が仲直りした」というのも、この関東乱入計画の布石だと思う（187ページ）。
　景勝派の総規模は257万石となり、徳川領国と拮抗しているのだ。盟約が維持できれば、軍事力では遜色がなく、あながち無謀な計画とはいえないだろう。

🏯三成・兼続密約説——家康を東西挟撃

　上杉征伐に触れる前に、三成と直江兼続の密約説を述べておこう。
有名な「東西から家康を挟撃する」という**共同謀議**（143ページ参照）だ。
　また、「三成が景勝と手を結び、東西呼応して家康を挟撃する約束をした」と記す歴史本も多い。相手が違うだけで、挟撃作戦に変わりはない。

　『会津陣物語』によれば、元々、三成は景勝を家康に対抗できる大名と見込み、味方に付けようとしたが、生来、景勝は無口で取り付く島がない。
　そこで、三成は重臣・兼続に接近し、昵懇の間柄となる。2人は同い年だ。
　確かに上杉氏取次の三成は、兼続と一緒に〈越後転出→会津転入〉の実務などを担当している。
　しかし三成は、島津義弘や佐竹義宣と比較すれば、景勝とはさほど親密な関係ではなかったようだ。島津領国や佐竹領国のように、内政にもタッチしていない。
　さて、『会津陣物語』に書かれる「俗説」は、おおよそ次のとおり。

兼続は、主人の景勝よりも遅れて上方を発ち、9月3日、佐和山城に立ち寄る。

　前述のとおり、秀吉在世中、三成と兼続は〈天下取り＆東西分割統治〉を約束し、蒲生氏郷を毒殺して会津移封を企てた仲だ。

　蟄居中の三成は、「本望（天下取り）を達成できない。いつまで待てば、いいのだろうか？」と落ち込んでいる。

　その三成に、兼続は語りかける。

　「景勝が会津に帰国したら、新城の設置と牢人衆の召し抱えを進言します。それが上方に聞こえれば、立腹した家康公は会津征伐を行うはずです」

　「しかし、天下に景勝と戦える武将はおらず、家康公が大将になって、会津に出向くと思います。そのとき、手勢6万人を率いる景勝は陸奥・白河城を一の木戸として対陣します」

　さらに兼続は策を語り続ける。

　「貴殿（三成）は、伏見城攻略後、上方にいる諸大名の妻子（人質）を拘束し、上方と東海地方を従えて江戸に押し寄せてください。これを聞いた家康公が白河を引き払い、江戸に向うところを、上杉勢が追撃します。さらに脇から佐竹勢が襲えば、敵の総敗退は間違いありません」

　「表裏から力を合わせて挟み、攻め立てれば、2か月弱で関東は討ち平らげるでしょう」

　それを聞いた三成は、大層喜ぶ。

　「武略智謀に秀で、文武両道の人でなければ、このような謀を巡らすことはできないでしょう。貴殿（兼続）の方策から、天下の治乱興亡がまるで眼前に見えるようです。貴殿の策に従って、我らが天下を覆すのは間違いありません」（意訳）

　兼続の旅立ちを見送った三成は、早速、家康暗殺計画を仕組んだという。

　兼続の語るシナリオの前半部分「上杉征伐」は、当時の出来事を後にアレンジしたもの。

　後半部分「東西挟撃」は、創作である。その理由は、これからの叙述の中で述べていこう。

　ただ、言えることは、会津の景勝の蜂起を好機として、上方の三成が挙兵したことだ。敵は家康である。それは間違いない。

　だからといって、密約があった証拠にはならない。両者の挙兵は距離的に

離れ、動機や目的も異質である。

　それが、江戸期になって事情がわからなくなると、「両者には、事前の共同謀議が存在したのではないか？」という話が、興味本位で創作される。

　江戸期に書かれた『会津陣物語』は、「上杉征伐後、景勝が大幅減封処分とされたのは、執政・兼続のせいだ」というスタンスに立っている。

　兼続は、あの「天下の悪臣・三成」を煽動したのだから、もっと腹黒い人物なのだと……。

　それを考慮に入れないと、『会津陣物語』に登場する三成は、策を授けられる一方で、単なる「兼続の操り人形」に見えてしまう。

景勝謀反の訴え

　景勝帰国の3か月後、1599年11月に近隣の大名が、「景勝が軍備を進めている」と、上方の家康に報告している。かなり急ピッチだったようだ。

　年が明けて、1600年1月。

　年賀の祝詞を述べる使者として、景勝は重臣・藤田信吉(のぶよし)を上洛させる。

　藤田信吉は旧武蔵国人衆で、多くの軍功を挙げたため、重用された。が、上杉家中では外様であり、執政・直江兼続とは反目していたようだ。

　年賀のとき、信吉をもてなした家康は、公儀の仕置のため、景勝の**再上洛**を求める。多くの贈答品を授けながら。

　上方にいる五大老は、家康と宇喜多秀家のみ。五奉行は、増田長盛、前田玄以、長束正家の3人。

　かつての十人衆は、解任や在国などの事情により、秀吉逝去後1年半で、5人にまで減っている。

　会津に戻った信吉は、景勝に上洛を勧めるが、景勝は臨戦態勢を進めるばかりで、上洛要請に応じようとしない。

　そのため、上方では「家康が景勝を疑っている」という噂が流れ、伏見の上杉屋敷からも国許へ報告される。

　2月になると、隣国・越後の堀直政（堀秀治の重臣）が、榊原康政経由で家康に「景勝に謀反の企てがあります」と訴え出る。

　『慶長記』に、その雰囲気を伝える記事がある。

　「2月ごろから北国陣（前田征伐）が沙汰止み（実行中止）となり、奥州陣（上杉征伐）がもっぱらの噂となっている」（意訳）

ここで、簡単に**徳川領国**に触れておこう。

関東一円で256万石。これが徳川氏の根本（基盤）であり、上方にいる家康に代わって、家康の嫡子・秀忠（江戸中納言）が統治している。

なお、次男・結城秀康は独立大名で、その所領は徳川領国の属国と考えていい。娘婿の蒲生秀行も同様である。

関東の境目は、前述のとおり、箱根峠や碓氷峠など。その四方を、徳川四天王らが固めている。わかりやすくいえば、国境警備隊である。

○大久保忠隣(ただちか)：相模・小田原7万石、駿河方面（東海道、箱根峠）警衛
○井伊直政：上野・高崎12万石、信濃方面（東山道、碓氷峠）警衛
○榊原康政：上野・館林城10万石、越後方面（北陸道、三国峠）警衛
○本多忠勝：上総・大多喜10万石、安房方面（里見氏）警衛
○結城秀康：下総・結城12万石、常陸方面（東海道、佐竹氏など）警衛
○蒲生秀行：下野・宇都宮18万石、奥州方面（東山道、上杉氏など）警衛

家康は「天下の家老」と同時に、「坂東の儀」を託されている。それに伴い、徳川四天王らは、東国大名の「家康への取次」を兼ねている。

榊原康政は、越後・堀氏の取次であり、奥羽の諸大名の窓口も務めている。そのために、堀直政は康政経由で訴えたのだ。

3月、会津で上杉謙信の23回忌が開催され、上杉領国の諸城から家臣が参集する。当然、境目の警衛は緩やかになる。

その機会を狙った藤田信吉は、妻子・一族郎党200人を連れて、3月15日に会津を出奔し、東山道を南にひた走る。

家康からの贈答品が露見し、信吉は「家康内通」の疑いを掛けられる。さらに、兼続が景勝に「信吉成敗」を進言する。

それが出奔の原因といわれるが、両者間には激しい確執があったようだ。

23日に江戸へ着いた信吉は、秀忠に**景勝謀反**を訴え出る。さらに、彼は上方に赴き、家康にも注進する。

隣国からの報告のみならず、上杉氏重臣からも訴えがある。

ここに至り、五大老筆頭・家康は上杉征伐（奥州陣、会津陣）を決め、自ら出陣しようとする。

3 上杉征伐前夜

景勝への上洛勧告

　宇喜多秀家や3人の五奉行と、「景勝の上洛問題」を協議した家康は、秀家の意見を容れ、使者の派遣を決める。

　使者は、家康家臣・伊奈昭綱（旗本2500石）と増田長盛家臣・河村長門の両名。そこには、「豊臣公儀の五大老・五奉行が確認する」という意味が込められている。

　ただし、景勝の返事次第では、「内府様（家康）御馬出らるべくに御定まり候」（『島津義弘書状』）と、家康の出馬は既定路線だったようだ。

　4月1日、大坂を発った使者は、約2週間後の13日に会津に到着する。そのとき、使者は相国寺の僧・西笑承兌が兼続に宛てた書状を持参している。

　秀吉在世中、承兌は明帝の国書を読み上げた外交僧で、今は家康のブレーンとなっている。と同時に、兼続とも親交が深い。

　承兌の書状は、家康の意向を受けたもので、実質、景勝への上洛勧告である。ただし、会津中納言・景勝には直接書状を出せないので、「取次」の執政・兼続を折衝相手としている。

　この上洛勧告状に対する兼続の返事が、有名な「直江状」となる。

　そこで、まず、**勧告状**の大意から記したい。

　「景勝卿の上洛遅滞について、内府様（家康）は少なからずご不審に思われています。上方では不穏な雑説（噂）が流れているので、使者を差し向けられました。……新城や道橋などを作られるのは、然るべきではないと存じます。中納言殿（景勝）が無分別なことをされるならば、貴殿（兼続）が意見されるべきです。内府様のご不審も、尤でしょう」（意訳）

　続いて、具体的な内容として数項目が挙げられる。長文なので、ポイントを絞ろう。

　趣旨は、「会津の存亡と上杉氏の興廃が掛かっているので、よく思案してください」（意訳）。上洛さえすれば、穏便な処置で済む、と警告している。なお、文末の「⇒」印は著者のコメントである。

○起請文の提出

　景勝に異心がなければ、起請文を提出ください。弁明していただければ、家康も異存はありません。

○前田利長の恭順

　北国（前田）肥前守利長に謀議がありましたが、今は静謐となっています。これが戒めの前例なので、上杉家中も覚悟されるべきでしょう。

⇒「利長と同様に、景勝も謝罪恭順した方がいい」の意味。承兌が「利長と景勝の連携」を認識していた可能性はある。

○連絡窓口

　京都の増右（増田右衛門長盛）、大刑部（大谷刑部吉継）は、万事、家康と話しているので、上洛が決まれば、両者に連絡してください。榊式太（榊原式部康政）でも構いません。

⇒〈公儀取次＝増田・大谷〉、〈徳川氏取次＝榊原〉という仕分けが示されている。そして、当時の家康が、かなり増田・大谷を信頼していることを窺わせる。吉継の内心はわからないが、一向に「親家康」のスタンスを崩していない。欠員が発生している五奉行を、補完する人材だったのだろう。

○上洛勧告

　景勝が一刻も早く上洛されるように。家康は、朝鮮再出兵を相談したい、といわれているそうです。

⇒朝鮮再出兵はありえず、単なる口実に過ぎない。

直江状——讒言者の糾明を

　翌4月14日付けで、兼続が記した書状が直江状。

　兼続が「攻めて来られれば、お相手いたしましょう」「売られた喧嘩は買いましょう」と啖呵を切った、として名高い手紙で、上記勧告状への反論が綿々と書かれている。

　なお、直江状には偽作説もあるのだが、ほぼ景勝・兼続主従の主張を反映した史料であることは、間違いない。

　回答の趣旨は、「景勝逆心（謀反）」と**讒言**した者の糾明がなされないかぎり、上洛は拒否する。

　男の意地、といっていい。それが一貫したトーンである。

　全16か条と相当な長文で、同じような言い回しも多く、主要な部分をダイジェストで紹介したい。

○上洛の延引
　しきりに上洛を督促されますが、一昨年の国替え以来、上洛を繰り返していたら、いつ国の仕置をするのでしょうか？　雪国なので、冬場は何もできません。
⇒一度、景勝は上洛を約束したが、キャンセルした経緯がある。
○起請文の提出
　「別心（心変わり）がなければ誓詞を出せ」といわれますが、これまでに提出した数通の起請文が反古になるので、重ねては無用と存じます。
○讒言人の訊問
　景勝に別心はありません。しかし、讒言人（堀直政、藤田信吉）の話だけを取り上げて、「逆心（謀反の意思）あり」とされては堪りません。讒言人を訊問すべきです。
　そうでなければ、内府様（家康）に表裏（不正直）があると存じます。
○連絡窓口
　増右（増田長盛）と大刑少（大谷吉継）が出頭（他よりも抜きん出ること）された由、何よりです。榊式太（榊原康政）は、景勝の取次のはずです。
　ところが、堀監物（堀直政）の奏者（取次）を務め、事実を歪めています。
○噂
　「武具を集めた」との雑説（噂）について、上方の武士が新しい茶碗を所持するように、田舎武士が槍、鉄砲、弓矢といった道具を持つのが、その国の風俗です。
⇒他に道路建設なども細かく反論を加えている。
○上洛
　讒言人との対決、糾明がないかぎり、上洛はいたしません。この景勝の言い分が理か、非かをお考えください。……景勝が違っているのか、内府様に表裏があるのか、は世間が決めるでしょう。
○追記
　内府様または中納言様（秀忠）が下向されるとのこと。すべては、下向されてからにします。

　大体のニュアンスは、おわかりいただけるだろう。
　直江状から2か月後、景勝は重臣宛てに書状を送る。ほぼ同趣旨だが、かなり戦闘姿勢を固めており、「戦意なき者は暇を出す」と言い切っている。

「逆心と讒言されたため、『上洛しなければ、会津への行軍も辞さない』といわれています。が、讒言人の糾明はなく、とても上洛できません」
「時機到来と思い詰めていますので、譜代や牢人にかかわらず、『趣旨やむなし』と思う者には、供の用意（出陣）を申し付けます。『上杉滅亡』と考える者には、誰でも暇を出します」（意訳）

　なお、直江状にせよ、景勝書状にせよ、「太閤様の御恩」「秀頼様のため」といったフレーズが登場しない。ある意味、当然であろう。
　なぜならば、景勝の行動は惣無事令（私戦禁止）に違反しており、豊臣公儀に対する叛逆なのだから。
　それにしても、なかなか謀反の動機めいたものが見えてこない。わずかに景勝書状の「時期到来」の箇所であろう。
　関東管領の復権に向けて、関東に行軍する──。私は、そう捉えている。

豊臣公儀の対応

　5月初旬、会津から使者が戻り、家康らに「景勝の上洛拒否」を伝える。
「5月になりて、景勝陣と、ひたすら用意。この節、日々、大小名出仕」（『慶長記』）、と家康の侍医が記すとおり、家康は出馬の準備に余念がない。
　その一方で、五奉行の増田長盛や長束正家らは、上杉征伐には消極的。
　といっても、景勝と密約があったわけではない。逆に、長盛に対する家康の信頼は厚い。
　長盛らは、家康自身の出馬を嫌ったのだ。その意見書には、次のように記されている。
「秀頼様は幼弱であり、内府様が遠征すれば、幼主を見捨てたと疑う者もいるでしょう。直江の所業に立腹されるのは尤もですが、もともと田舎者なので礼儀を知らないからです」
「もう少し、（景勝に）上洛を説得しましょう。征伐は明年でも遅くありません。今、軽々しく兵を出すことは、公儀の威光にかかわります」（意訳）

　天下の家老・家康が上方を離れるのは、いかがなものか。また、征伐も今すぐでなくとも……。
　これが五奉行としての見解であろう。
　なお、文中の「直江の所業に立腹……」とは、直江状（または類似の返

書）の文章や言い回しに、失礼な面や過激な箇所があるからだ。

たとえば「内府様に表裏あり」という表現は、「家康は腹黒い」に等しく、貴人に対する言い方ではない。

この意見書に対して、家康は「太閤の島津征伐、北条征伐の先例に倣うのみ」と伝える。

これで、**上杉征伐**の位置づけが、おわかりいただけると思う。いずれも惣無事令に違反したので、公儀として成敗する、というスタンスだ。

誤解を招くといけないので、あえて書いておこう。

景勝上洛問題について、確かに家康は討伐方針を固めていた。

ただし、家康は閣僚の意見を聞き、景勝への上洛勧告といった手続きを行い、拒否という事実を確認する。その上で、公儀として上杉征伐（公儀軍の派遣）を決定したのだ。

諸大名に軍事動員を課すのだから、ステップを踏んで大義名分を立てることが重要なのだ。ドラマや時代小説のように、家康が「おのれ景勝め、謀反を企みおって！」と怒り、個人の立場で勝手に決めたわけではない。

6月2日、大坂城に諸将を集めた家康は、上杉征伐を発布する。

では、なぜ家康は積極方針で臨み、自らの**出馬**に固執したのだろうか？

さまざまな理由があると思う。

○**坂東の儀**（東国管掌）

説明は繰り返さないが、五大老筆頭・家康は、東国を管掌する。そこで謀反が起ころうとしているのだ。

征伐に成功すれば、豊臣公儀への求心力はアップし、政権安定化に資することができる。もちろん、家康の立場はより強固になる。

○**自領の防衛**

景勝が南進策（関東乱入）を採れば、家康の基盤である徳川領国が、侵犯される可能性は多分にある。

そのためにも、国境や主要街道を固める必要性に迫られる。降りかかる火の粉は、自分で払う以外にない。

○**政治情勢**

当時、上方の政局は安定しており、家康の出陣が許される政治環境が整っていた。

毛利輝元とは誓詞を交わし、手打ちを済ませている。前田利長は、家康の

恫喝によって、抵抗することなくひれ伏し、人質を提供した。
　上方、西国、北国で、刃向かう有力大名は誰一人いない。それが、家康の偽らざる気持であろう。
　しかも上杉征伐の軍役を諸大名に課すことで、家康はその意思を確認できるのだ。秀吉の「小田原参陣」と同様に、「会津遠征従軍」（軍役応諾）が、諸大名にとっての**踏み絵**となる。
　政敵は不在で謀反の兆候なし、と認識しないかぎり、家康が東国に下るはずがない。が、「政局安定」は自己中心的な認識に過ぎなかった。翌7月になって、家康は見事に裏切られる。

　なお、次のような俗説がある。
「家康は自ら東国へ下れば、三成が謀反を起こす、と予測していた」と。あるいは、「出馬は、三成を暴発させる策だった」と。
　この誘導策、挑発策は、結果論に基づく後世の創作に過ぎず、この時点で、家康は三成を仮想敵国とは見做していない。

4 上杉征伐

上杉包囲網の構築

　6月4日、大坂城西ノ丸で軍議が開催され、公儀軍の編成と配置が決まる。
　総大将は家康で、上杉領国を**四方**から包囲する作戦だ。なお、家康は第2次奥州征伐に従軍したので、ある程度、地理を知っている。
　上杉領国は、現在の福島県中央部（会津地方）から山形県日本海側（庄内地方）に拡がっている。
　本領の会津は〈旧蘆名義広領→旧伊達政宗領→蒲生氏郷・秀行領〉、一方の庄内は〈旧大宝寺氏領→旧最上義光領→大宝寺義勝領〉と、領主が変遷してきた一帯。
　が、庄内はほぼ飛び地に等しい。本領と飛び地を結ぶのは、朝日軍道のみ。もし軍道を遮断されれば、庄内は孤立するリスクを抱えている。領国の形態が歪と思っていい。
　しかも本拠の会津は、猪苗代湖を抱える盆地で、四方から10数通りの入国ルートがある。

[対上杉包囲網]

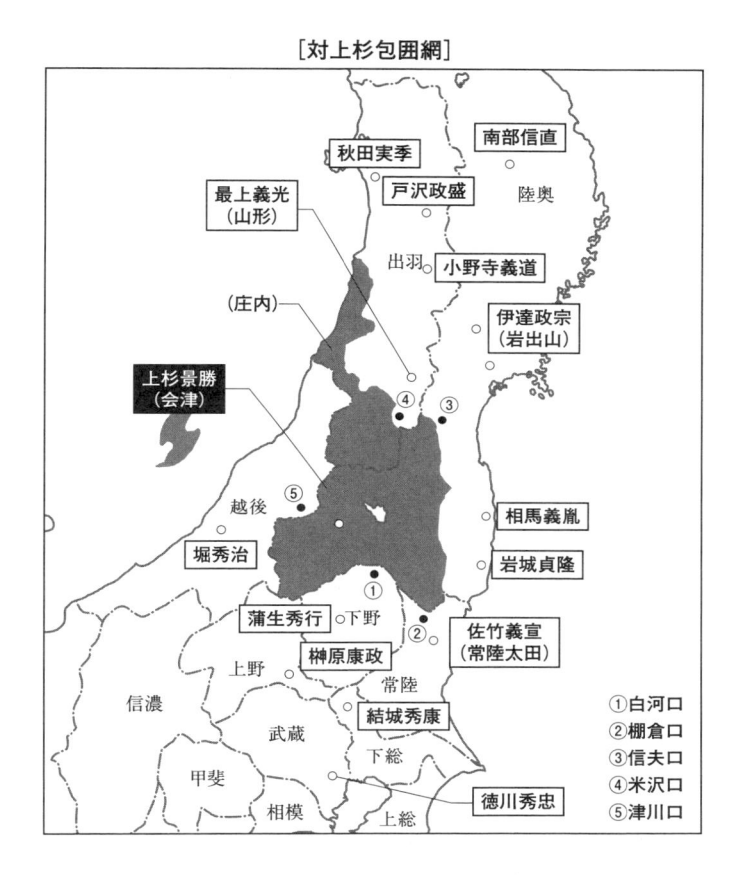

　街道では**東山道**（仙道、中通り、福島県中央部）が最も近いが、東海道（浜通り、福島県太平洋側）経由間道で、また北陸道（新潟県）側から山越えで入ることもできる。
　このような地理的要因によって、上杉領国は非常に守りが難しい。兵力は東山道に重点配備するものの、国境警備のために分散せざるをえない。
　だからこそ、景勝は「諸口（入国ルート）を固めよ」と指令を発し、道路整備や諸城修復を急いだのだ。
　とりわけ重要なのが白河口。陸奥と下野の境であり、白河関を越えれば、関東が広がる。
　その逆が、攻撃する公儀軍の配置（5口）と考えていい。
○**白河口**（東山道ルート、上杉領国の南側）：徳川家康、上方衆（福島正則ら）、関東衆（徳川秀忠、結城秀康）

○**棚倉口**(東海道ルート、上杉領国の東側):佐竹義宣
○**信夫口**(東山道ルート、上杉領国の北東側):伊達政宗
○**米沢口**(上杉領国の北西側):最上義光
○**津川口**(北陸道ルート、上杉領国の西側):前田利長、堀秀治

　家康が率いる公儀軍の主力は、白河口を目指す。
　景勝を訴えた堀秀治は、越後・津川口から攻める予定だったが、やがて越後国内で景勝が煽動した一揆が起こる。
　前田利長も北陸道を進軍する予定だったが、三成が挙兵したため、結局、上杉征伐には参戦せずに終わる。
　残る3口では、佐竹義宣は景勝と同盟を結ぶ。また伊達政宗、最上義光は家康の顔色を窺いながら、裏では景勝の「関東乱入」に同調している。
　彼らは、それぞれ領国へ向かう。が、家康は、彼らが景勝与党であることを知らない。

上杉氏の諜報活動

　実はその少し前、5月下旬、上杉家中の者が上方で情報収集を行っていた。数人の間者、スパイである。すでに、公儀が征伐を決していたころだ。
　6月9日、会津に戻った彼らは、**上方情勢**を報告する。かなり興味深い内容だ。

①会津出陣
　内府様(家康)は、会津へ出陣されるそうです。秀頼様の出馬を申し出たそうですが、御馬廻衆が断った由。軍勢は6万人ですが、なかなか集まらないそうです。

②石田三成
　内府様は石治少(三成)に佐和山城を借りようとしたところ、手切れ(断交)になった由。(三成は)普請して、城に籠ったそうです。

③福島正則
　また、内府様は尾張・清洲城を借りようとしましたが、これも福島大夫殿(正則)が拒絶した由。

④西国の五大老
　毛利殿(輝元)、宇喜多殿(秀家)も、「太閤の代には東国の陣立には参加していないので、今回も参戦しない」と、いわれているそうです。

⑤ **朝鮮からの乱入**

高麗の兵が蜂起して、対馬・壱岐へ乱入したそうです。が、真実ではないようです。

　噂話の⑤を除いて、「報告内容」を検証すると、①の家康出陣と軍勢は、ほぼ正しい。

　次に③は、福島正則は公儀軍に従軍しているので、誤りだろう。

　そして④は、軍役の考え方としては間違いではない。

　しかし、在国中の輝元は吉川広家と安国寺恵瓊を、同じく秀家は一族の詮家を代理として、上杉征伐に従軍させようとしている。家康の「踏み絵」への対応として。

　つまり西国の五大老2人は、自らは出馬しないが、家康に協力する姿勢を示しており、情報としては正しくない。

　問題は②である。真偽はわからないが、少なくとも後半の「手切れ」は誤りだと思う。

　というのも、三成は、嫡子・重家を上杉征伐に従軍させようと計画していた。それが、突如、「家康打倒」に転じたのは、7月中旬のことだからだ。

　その2か月前に、断交するとはとても思えず、むしろ前半の「佐和山城借入れ」の部分に、家康と三成の親密度を見るべきなのかもしれない。

　たぶん②は、公儀軍が東山道を進んだ場合。③は東海道のケースと、まだ行軍路が固まっていない時点の情報なのだろう。

　ともあれ、もし三成と兼続が密約を交わしていれば、より精度の高い上方情報が入手でき、直接、三成の動向も確認できたはずだ。

　まして「家康との断交」であれば最重要事項であり、三成が連絡すべきだろう。この報告書の記事は、密約がなかったことの傍証といっていい。

公儀軍の出陣

　6月16日、家康は公儀軍を率いて大坂を発つ。

　その前に、家康は秀頼に暇乞いをする。「上杉征伐は、豊臣公儀と秀頼の意思」という**形式要件**を整えるためだ。

　8歳の秀頼は、大坂城表玄関で家康の出陣を見送り、黄金2万枚と米2万石を授ける。

　五奉行の増田長盛と長束正家は、秀頼を守る役目。家康の在所である大坂

城西ノ丸には、家康家臣が詰める。また伏見城は、家康家臣の鳥居元忠に守備を託す。

　公儀軍は、総勢5万6000人を数える。
　軍役は、おおよそ1万石につき300人。そして今回の征伐担当は、東国大名（上方以東）の番であり、軍役は東にシフトして傾斜配分される。
　従って、最大の軍役負担は他ならぬ家康であり、配下の諸大名（関東衆）とは江戸で合流予定。
　ただし、東西にかかわらず、家康派の大名、家康の「御意」に入りたい（気に入られたい）大名は、軍役以上の兵を動員して従軍する。
　このように、家康派、家康接近派の西国大名では、自発的参加のケースもある。また、準備の遅れや遠国から従軍するため、出陣に遅れる大名もいる。

　従軍した主な大名を挙げておこう。そのほとんどは、3か月後の関ヶ原の戦いで、東軍を構成する諸将である。
○東海道沿いの大名（伊勢、尾張、三河、遠江、駿河など）
　富田信高（伊勢・安濃津）、福島正則（尾張・清洲）、田中吉政（三河・岡崎）、池田輝政（三河・吉田）、堀尾忠氏（遠江・浜松）、山内一豊（遠江・掛川）、中村一忠（駿河・府中）、浅野幸長（甲斐・府中）など
○東山道沿いの大名（近江、美濃、飛騨、信濃など）
　金森長近（飛騨・高山）、京極高知（信濃・飯田）、石川康長（信濃・松本）、真田昌幸（信濃・上田）など
○自発参加型（中四国、九州）
　藤堂高虎（伊予・板島）、加藤嘉明（伊予・松前）、黒田長政（豊前・中津）、寺沢広高（肥前・唐津）など
○秀頼家臣
　織田長益、大野治長、上杉義春（景勝の義兄弟）など

　公儀軍の進路は、東海道。
　陸路を〈近江・大津→近江・甲賀→伊勢・四日市〉と辿り、三河までは船を利用し、再び陸路を江戸へ下る。
　家康の江戸到着は、7月2日。2週間強の行程である。
　江戸では、上方からの後続部隊の到着を待つ。準備中もしくは移動中で、

今から関東へ下る大名も数多く予定されている。大名の関東参集には、**タイムラグ**がある点に注意したい。

また江戸では、新たに関東衆が加わるため、公儀軍は、「前軍、後軍」に再編成される。総勢は7万人に膨らむ。なお関東衆は結城秀康、蒲生秀行、榊原康政・本多忠勝らの徳川系大名である。

○**前軍**：大将・徳川秀忠、3万8000人
○**後軍**：大将・徳川家康、3万2000人

江戸城では軍議が開かれ、佐竹義宣（棚倉口）、伊達政宗（信夫口）、最上義光（米沢口）らとの連携態勢の手筈を整える。

公儀軍前軍は、7月19日、江戸を出発し、当面の目的地である**宇都宮**を目指す。

榊原康政が先鋒を務め、彼の部隊の先頭は下野・那須付近まで進んでいる。その先が白河口である。

実は、家康の出陣を三成が直江兼続へ知らせた書状（6月20日付け）がある。ただし、後年の偽作とされる。

「兼々（かねがね）の調略、存分に任せ、天の与え、祝着せしめ候。我等も油断なく仕度（したく）を致し候間、来月（7月）はじめに佐和山を罷り立ち、大坂へ越境せしむべく候」

「輝元、秀家、そのほか、無二の味方に候。いよいよ御心安かるべく候。その表（会津陣）の手段、承りたく候。中納言殿（景勝）へも別書に申し進め候。然（しか）るべく御心得、頼み存じ候」

先の間諜報告書とは違い、なぜか、知りたいことが要領良く記されている。この書状の大意を記そう。

かねてより、三成と兼続は共同謀議を進めており、兼続は家康東下（会津への誘導）に成功する。それを「天の与え」と喜ぶ三成は、上方で蜂起するために、7月初め、佐和山城を出て大坂へ向う予定。

彼には、毛利輝元・宇喜多秀家が味方している。それを兼続に伝えるとともに、会津の陣立を知りたいとする。なお、景勝には別便を送付している。

しかし真田昌幸に宛てた別の書状で、間違いなく三成は、「家康が大坂滞

在中は、諸大名の心中が計り難く、連絡を控えました」（意訳）と、蜂起が極秘だった、と記している。

これが本音だろう。人の口に戸が立てられないからだ。にもかかわらず、上記の書状では、三成はすべてを兼続に伝えている。

しかも共謀者に対して、説明口調でわざわざ「兼々」と、書くだろうか？

もし第三者の手に渡れば、謀反の全貌が露見してしまうのに。

5 三成の謀反

大谷吉継の加担

三成の佐和山城引退から上方蜂起に至る間、彼に関する良質な史料は乏しい。そのため、通説や俗説を交えながら、以降、述べていきたい。

『慶長見聞録』によれば、佐和山城の三成は、上杉征伐に際して、家臣・隅東権六(すみとうごんろく)を大坂城に派遣する。

「私（三成）は隠居中の身なので、嫡子・隼人正(はやとのしょう)（重家）を刑部少輔（大谷吉継）に託して、お供させたい」（意訳）と、従軍を願い出て、家康は「尤もだ」とそれを許したという。

これが6月のタイミング。

公儀軍への参加が遅れた大谷吉継は、軍勢1000人を率いて、7月2日に美濃・垂井(たるい)に着く。同日、すでに家康は江戸に到着している。

吉継は領国の越前・敦賀から北国街道脇往還を辿り、東山道に出たわけだ（17ページ地図参照）。ここから、南に進めば、東海道へ繋がる。

それを知った三成は家臣を派遣し、吉継を佐和山城に招く。重家を吉継に同道させるため、という。

佐和山城で、三成は**家康打倒**の秘事を明かし、吉継に加担を求める。

「このままでは、天下は内府（家康）の物になるでしょう。故太閤（秀吉）の政治に背くばかりでなく、秀頼公を蔑如(べつじょ)しています。われわれは太閤の恩顧を受けた者です。家康が敵（景勝）に向っているこの機会に、追討しましょう」（意訳、『慶長見聞録』）

それに対して吉継は、三成が諸人から憎まれていること、家康の実力などを理由に、思い止まるようにと諫める。

それでも、三成は「今度の企ては、わが身のためではなく、君（秀頼）のために命を奉じるものです。この機会を逸してはなりません」と、あきらめない。
　説得できないと思った吉継は、7日、佐和山から垂井に戻るが、「（三成は）年来の朋友なので、捨てがたい」と思い、垂井城主・平塚為広を派遣して、重家の同道などを相談させた。
　しかし、三成は「貴命（吉継の命）を私に賜り、一緒に腹を切って頂きたい」というばかり。
　悩んだ吉継は、最終的に「（三成は）長年の知音（親友）であり、見放しがたい。一味になろう」と考え、11日に佐和山城に取って返す。喜んだ三成が出迎える。

　諫め役だった吉継は、このようにして、三成に一味同心したわけだが、釘を差すことも忘れなかったという。
　「其元（三成）の諸人に対する辞儀作法は、『ことの外、横柄だ』と、諸大名から下々の者までが悪く評判しています。……今回の大儀も、毛利輝元、宇喜多秀家を上に立て、その下で事を取り計らわないと、うまくいかないでしょう。なお、其元は智慮才覚では他に並ぶ人はいませんが、勇気が少し欠けている、と思います」（意訳、『落穂集』）

吉継変心の謎

　この7月11日には、安国寺恵瓊も加わり、佐和山城で3人の密議が交わされた。家康が江戸城滞在中のころである。
　それにしても、密談にもかかわらず、『慶長見聞録』では両者のやりとりが詳しく記されている。
　さらに吉継の加担理由として、「三成との友情」を挙げている。
　他にも吉継を信義に厚い人物として、「ともに秀吉の側近で、近江出身だから」とする説がある。同じ釜の飯を食った仲間、郷党だとして、吉継を文治派（吏僚派）の一員とする。
　確かに、「吉継の秀吉出仕は、三成の推挙」という説があり、実際、三成と一緒に朝鮮奉行を務めた時期もある。また、「重家を吉継に同道させる」という話からも、その親密ぶりが窺える。
　だが、実際の吉継は、政治的には「親家康」のスタンスを維持している。

宇喜多騒動の不手際を、家康から叱責されて以来、「敵意を抱いた」とされるが、それ以後も家康の側近のように振る舞い、今回の上杉征伐でも、家康の許へ駆けつけようとしている。
　家康への奉公が大事——。
　その吉継が、本当に**変心**して三成に味方したのだから、よほど「三成の計画に勝算があった」「魅力的な恩賞が約束された」、と考えるのが自然であろう。後者は、加増はもとより、官位昇進も含めて。
　人は、忠義などのお題目では踊らない。現実では強きに靡き、打算で動く。
　ただし、もう1つ心変わりの要因として、吉継の母・東(ひがし)殿から示唆があった可能性はある。
　東殿は北政所(秀吉正室)の側近。その北政所について、従来は家康寄りとされてきたが、実際は淀殿・秀頼母子を保護している。
　また秀吉を祀った豊国神社への参詣は、宇喜多秀家、毛利輝元、輝元正室らと一緒に行っている。
　代参の東殿も、7月7日、宇喜多秀家とともに豊国神社に詣でている。
　そのとき、秀家は上杉征伐の武運、成就を祈ったのか、それとも密かに家康追討を祈願したのか？
　たぶん後者であろう。ならば、東殿から「北政所の意思」として、吉継に伝わったはずだ。まだ吉継は垂井に滞在中だったのだから。

　また前項の『落穂集』に登場する吉継は、意見するとともに三成の性格分析まで行っている。
　まず、「横柄」という人物評は確かだろう。しかし、本人を目の前にして「勇気に欠ける」と述べるだろうか？　それこそ、武士への侮辱である。
　しかも、同席者以外知りえない話を、『落穂集』の著者・大道寺友山(ゆうざん)(北条氏の重臣・政繁の曾孫)は、どうやって知りえたのだろうか？　同席者は全員死亡だから、入手不可能な話。
　要するに、「勇気を欠く」というのは、関ヶ原の敗戦からの連想で、友山個人の三成評なのだろう。
　「五大老を上に立てなかったから、三成は負けたのだ」のトーンも同様である。それを、さも吉継が語ったように記したのだ。

共同謀議——毛利輝元の関与

　肝心の三成の気持も、吉継と同様に、なかなか見えてこない。
　家康の侍医は記す。「佐和山へ引退謀反の事、その前よりの事なれども、いよいよと後日知れり」(『慶長記』)
　三成が前から謀反(挙兵)を計画していたのを、家康は後日になって知った、というニュアンスであろう。
　言い換えれば、三成襲撃事件から上杉征伐に至るまでの間、家康は三成を「親家康」と思い込んでいた。ということは、三成もそのように振る舞っていたのだ。
　三成の動静に留意し、関ヶ原で戦った家康ですら、最後まで三成の**真意**は見抜けなかったのだ。
　ある意味、これが「三成の動きが見えない理由」のすべてであろう。

　佐和山城に話を戻そう。
　7月11日が、まさに運命の日である。この日、三成、吉継、恵瓊の3人が謀議を図り、「家康打倒の挙兵を決めた」とされる。
　しかし、それ以前に、三成と**恵瓊**との間で挙兵計画は練られていたようだ。
　というのも、以降の恵瓊の段取りが非常にスムーズだからだ。
　毛利輝元は、〈大将・吉川広家＆副将・安国寺恵瓊〉を上杉征伐に従軍させる予定だった。上方の恵瓊は東を目指そうとし、山陰道から出陣する広家は、上方経由で、恵瓊を追いかけようとしている。
　ただし、両者の関係は非常に悪い。親三成の恵瓊に対して、広家は豊臣公儀や毛利家中で疎外された理由を、取次・三成のせいと信じている。悪意を抱いているといって、過言ではない。
　広家が榊原康政に宛てた7月14日付け書状が、その間の事情を記しているので、大意を記そう。なお、この書状は事情があって発送されずに終わる。

　7月5日、出雲を出立した私(広家)が、明石に着いたところ、近江で恵瓊が三成、吉継と情勢を相談したらしく、恵瓊は大坂に戻ってきました。
　私は大坂に呼び出されたので、昨日(13日)、到着しました。そこで、三成と吉継の企てを聞き、驚愕いたしました(原文は「御両所御企て承り、

驚き入り存じ候」）。

　恵瓊は輝元の命令で、「（会津に向わず、）大坂に呼び返された」と言い回っています。けしからぬことです。輝元は前後の事情を知らないはずで、不審に存じております。

　恵瓊は、参集した広家や毛利氏重臣に、**挙兵の企て**を打ち明けたのだ。驚いた広家の言葉を借りれば、「日本2つの御弓矢（合戦）」となる。
　恵瓊は語る。
「会津表（上杉景勝）は、家康の大軍によって討ち果たされるでしょう。そうなれば、諸大名の進退は不安定になり、秀頼様の御為になるか、どうかはわかりません」
「だから、『会津表を上杉が固めている内に、（上方でも）合戦に及ぶべき』と三成、吉継と申し合わせました。この件は、増田長盛らの奉行も同意しています。中納言様（輝元）が、一刻も早く上洛されることが大事です」
（意訳）

　実は、広家らに密事を明かすよりも前に、恵瓊は広島にいる輝元に使者を派遣している。
　使者到着は14日。早速、船を仕立てた輝元は、瀬戸内海を航海し、16日夜に大坂へ着く。航路350kmを、わずか2日で。驚異的なスピードである。
　参考までに、『看羊録』に載せられた陸路の日程を掲げよう。
○関東（徳川領国）→京都：約2〜3週間の日程、「遠い地では20日を下らず、近い地でも15日は費やす」
○山陽・山陰（毛利領国）→京都：約1〜2週間の日程、「遠い地では15日を下らず、近い地でも7、8日は費やす」

　あまりに早く輝元が姿を現したため、広家は出状のタイミングを逸する。もしくは見合わせたのだ。
　恵瓊の語る「輝元に呼び戻された」がどうやら本当であり、広家は何も事情を聞かされていなかった。

首謀者の思惑──三成の時間差マジック

　上方蜂起の共同謀議は、「輝元、恵瓊、三成」の3者で、6月下旬から7月初

旬にかけて、練られたのであろう。

　三成が佐和山引退を余儀なくされてからも、輝元と三成は連携していた。
　謀議はおそらく三成の発案であり、それを恵瓊経由で知った輝元が、大いに乗り気になった。そういう流れだと思う。
　三成が智謀に優れていたとしても、朝廷官位からして、家康の対抗馬とはなりえない。治部少輔と内大臣では、天と地ほどの開きがある。
　加えて三成の家格では、有力大名との縁組ができない。義弟も福原直高、熊谷直盛で、歴史ファンでも彼らの略歴を語るのは難しい、と思う。
　三成が東国の家康を排斥するならば、**西国の輝元**を担ぐしかない。
　歴史本では、「三成に担ぎ出されたので、輝元は西軍の盟主、総大将となった」とする。言い換えれば、輝元に主体性はなかったと。
　しかし、メリットのないことに、誰も名義を貸したり、保証人になったりするはずがない。失敗すれば、全責任を被るのだから。
　要するに、恵瓊によって毛利家中の意思統一が図られれば、輝元が即座に登場する段取りができていたのだ。むしろ、輝元は意欲満々と思っていい。
　毛利サイドとの共同謀議が固まった後に、三成は吉継を誘い、吉継は加わった。

　首謀者の現状認識やスタンスは、恵瓊の発言でよくわかる。
○上杉景勝
　彼らは、景勝が負けると予測している。支援する雰囲気はまるでない。この事実からも、「三成・兼続密約説」が否定されると思う。
○徳川家康
　家康が上杉征伐に成功すれば、機を見るに敏な諸大名は家康に靡く。となると、豊臣公儀の「権力のバランス」が大きく崩れ、家康（東国）に傾く。
　建て前では、秀頼のためにならないとするが、本音でいえば、輝元派（西国）として巻き返すことが最優先課題となる。
○タイミング
　家康打倒の挙兵は、家康が上方を留守にした今しかない。彼が上杉征伐に携わっている間。上杉征伐を利用したわけで、日本では別個の合戦（2つの御弓矢）が、東西で起こる。

　三成が注目したのは、上杉征伐への家康出陣によって、上方に**政治的空白**

が生じたこと。

　それと、公儀軍への参加に際し、先発部隊（上方＆東国大名）と後続部隊（西国大名）との間でタイムラグが生まれたこと。
　ある種の時間差マジックと思っていい。
　軍役による公儀軍への合流なので、西国大名は軍勢を上洛させ、東へ下ろうとする。宇喜多騒動、三成襲撃事件の比ではない軍勢が、公然と上方を動く。また西国各地の街道を通行しても、不思議ではない環境が整う。
　三成は、その機会を待っていたのだろう。
　行軍する西国大名を「公儀」の名で押し留め、家康討伐の兵に振り替えてしまうのだ——。
　三成は、個人的に吉継に働き掛け、味方に付ける。恵瓊も、毛利家中の広家にストップをかける。いずれも同質のものだ。
　それを他の西国大名へ適用する場合、**公儀**を名乗れる五大老・輝元は必要不可欠なのだ。五奉行を外れた三成には、権限がない。

　上杉征伐と上方蜂起（関ヶ原の戦い）を対比してみよう。
　よく上杉征伐は関ヶ原の戦いの前哨戦、三成・兼続共謀による家康挟撃策とされるが、これまで述べてきたように、それぞれ東国と西国で繰り広げられた別個の戦いだ。
　まず景勝は、公儀に対する謀反の嫌疑を掛けられた。これを「反公儀」としよう。
　その一方で、五大老・輝元と組んだ三成が仕掛けたのは、五大老・家康の成敗。つまり、公儀内部の権力抗争なのだ。
　明らかに景勝とは、公儀の内外という**フレーム**で決定的な違いがある。
　わかりやすく書けば、〈景勝＝反公儀〉〈輝元・三成＝公儀、家康＝公儀〉となる。
　ところが、景勝と輝元・三成は、「反家康」では共通する。
　だから混乱が生じる面があるのだが、両者は動機をまったく異にする。
　景勝は旧領回復を望む。一方の輝元・三成は、建て前かもしれないが、豊臣恩顧を訴え、「秀頼様のため」を大義名分に掲げる。
　さらにいえば、**東西ロケーション問題**。
　まず、両者を隔てる距離の壁は大きい。上方から江戸まで2週間、会津までは3週間を要する。

仮に「家康への東西挟撃」を企てたとしても、あまりに遠すぎて緊密な連絡が取れるはずがない。連絡手段は書状か使者しかない時代なのだ。

その東西の距離感を一番認識しているのは、ある意味、奥州へ数回出張している三成かもしれない。奥州から薩摩、朝鮮にまで、彼は赴いている。

西国へは船便が利用できるが、東国は陸路を辿るしかない。しかも家康が率いる公儀軍は、東山道、東海道、北陸道を塞いでいる。円滑な連絡方法は、望むべくもない。

○**上杉征伐**：東国の所領問題。景勝らは、関東（徳川領国）への乱入を企てる。

○**上方蜂起**：公儀内部の権力抗争。三成らは西国大名を動員して、家康討伐を企てる。

第VII章

関ヶ原の戦いと三成

西暦	和暦	齢	主な出来事
1560	永禄3	1	三成が近江で誕生　桶狭間の戦い
1570	元亀1	11	姉川の戦い
1574	天正2	15	秀吉が長浜城築城
1582	天正10	23	秀吉の備中・高松城攻め、本能寺の変、山崎の戦い、清洲会議
1583	天正11	24	賤ヶ岳の戦い
1584	天正12	25	小牧・長久手の戦い、三成が近江・蒲生郡で検地
1585	天正13	26	秀吉が関白就任、三成が治部少輔に叙任、佐々征伐
1586	天正14	27	上杉景勝の上洛（取次・三成）
1587	天正15	28	島津征伐、博多の町割り実施
1588	天正16	29	島津義久の上洛（取次・三成）
1589	天正17	30	浅野長政と三成が美濃を検地
1590	天正18	31	北条征伐、東国大名の小田原参陣、三成の武蔵・忍城攻撃、家康の関東入封、奥州征伐（奥州仕置）、大崎・葛西一揆の勃発
1591	天正19	32	第2次奥州征伐（九戸成敗）
1592	文禄1	33	第1次朝鮮出兵、三成の渡海
1593	文禄2	34	明（中国）との講和
1594	文禄3	35	三成家臣による島津・佐竹領国検地
1595	文禄4	36	豊臣秀次の自害
1596	慶長1	37	明使節の来日
1597	慶長2	38	第2次朝鮮出兵
1598	慶長3	39	秀吉の死、朝鮮残留部隊の撤収
1599	慶長4	40	上杉景勝の会津転封、三成の会津出張、三成の筑前出張、三成の五奉行就任、七将の三成襲撃事件、三成の佐和山城引退、家康暗殺未遂事件、前田征伐
1600	慶長5	41	上杉征伐、三成・大谷吉継の上方蜂起、関ヶ原の戦い、佐和山城の落城、三成の逮捕・処刑

1 豊臣公儀の決裂

西軍 三成の思い──嫡子・重家の将来

　三成は毛利輝元、安国寺恵瓊、大谷吉継と謀り、上方での蜂起を目指す。
　おそらく、秀頼が成人するまでの政務を、輝元が全面的に担うことを条件として。実際、そういう内容を記す史料もある。
　中納言・輝元が、〈大納言→内大臣〉と昇進することが前提となるのだろう。内大臣・家康に取って代わるのに必要な措置であり、それが豊臣公儀の仕組なのだから。
　また、輝元は所領拡大意欲も旺盛である。
　では、肝心の三成は何を目指したのだろうか？　何のために家康との戦いを決意したのだろうか？
　「秀吉の恩顧」「秀頼への忠誠」のために、専制を敷く家康を討つ。
　そういう大義名分は否定できないものの、同様のことは家康とて標榜している。家康は「天下の家老」であって、主人ではないと。
　前述のとおり、豊臣公儀にあって、家康は関白には就けない。関白の有資格者は、秀頼だけである。
　それ以外の動機を考えてみよう。
　まず三成という人物は、所領拡大欲が乏しい。過去に旧小早川領国（筑前など）を辞退した経緯がある。
　また蓄財欲もなかったようだ。日頃から質素な暮らしで、金銀は牢人などの召し抱えに使ってしまったという。
　ならば、残るのは**権力欲**、**名誉欲**であろう。
　官位昇進もさることながら、現実的な政治の第一線への復帰──。
　心ならずも、三成は五奉行を解任され、引退を余儀なくされた。それゆえに、強烈な復帰願望があったと思う。
　しかし、いくら三成が「親家康」を装い、家康に奉公しても復職はありえない。
　というのも、家康派を構成する加藤清正、福島正則、黒田長政らは「反三成」だから、それを容認するはずがないからだ。
　もはや三成の政治生命は、絶たれている。嫡子・**重家**の将来にも、大きな

影響を与えかねない。

その現状を打開するのは、**新公儀**の樹立しか手段がない――。

以下は、私の推測である。

成人するまで、秀頼の政治的資質はわからない。が、秀吉ほどのカリスマ性を有しているか、となれば、誰しもがネガティブになるだろう。

秀吉の見立てによれば、輝元には家康ほどの実力はない。とはいえ、朝廷官位、家格からすれば、「坂西」の輝元以外に新公儀代行者は務まらない。

いくら三成に実力があり、家康追討に成功しても、「治部少輔」では有力大名や同僚が、彼を新公儀代行者とは認めるはずがない。それが身分の壁。

たぶん三成は、輝元首班内閣の筆頭閣僚を望んだのだろう。

今の公儀でいえば、五奉行筆頭となるが、新公儀では実質的に〈秀頼―輝元〉に継ぐNo.3のポストである。

秀吉の編み出した豊臣公儀では、豊臣氏の後継者・秀頼は関白になれば、自動的に政権を継承できる。五大老（中納言以上）も、同様に世襲制である。前田利家の死後、利長が五大老に列したように。

ところが、五奉行だけは、**能力主義**で一代かぎり。だから、三成が引退しても、重家は五奉行に就けない。重家を取り立ててくれる有力な縁戚もいない。

五大老と五奉行を並列で見ていても、本質は見えてこないだろう。

佐和山引退のころ、三成は自分の政界復帰とともに、この矛盾に苛まれたのではなかろうか。

であれば、三成が望んだのは、**世襲制**の奉行職だと思う。次世代の秀頼政権に移行した際、石田氏当主・重家が、自動的に新公儀No.3に就任する仕組づくりにある。いずれ、三成も死ぬのだから。

三成の教師は秀吉。これは、誰しも異論はないだろう。秀吉の教師が信長であったように。

繰り返しは避けるが、特に晩年の秀吉は、ひたすら豊臣氏の将来を願い、秀頼政権を次世代の五大老クラス（徳川秀忠、前田利長ら）託そうとした。

その様子を間近で見てきたのが、三成なのだ。一代で築いた大名家・石田氏の安泰と繁栄を、同じように三成が願うのは当然だと思う。

家康の北上

時系列で、7月の上方の動きを整理しておこう。

○2日：大谷吉継が美濃・垂井に到着
○7日：宇喜多秀家と東殿（吉継の母）が豊国神社へ参詣
○11日：佐和山城で、三成、吉継、恵瓊が密議
○13日：大坂で、恵瓊が吉川広家らに密議を説明
○16日：毛利輝元が大坂へ

　事態は風雲急を告げている。
　その上方異変を、早速、増田長盛は12日に家康の家臣に報告している。
　『慶長記』によれば、長盛は「家康公と下心よく御座候」と記されている。五奉行の中で、長盛は家康の信頼を獲得しており、「日頃の心掛けが良い」という意味であろう。
　一方で、13日、恵瓊は「長盛は密議に同意した」と語っている。間もなく、輝元が家康不在の大坂城に入る。**クーデター**の勃発と考えていい。
　先行きが不透明な中、長盛は自己の保身、安全保障を第一義に考えたのであろう。今の長盛は、盟友・三成からの勧誘と、家康への奉公の板挟み状態に陥っている。
　そこで、彼は家康に次のメモを書き送る。
　「このたび、垂井において、大刑少両日相煩（わずら）い、石部少出陣の申し分、ここもと雑説申し候（垂井で、2日間、吉継が病気と称して滞在中。三成が出陣するという噂が流れています）」
　異変を告げる第一報を、19日に家康は江戸城で読み、写しを「先手へ遣わし候へ」と指示する。前軍を率いる秀忠は、すでに宇都宮に向けて、出発していたからだ。
　家康は予定通り、21日に江戸を発ち、後軍を率いて北上を開始する。
　実は長盛、長束正家、前田玄以の3人の五奉行は、12日付けで輝元ら五大老へ書状を送っている。この時点で、五大老は大坂に誰もいない。
　輝元に宛てた内容は、「大坂の御仕置について、御意を得たいので、至急、お上りください。詳細は安国寺から申し上げます」（意訳）。
　となると、上記の記述とは矛盾するが、「長盛は三成・吉継の挙兵をキャッチしたものの、まだ仲間には加わっていない」ことになる。
　つまり、恵瓊の発言「長盛も同意」は、吉川広家らを説得するために、用いた材料の可能性が高い。
　初めて謀議を知った3人の五奉行は、大坂城で慌てふためく。早く五大老

を大坂へ召集しなければ……、と理解する方が自然であろう。

　長盛のことだから、同様の書状を家康にも送付した、と思う。

　家康は、24日に下野・小山（栃木県小山市）に到着する。

　その行程の途中、「石治少・大刑少、別心（三成・吉継の謀反）」の報が上方から入る。家康は驚愕したに違いない。まさかあの2人が……。

　大雑把にいって、上方の情報が関東に届くのは1週間遅れ。現代と異なり、情報はリアルタイムには伝わらない。

内府、違いの条々――家康への弾劾状

　大坂城西ノ丸に入った輝元は、家康の行動を批判した弾劾状を17日付けで作成し、諸大名に送付する。

　「内府、違いの条々」として、五大老筆頭・家康（内大臣）の非を13か条にまとめた文書だ。

　現在でいえば、政務代行者への**不信任決議案**となる。

　そこに、2人の五大老（毛利輝元、宇喜多秀家）と、3人の五奉行（前田玄以、増田長盛、長束正家）が連署する。なお、公的な文書なので、三成の名は登場しない。結局、3人の五奉行は短期間の内に与同したことになる。

　ここに、豊臣公儀は決裂する。

　以下、「家康弾劾項目」13か条のポイントを意訳で記そう。

〇檄文：内府（家康）は置目に背き、秀頼様を見捨てて、出馬しました。太閤様（秀吉）の恩顧を忘れていないならば、秀頼様に忠節を尽くすべきです。

①**五奉行の解任**：五大老・五奉行（十人衆）で誓詞を交わしたにもかかわらず、ほどなくして、五奉行の内の2名（浅野長政、三成）を逼塞させた。

②**前田征伐**：景勝討伐と称して利長から人質（芳春院）を取り、利長を逼塞させた。

⇒この表現からも、〈利長＝景勝〉の盟約の存在を窺わせる。

③**上杉征伐**：罪のない景勝を、御置目に背いて討ち果たそうとしている。

⇒この①、②、③条は、『看羊録』が記す〈家康暗殺計画→前田征伐→上杉征伐〉の流れと一致する。

④**知行の給与**：「秀頼成人までは知行給与を行なわない」と決めたにもかかわらず、忠節なき者に勝手に与えている。

⇒細川忠興を指す（200ページ参照）。

⑤**伏見城の城番**：置目で留守居を決めたにもかかわらず、自らの手勢（鳥居

元忠）を入れている。
⑥**誓詞の交換**：十人衆以外との誓詞交換は禁じているが、諸大名としきりに誓詞をやり取りしている。
⑦、⑧**大坂城西ノ丸**：北政所の御座所に居住している。西ノ丸に天守閣を建てた。
⇒新公儀は、家康が北政所を追い出した、と認識している。
⑨**人質**：公儀が人質に取った大名の妻子を、自分の贔屓(ひいき)で国許へ返している。
⑩**縁組**：私婚は御法度に違反するが、数多くの縁組を行っている。
⑪**徒党**：若き衆を煽動し、徒党を組ませた。
⇒七将の三成襲撃を指す。
⑫**独断専行**：五大老が務める政務を、唯一人で行っている。
⑬**特権**：側室の内縁である神社の検地を免除した。

　弾劾状の眼目は、やはり①の「年寄ども（五奉行）のうち二人追い籠められ候事」と、⑫の「独断専行」だと思う。
　家康自身は「窮地の三成を救った。それを三成も感謝している」と考えていた。実際、三成もそのように振る舞ったが、内心では恨み骨髄だったのであろう。
　失意のどん底に突き落とされ、佐和山城に「引退させられた」と。

　現時点で、豊臣公儀は家康と2大老・3奉行（新公儀）に割れている。
　ただし、同じ公儀を用いると混乱を招きかねないし、2大老3奉行の背後には三成が存在する。
　そのため以降は、適宜、「東軍」（家康方）、「西軍」（反家康方、輝元・三成方）を織り交ぜていきたい。
　なお、『藩翰譜』では、次のように表現している。新井白石は徳川将軍家に仕えたので、東軍には「御」を付けている。
○**東軍**：東国の御勢（軍勢）、東国の御方、関東の御方
○**西軍**：上方の軍勢、石田等が兵、敵、凶徒

小山評定

　7月24日、家康が率いる公儀軍（会津遠征軍）は、小山にいる。
　彼に対する弾劾状を見たか、どうかは、ハッキリしないが、見なかった可

能性が高い。

というのも、27日付けの榊原康政書状（出羽の大名宛て）では、次のように書かれているからだ。タイムラグの関係で、情勢の把握がワンテンポ遅れている。

「上方において、石治少（三成）・大刑少（吉継）が別心したので、大坂より御袋様（淀殿）・3人の奉行衆（長盛ら）、北国羽肥州（羽柴肥前守、前田利長）などが、早々に内府の上洛を、と言ってきています」（意訳）

別途、康政は「別心した両人成敗」と記しており、どうやら局地的謀反と考えていたようだ。

言い換えれば、蜂起の規模を**過少評価**している。まさか、「大坂城に輝元が入って秀頼を奉じている」「三成らが3人の五奉行を味方に付け、西国大名に多数派工作を行っている」とまでは思ってもいない。

25日、家康が開いた軍議「小山評定」は、上記の康政の認識を前提に置いている。その点に注意したい。

現代の私たちは、関ヶ原の戦いの結果、東軍と西軍の参戦諸将を知っているが、現在進行形の当事者は、誰が敵か、味方かも掴めていない状態なのだ。

北関東に滞陣中の公儀軍（会津遠征軍）は、烏合の衆。

小山評定の席上、家康は彼らに「上方蜂起」の情報を開示し、当面の対応策を協議する。

上杉征伐（景勝対策）と上方蜂起（三成＆吉継対策）の両面を、検討しなければならない。妻子は人質として上方にいるので、諸大名は気を揉む。

そのとき、真っ先に上杉義春[※1]が「妻子を捨てて、内府様を助けましょう」と口火を切る。

続いて福島正則が、「内府様が故太閤様の遺命に従い、秀頼様を守るのであれば、われらは先駆けて三成らを誅滅しましょう。妻子は顧みません」と述べる。

正則は、秀吉が取り立てた豊臣譜代大名の筆頭格。その影響力は大きい。

山内一豊も、遠江・掛川城の提供を申し出る。他の東海道沿いの諸大名も、一豊に倣う。そのため、家康は幹線道路・東海道を確保できたわけだ。

※1　上杉義春：上条政繁、号を入庵という。能登守護の畠山氏出身で、上杉謙信の養子となる。妻は景勝の姉妹。しかし直江兼続と確執があり、秀吉に仕えた。後に家康から大層信頼されたことで知られる。

かくして、公儀軍の大勢が決まる。この瞬間から、彼らは東軍（家康方）に変貌した、といっていい。

家康の戦略

家康の採った戦略は、おおよそ以下のとおり。公儀軍（会津遠征軍）を2つに分け、家康・秀忠父子による分担態勢を敷く。

○対会津［秀忠軍］（対景勝・義宣）：宇都宮防衛部隊

上杉征伐は、秀忠・徳川系大名（関東衆）に担当させる。結城秀康、蒲生秀行、榊原康政、大久保忠隣、本多正信（目付）などが、秀忠軍に属す。

秀忠軍は宇都宮を拠点として、白河口を守備し、景勝の東山道南進（関東乱入）を防ぐ。関東に拡がる徳川領国の防衛、という観点である。

なお小山滞陣中、家康は佐竹義宣に使者を派遣して、人質の提供を求める。

しかし、義宣は「小田原の北条氏には堪忍できない身でしたが、当時、家康公に異議を申し上げたでしょうか。人質に差し出す者は上方におり、（家康に）進上できる人質は1人もおりません」（意訳、『慶長記』）と、拒否する。

北条征伐（1590年）から10年が経過しているが、それ以前の徳川・北条同盟を引き合いに出している。

「北条嫌い」だった義宣の理屈は、〈反北条＝反徳川〉となる。

そのため、義宣は直江兼続に「人質提供を断ったので、（家康との）手切れは必定です。御加勢をお願いします」（意訳）と、書状で伝える。

上杉・佐竹同盟の締結であり、秀忠軍は義宣の側面攻撃（常陸→下野・下総）にも備えざるをえない。

○対上方［家康軍］（対三成・吉継）：東海道西上部隊

家康と豊臣系大名（会津遠征軍参加者）が上方へ向う。

豊臣系大名の福島正則、池田輝政、黒田長政らが属し、徳川系大名の本多忠勝と井伊直政が目付（軍監）となる。

「会津をさしおき、先ず上洛せしめ候」（『家康書状』）という判断だ。諸将の意見も「上方御征伐を急ぐべき」（『徳川実記』）と。

ただし、同時に進発したのではなく、家康は先に〈豊臣系大名＆目付〉を上方へ反転させる。福島正則や黒田長政らは、下ってきた東海道を西へ上る。

家康自身は、7月24日から8月4日まで小山に留まり、江戸へ戻った後、諸大名への多数派工作を展開する。

味方した場合の加増（新恩給与）を約束した書状を、百数十通も記している。これは、上方の三成も同様である。
　上方からの情報は、断続的に家康の許に届いている。
　特に「大坂奉行衆、別心（増田長盛ら3人の離反）」には、家康もかなり驚いたようだ。その事実を知らぬまま、西へ進む黒田長政らに、「再度、相談したい」と手紙を送り、呼び返そうとしている。
　この前後の様子を、家康の侍医は、「上方、いっぺんに敵になり」と記す。予想以上の謀反の広がりに、家康は**衝撃**を受けている。

　関ヶ原の戦いに関連することを、ここで少し述べておきたい。
　徳川勢の多くは、会津に備える秀忠軍に配備された。
　「少しでも大身の者は、おおかた秀忠に付け……われら（家康）は旗本の侍ばかりを召し連れ」（意訳、『岩淵夜話』）という記述からも、それは窺えるだろう。
　この秀忠軍は、真田昌幸攻め（信濃・上田城）へ転戦後、東山道を上って家康軍と合流しようとするが、関ヶ原の戦いに間に合わずに終わる。
　次に、家康軍（東海道西上部隊）の目的地は、上方であること。
　言い換えれば、三成にせよ、家康にせよ、美濃・関ヶ原が**主戦場**になるとは、現時点では予想すらしていない。
　それとともに重要なのは、家康軍の大半が、豊臣系大名から構成されていた点だ。
　たとえば、徳川系大名の本多忠勝・忠政父子の場合、動員兵力は3000人である。忠政は主力2500人を率いて、秀忠軍に属している。一方、父の忠勝は家康軍の目付なので、500人を率いているに過ぎない。
　〈父＝家康軍の非戦闘員、子＝秀忠軍の戦闘員〉と思えば、わかりやすい。

2 三成の戦略Ⅰ

西軍の対応

　三成は、「内府、違いの条々」（7月17日付け）には連署できない立場だが、精力的に動いたようだ。
　近江・愛知川に関所を設け、兄の正澄を派遣する。公儀軍（会津遠征軍）

へ参加するため、東下しようとする諸大名を、引き返らせるためだ。主要街道を遮断し、彼らを西軍に囲い込む戦略である。

次にすでに東下した大名の家族を、大坂城内で人質に取ろうとする。ただし、拒否や逃亡する者も少なくなく、自邸での軟禁状態に留まる。

大坂に参集した主要大名は、次のとおり。
総勢9万4000人弱。西国（上方以西）の大名ばかりである。
○**上方付近**（近畿地方）：増田長盛、長束正家
○**山陽道・山陰道**（中国地方）：毛利輝元、毛利秀元、吉川広家、宇喜多秀家
○**南海道**（四国地方）：長宗我部盛親、脇坂安治、安国寺恵瓊
○**西海道**（九州地方）：島津義弘、小早川秀秋、毛利秀包、小西行長、立花宗茂、鍋島勝茂、福原直高

西軍の総大将は輝元。
ただし、微妙な問題がある。九州の加藤清正（肥後・熊本）、黒田孝高（豊前・中津）は、輝元の呼びかけに応じず、在国している。
その場合、清正と仲が悪く、しかも領国が接する小西行長は、いつ戦いが勃発するかもしれず、一定の兵力を国許に残留させなければならない。
また輝元は、この機会に四国で所領を拡大しようと、公儀軍（会津遠征軍）に参加中の藤堂高虎、加藤嘉明の領国侵入を狙っている。そちらにも、兵を割かなければならない。事情は別として、兵力分散の意味では、家康と同様である。

西軍の軍議が開催されたのは、7月17日であろう。
なお、三成はまだ佐和山城にいる。従って、大坂城での軍議には参加していないが、三成が背後で方向性をリードしたのは間違いなかろう。
彼らもまた、東国にいる〈家康＆豊臣系大名〉の動きが読めない。
家康が会津攻めを続行するのか、江戸城に籠るのか、それとも上方に引き返してくるのか。そして同行する豊臣系大名の去就は？　これが最も気になる点だ。
いずれにせよ、家康の出方を待つしかない——。
そこで、秀頼を奉じる輝元と増田長盛は、大坂城在城。諸将は分担して、

現在の近畿地方から中部地方にかけての一帯を制圧しようとする。

　当面の攻撃目標は、家康の家臣・鳥居元忠が籠る伏見城。西側では山陰道の丹後・田辺城（細川幽斎の居城、京都府舞鶴市）。

　東側では伊勢（東海道）、美濃（東山道）の諸城を攻略する。家康の上洛阻止が目的であろう。幹線道路の閉鎖だ。

　さらに次のステップまで、三成は検討していたようだ。

　家康が西上する場合、尾張・三河の境（愛知県）で迎撃しようと。改めて触れるが、積極東進策である。

　もう1つ、北国対策（北陸道）がある。

　家康派となった前田利長の上洛を、阻止する必要がある。利長は上杉征伐に参戦予定だったが、取り止めている。

各地の合戦

　7月18日、手始めに丹後・田辺城を攻めるため、西軍は小野木重次（丹波・福知山4万石）以下1万5000人の混成軍を派兵する。

　当主の細川忠興は、軍勢の大半を率いて、公儀軍（会津遠征軍）に参加している。隠居の幽斎は西軍に靡くことなく、500人程度の兵と籠城中。

　西軍からすれば、一種の見せしめ。東軍に対する示威活動である。ところが、小野木重次らの包囲軍は城を攻めあぐね、予想以上に時間が掛かる。

　幽斎が城を明け渡したのは、約2か月後の9月13日。関ヶ原の戦いは9月15日だから、結局、1万5000人もの大軍が参戦できずに終わる。

　翌19日、家康の拠点というべき**伏見城**を、宇喜多秀家、小早川秀秋、島津義弘らの兵が囲む。五大老の秀家は、西軍の副大将格。

　小早川秀秋は、『藩翰譜』によれば、東軍に心を寄せて、伏見城に入ろうとした。しかし、鳥居元忠に疑われたため、やむなく寄せ手に廻ったという。

　同様の話は、島津義弘にも伝わるが、後の徳川幕府を憚（はばか）ったもので、実際の義弘は西軍の中核を担っていたようだ。

　ただし、手勢が1000人前後しかおらず、しきりに国許へ派兵を催促している。

　23日には、毛利勢1万人（毛利秀元、吉川広家、福原広俊ら）が、大坂から応援に駆けつけ、伏見城は8月1日に落ちる。この期間は、ほぼ家康の小山滞陣に相当する。

この間の7月29日、佐和山城を出た三成は、味方の伏見城攻撃を督励後、大坂城に入る。前年（1599年）閏3月の三成襲撃事件以来、離れて久しかった地である。三成は、復権への第一歩を踏み出す。
　なお、毛利勢は途中から別行動を採り、伊勢方面（東海道）へ転戦していく。

　7月中旬、西軍の大谷吉継と増田長盛は、**前田利長**に書状を送り、「味方になれば、北国7か国を進上する」と誘う。また、前田家中でも「太閤の恩顧」を唱える家臣が、かなりいたようだ。
　しかし利長は、家康の人質となった母・芳春院の身を案じて、東軍から離れようとはしない。
　西軍参加を主張する重臣に、「芳春院様を捨てて、上方（西軍）と一緒になればいい」とまで、言い放ったという。
　前田父子は、家族のことばかり……。
　7月26日、利長・利政兄弟は、2万5000人の兵を率いて加賀・金沢城を出発する。北陸道を南下して、越前から上方を窺うためだ。
　そのころ、大谷吉継は越前・敦賀に戻り、越前や加賀の諸大名の西軍勧誘に成功している。
　さらに吉継は、京極高次、脇坂安治、朽木元綱、平塚為広ら2万人とともに、前田勢に備えるべく、8月4日、越前・北ノ庄城（城主・青木一矩）に入る。
　諸説あるのだが、吉継が「敦賀より船を仕立て、金沢を襲う」という噂を流したため、5日になって、突如、利長は兵を引いたという。
　前田勢の帰路を、加賀・小松城の丹羽長重が襲う。前田征伐の際、丹羽長重は家康に先鋒を願い出たことがあるが、今回は西軍に属している。
　長重と利長は、常に逆の立場。遺恨の合戦である。
　今度は、越前・加賀の西軍が北上し、小松城に詰める。
　利長の許には、家康からの軍勢督促が届く。重ねて、「北国の儀、切り取りに進じ候」とまでいってくる。
　しかし、前回とは異なり、弟の利政（能登）が軍勢を出そうとしない。彼の場合も、「上方にいる妻の身を心配するあまり」とされる。
　三成の人質作戦が、一応成功したわけだが、出陣の遅延理由は、とても家康に報告できるものではない。
　そういう内部事情があり、ようやく利長が金沢を発ったのは9月11日。そ

して、丹羽長重と和議を結んだのは1週間後。その間に、関ヶ原の戦いは終わる。

前田勢もまた関ヶ原には、間に合わなかった。一応、吉継の防御態勢が機能したことになるのだが……。

その意味では、三成が吉継を誘った最大の理由は、彼が敦賀城主だったからで、任務は**北陸道のブロック**にあったのではなかろうか？

〈敦賀城—佐和山城〉ラインで、〈北陸道—北国街道〉を防御すれば、前田勢の上洛は容易ではない。この防御ラインは、前田征伐の「逆の構図」である。

③ 三成の戦略Ⅱ

大谷 真田昌幸のスタンス

話は少し戻る。

上杉征伐の際、真田昌幸・信幸父子は、家康とともに東海道を下り、いったん、それぞれの領国に戻る。

昌幸は信濃・上田3万8000石、信幸は上野・沼田2万7000石と所領が分かれており、信幸は徳川付属大名である。

通説によれば、それぞれの国許で軍勢を整えた昌幸・信幸父子は、公儀軍（会津遠征軍）に合流するため、小山を目指す。

7月21日、小山付近の犬伏（栃木県佐野市）まで辿り着いたとき、三成からの密書が昌幸に届く。上方蜂起の報である。

事態に驚いた昌幸は、息子の信幸・幸村と去就を相談する。

話し合いの結果、真田氏の家名を存続させるために、父子が別行動を取ることを決める。昌幸・幸村は西軍、信幸は東軍に加わる形で。

その理由は、「昌幸は三成の縁戚、幸村は大谷吉継の娘婿、一方の信幸は本多忠勝の娘婿」だから、と説明されることが多い。

この分離劇を**犬伏の別れ**という。

家を守るために、父子が泣く泣く別れる……。何か美談めいた話だが、先入観が事実を歪めた典型的な例だと、私は思っている。

結論を先に書けば、昌幸は三成ではなく、景勝に味方しようと企てたのだ。『常山紀談』の一説によると、真田勢が揃って犬伏まできたとき、昌幸

は次のように語る。

「会津から宇都宮までは7日掛かるが、間道を通れば3日の行程だ。景勝と謀を結び、前後から攻めれば、徳川殿を討つのは容易なことだ」（意訳）

しかし、信幸は家康の智略を褒め、俄に昌幸を裏切って兵を引き揚げたと。

昌幸にとって最大の窮地は、沼田領問題が原因で家康に上田城を攻撃されたとき。その危機を救って、秀吉の保護下に入れたのは、景勝である。

ところが、今は景勝が危機存亡のとき。だから、恩義を受けた昌幸は、景勝に加勢しようとした。「秀頼に忠節を尽くす」といった次元の話ではない、と思う。

上方蜂起（関ヶ原）と関東乱入（上杉征伐）を、東西挟撃の密約があったとして、同一視する傾向がある。または、そういう潜在意識があるために、真田氏の場合も誤解が生まれるのだ。

昌幸が上田城に戻ったのも、景勝と連携して、越後に侵入するためだ。かつて景勝が新発田征伐（越後国内の反乱退治）を行ったときも、真田勢は従軍している。

景勝謀反の目的は、関東乱入と旧領・越後の回復である。実際、秀忠は信幸に越後方面を警戒させている。

通説では、「上田城に籠った昌幸は、東山道を上る秀忠軍に備えた」「そのため、秀忠軍は関ヶ原に遅れるという大失態を犯す」と書かれる。

秀忠軍は関ヶ原を目指した。だから、三成派の昌幸が進軍を阻止するのは、当然の行為だ。そういう思い込みがあるからなのだろう。

しかし、7月下旬に戻った昌幸が、9月上旬の秀忠軍来襲を予測することは不可能だ。なぜならば、上杉征伐の一環として、秀忠軍が「真田成敗」を決定したのは、対会津戦線が膠着状態に入った8月下旬だからだ。

以上のことは、はからずも家康の家臣・大久保彦左衛門忠教が、「東にては、景勝、佐竹義宣、真田が敵になる」（『三河物語』）と記している。

彼らは東国における**景勝党**なのだ。

三成の情勢分析Ⅰ―真田昌幸への書状

7月21日当日、昌幸は三成に手紙を送る。

どうやら昌幸は、三成から事前の情報連携がなかったことで、怒りをぶつけたようだ。これも、東西の密約の存在を否定するものであろう。

もし上方蜂起を知らされていれば、景勝党が歩調を合わせるとか、謀反のタイミングをずらすとかの選択肢もあったはずだ。

27日に受け取った三成は、30日に釈明の返事を記す。ちょうど、佐和山城を出た三成が、大坂城に入ったころだ。

長文なので、ダイジェストを意訳で記したい。三成の考え方が窺える重要な史料である。

○未連絡の詫び

「前もってお知らせしなかったことへのご立腹は、無理もありません。しかし内府（家康）が大坂滞在中は、諸侍（大名）の心中が計り難かったので、連絡を控えました。……それを今は後悔していますが、太閤様（秀吉）の御懇意を忘れることなく、只今の御奉公を乞い願います」

○真田氏の人質

「各々の御内儀方（昌幸と幸村の妻）は、大刑少（大谷吉継）が奔走して、世話をしておりますので、ご安心ください」

○公儀軍（会津遠征軍）の帰陣

「上方より東へ出陣の衆（会津遠征軍）は、上方の様子を聞いて、ことごとく帰陣しました。そこで、尾張、美濃で人留めを行い、帰陣の衆1人1人に所存や秀頼様に疎略のないことを確認の上、帰国させています」

⇒昌幸への気休め、三成自身の希望的観測かもしれないが、内容は虚偽である。会津遠征軍の中で、上方蜂起に同調し、帰国した大名はいないのだから。

なお、尾張、美濃は、それぞれ東海道、東山道に置き換えていい。実際、三成が行ったのは、〈西国→東国〉の軍勢ストップだ。

○丹後・田辺城攻め

「長岡越中（細川忠興）は、太閤様逝去後、彼の仁（家康）を徒党の大将として、国乱を招いた本人ですので、丹後に派兵しました。……親父の幽斎の城（田辺城）に押し寄せて、二ノ丸まで落とし……、御仕置の半ばです」

⇒三成を失脚させた七将（徒党）への恨みは深い。特に、初めて人質を江戸に提供した忠興に対しては……。三成は、その背後で家康が彼らを操った、と確信している。

また、通常であれば、内府と書くところを「彼の仁」と表現している。ここに、三成の屈折した気持を汲み取るべきであろう。

○家康討伐の準備

「今年の暮から来春の間、関東御仕置（家康討伐）の兵を差し向けるつも

りなので、九州、四国、南海、山陰の兵を、すでに8月中に江州（近江）に陣取らせるようにしています。兵糧米も手配済みです」
⇒三成は、東西合戦は長期化する、と考えていたようだ。半年後のイメージである。

　家康軍が上洛を目指せば、東海道（尾張・三河間）で防御する。また、家康軍参加の豊臣系大名が西軍に帰順すれば、江戸城に籠る家康を攻める。

○前田利長

「羽肥前（利長）も、『公儀に対して毛頭疎意にするつもりはない』との覚悟です。ただし、老母（芳春院）を江戸に出しているので、内府（家康）へ疎略ない対応を先に致しています」
⇒利長は、東西双方へ色好い返事をしていた可能性が高い。

　なお、三成は、別途、越後の堀秀治も西軍の味方と認識している。しかし、景勝は越後在住の旧臣に一揆を起こさせており、景勝党の認識とは大いに異なる。

○会津への使者

「当方から3人の使者を派遣します。1人は貴老（昌幸）の返事と案内者を添えて、当方へ返してください。残りの2人には、会津への書状を持参させていますので、そちらから確かな者を添えて、沼田越えで会津へ派遣してください。2人が（景勝からの）返事を御在所（上田城）に持って帰れば、案内者を添えて、当方へ届けてください。お待ちしています」
⇒推測ではあるが、三成は景勝に上方蜂起を伝えようとした。ところが、公儀軍（会津遠征軍）が東山道（下野・陸奥間）を制圧しており、連絡がつかない。

　そこで、沼田（真田信幸領）・会津ルートで、景勝と連絡を取ろうとしたのだ。たぶん、この沼田越えが、昌幸の語る「間道」（240ページ参照）なのだろう。

　大谷吉継から昌幸・幸村父子へ宛てた書状（7月20日付け）も届いている。吉継は幸村の義父にあたる。
　その一部を抜粋しよう。
「一昨年来の内府（家康）の御仕置は、太閤様（秀吉）の御定に背き、秀頼様が成り立ち難くなっているそうです。年寄衆（五大老）の輝元・備前中納言殿（宇喜多秀家）、それと島津、関西の諸侍が一統して、御仕置を改め

ます」（意訳）

　これで、三成らの意図が大体見えてくると思う。
　上方蜂起とは公儀の刷新であり、西国（関西の諸侍）の東国（家康）に対する**逆襲**なのだ。
　なお首謀者の中で、吉継は三成を挙げず、島津義弘を入れている。
　輝元にせよ、義弘にせよ、「三成から強い誘いを受けたため、消極的ではあったものの、上方蜂起に参画した」というイメージが強い。
　しかし、彼らは初期段階から計画に加わり、積極姿勢だった。それが実態だと思う。

三成の情勢分析Ⅱ──佐竹義宣への書状

　上方蜂起を知った佐竹義宣も、7月下旬、三成に照会している。
　取次の関係から、両者は親しい仲。義宣が家康と手切れ（国交断絶）となり、景勝と同盟を結んだころだ。
　それに対する三成の8月7日付けの返事が残っている。
　三成は、昌幸宛ての書状と同様に、自身の大坂城入城、伏見城攻略、丹後・田辺城攻撃などを伝える。
　加えて、「真田昌幸に信濃の仕置を、堀秀治に隣国・越中乱入を命じました」と記す。
　重要なのは、以下の3点である。

○景勝との情報連携
　「会津よりもたびたび連絡があり、伊達、最上、相馬なども昵懇とのことです。……家康を討ち果たすのは、このときです」（意訳）
⇒東西での密約は存在しないが、反家康の立場は一緒なので、蜂起後、景勝から連絡が入ったらしい。そこで景勝は、「伊達政宗、最上義光らも味方している」と伝えたようだ。
　それと、注目すべきは、三成の文に家康討伐の意欲がにじみ出ている点だ。

○家康との主戦場
　「万一、家康がうろたえて上洛すれば、尾州・三州（尾張・三河）の間で、討ち果たそうと考えています」
⇒8月上旬の三成は、東海道の**矢作川決戦**（やはぎ）を想定している。矢作川は、現在

の愛知県安城市と岡崎市の間を流れ、三河湾に注ぐ。

〇**西軍の動き**

「輝元人数（毛利勢）1万人は、吉川（広家）、安国寺（恵瓊）、長大蔵（長束正家）が同道して、一昨日（5日）出陣しました。……尾州衆と岐阜衆とは相談しています。九州衆は佐和山に残っています」

伊勢（東海道）は、東西交通を結ぶ最重要地。そこを制圧するために、三成は毛利勢を派遣した。

というのも、〈伊勢―尾張・三河〉は船で通じているからだ。特に三河は徳川氏発祥の地で、家康が最も地理に通暁している。

海路を利用して、家康軍が〈三河→伊勢→上方〉を目指す可能性はある。

陸路を採るならば、〈三河→尾張→美濃〉と、東海道から北上して東山道に入るだろう。だから、三成は岐阜衆（織田秀信ら）と防御対策を練っている。

とはいえ、三成の考え方の基本は東進策で、〈伊勢・美濃→尾張〉まで西軍を進め、矢作川で家康軍を迎撃したい。

だが、東海道沿いの尾張以東の豊臣系大名は、すべて家康軍に属していた。西から挙げれば福島正則（尾張・清洲）、池田輝政（三河・吉田）、堀尾吉晴（遠州・浜松）、山内一豊（遠江・掛川）……。

それを三成は知らずに、楽観視していたのかもしれない。

いずれにせよ、小山評定における「一豊発言」の意味は大きい。そのため、関ヶ原の戦いの後、彼は土佐1国の大名に抜擢されることになる。

4 三成の戦略Ⅲ

楽観的な三成――家康迎撃策

三成の楽観主義は、同時期の真田昌幸宛ての書状（8月5日、6日）にも見受けられる。長文で他の手紙などと重複する部分もあり、ポイントだけを記そう。

なお、細川忠興への恨みは、「遺恨深候」と凄まじいかぎり。家康以上といって、過言ではない。

○昌幸の知行
「信濃1国の仕置を任せます。甲斐までは弓矢（合戦）でも、才覚を働かせても、いずれでもどうぞ知行とされてください」

○越後問題
「堀久太（秀治）は越後に執着していないので、越後は景勝に渡し、堀には上方の国を与えます」

⇒なぜか、不思議なほど、景勝の認識とは逆である。

○前田利長の不参
「肥前（利長）は、老母のせいか、いまだに味方するとの申し出がありません。丹五郎左（丹羽長重）が兵を出すので、北国へも人数を派遣しました」

○細川忠興への恨み
「（丹後の）幽斎は助命し、流罪にしました。息子の越中（忠興）は御法度を破り、内府をたぶらかし、秀頼様から新領を掠め取るなどしたので、遺恨は深いものがあります。彼の妻子が大坂にいたので焼き討ちにしました」

⇒従来、あまり注目されていないが、三成が最も憎んだのは細川忠興なのだ。有名な忠興夫人・**ガラシャ**（明智光秀の娘）を自害に追い込んだのも、三成となる。

○三成の動き
「拙者（私）は岐阜中納言殿（織田秀信）と相談して、尾張へ兵を出します。福島左太（正則）は只今説得中。彼が応じれば、三河へ出陣するつもりです。応じない場合は、伊勢の軍勢と一緒になって清洲城を攻めます」

⇒美濃の織田秀信らを西軍に勧誘し、成功したのは事実。

だが、福島正則が不在中の尾張・清洲城を接収し、西軍の基地としないかぎり、矢作川決戦は成り立たない。

確かに三成は開城勧告を行なったものの、拒否されている。にもかかわらず、攻撃した様子はない。

○家康の上洛対応
「内府は上杉、佐竹を敵にして、わずか3万人の軍勢で、（行程で）20日も掛けて（東海道を）上ってきます。街道筋の面々や出陣の上方衆（会津遠征軍）は、いくら内府次第とはいえ、20年来、太閤様の御恩を蒙っていたわけですから、わずか1年位の内府の懇切で心変わりしたり、秀頼様を疎略にしたり、大坂の妻子を見捨てることができましょうか」

「分別のない軍勢（家康軍）を、尾張・三河の間で討ち取るのは、天の与

[景勝の関東乱入計画]

(地図：出羽・陸奥・最上・伊達・越後・上杉・下野・佐竹・真田・上野・信濃・常陸・武蔵・甲斐・相模・下総・上総・駿河・伊豆・安房。矢印凡例：→ 関東乱入、‐‐→ 越後回復)

え（授け）です。そうなると、会津（上杉）、佐竹、貴殿（昌幸）は袴をはいたまま、（関東へ）乱入できるでしょう」
⇒結果論かもしれないが、三成の**楽観主義**の最たるものと思う。

　人の心は移ろいやすい。過去の恩義は忘れ、現世を楽しみ、将来の享受を願う——。

　また日本では、いくら変節しても非難されない。

　内大臣・家康は、将来の約束手形（加増など）を切れる。確かに治部少輔・三成も切るのは切るのだが、〈保証人＝幼児・秀頼〉では、誰しも心許なく思うのは当然だろう。言い換えれば、両者は信用度が違う。

　それと自信過剰な一面も窺える。矢作川決戦の勝利を確信しており、その結果、「袴をはいたまま」で景勝党は関東に乱入できる、と言い切っている。

　「袴をはいたまま」とは、「武装しないで、何事もなく悠々と」の意だ。

　8月10日、美濃・大垣城に移った三成は、昌幸に書状を認める。

楽観的で強気な姿勢は、一向に崩れていない。**自己陶酔**といった方が適切かもしれないくらい。

「拙子儀しかと濃州に在陣候。長大勢州に在陣候。この口の儀、家康ほどの者十人上り候ともお心安かるべく候。討ち果たし候よりほか他事これあるべからず候。……あわれ上り候へかしと念願までに候事（私は美濃に在陣しています。長束正家は伊勢に在陣中。この方面は、家康程度の者10人が上洛を目指してきても、ご安心ください。討ち果たす以外はありません。……早く上ってこないか、と心待ちにしています）」

これを最後に三成からの連絡は途絶える。西軍の編成に多忙を極め、東国に構う余裕がなくなった、東国との交通が遮断されているなどの事情があったのだろう。

西軍の編成

8月5日付けの昌幸宛ての書状に、三成は「備之人数書（そなえの）」を添付している。

三成自身が記す**方面軍一覧**であり、作戦計画書といっていい。人数にはかなり誇張があると思われるが、貴重な史料である。

それによれば、西軍は大きく3方面軍に分かれ、大坂城に守備部隊を置いている。総勢は約18万5000人を数える。

3方面とは、伊勢口、美濃口、北国口で、それぞれ、東海道、東山道、北陸道と読み替えていい。

○**伊勢口**：7万9860人

毛利輝元（4万1500人）、宇喜多秀家（1万8000人）、小早川秀秋（8000人）以下、長宗我部盛親、立花宗茂、毛利秀包、長束正家など

○**美濃口**：2万5700人

石田三成（6700人）、織田秀信（5300人）、島津義弘（5000人）以下、小西行長、稲葉貞通など

○**北国口**：3万100人

大谷吉継（1200人）、木下勝俊（3000人）以下、戸田重政、小川祐忠など

○**大坂城守備**：4万2400人

大坂御留守居衆（7500人）、御小姓衆（8300人）、輝元衆（1万人）、増田長盛（3000人）など

○瀬田橋東番衆：6910人

太田一吉（1020人）以下、垣見一直、熊谷直盛、秋月種長、相良頼房など

個別の兵数の検証は難しい。そこで、一例を挙げておこう。

実際の島津勢は1000人強とされるが、「備之人数書」では5000人と書かれている。義弘は国許に援兵を要請しているが、一向に派遣されない。

次に瀬田橋は、家康軍が京都に迫った場合の最終防衛拠点。どうやら伏見城を攻撃した部隊の一部が、橋の普請を行ったようだ。

『源平盛衰記』の昔から、上方を脅かす東国衆は、〈瀬田川―宇治川〉ラインで迎撃するのが常である。

なお、丹後・田辺城攻めの人数には、三成は触れていない。また、輝元は東へ出陣する予定もあったが、結局、大坂城を離れることはなかった。

これまで田辺城攻め（1万5000人派兵）、北国攻め（北陸道防衛、2万人派兵）については、すでに述べたので省略する。

三成の書状に登場する「西軍の東進策」のメインは、伊勢方面、美濃方面への進攻。それも「備之人数書」の配分比では、圧倒的に東海道の**伊勢**を重視していることがわかる。

しかし三成の意気込みとは裏腹に、どの方面への派兵も効率が悪く、投入人数に見合う成果を上げることはできなかった。

その最たるケースが、田辺城攻めであろう。

籠城者500人を西軍1万5000人が包囲する。それも2か月に及んで。恨みはあるにせよ、そこまでの軍事的価値はない。

このように兵力を四方に分散させたことが、西軍にとって大きなマイナス要因となる。

余談ながら、実際の戦闘から導き出された**ランチェスターの法則**という軍事作戦（イギリス空軍）のシミュレーションがある。

その最もシンプルな方程式が、〈軍の戦闘能力＝武器効率（性能）×兵数〉となる。

わかりやすく戦国武将を例にすると、兵数が敵の半分でも、2倍の鉄砲を用意すれば、互角の戦闘を展開できる――。

関ヶ原の東軍、西軍でいえば、武器（鉄砲、槍など）は同水準。どちらか

一方が、数多くの大砲を放ったわけではない。

つまり、武器効率面では「1対1の戦い」になるので、「軍の戦闘能力は、兵数に比例する」。

当たり前のことかもしれないが、「多数が優勢」なのは歴然としている。

関ヶ原の戦いでは、西軍が大敗を喫した。その事実からすれば、西軍は〈戦闘能力で劣った→兵数が少なかった〉という仮説が成り立つ。

大坂方西軍の伊勢・美濃進攻

伏見城攻撃から転戦する毛利勢は、鈴鹿峠を越えて、8月上旬、**伊勢**に姿を現す。毛利秀元、吉川広家、安国寺恵瓊、長束正家らの諸隊だ。

伊勢の東軍は、富田信高（安濃津城）、古田重勝（松阪城）などの諸将。信高は、家康の取次を務めた一白の子である。

公儀軍（会津遠征軍）に参加した彼らは、小山評定の後、家康の命で急いで東海道を上り、三河・吉田から船を仕立てて伊勢に戻る。そして、城を固めている。安濃津城（三重県津市）での籠城者は、2000人規模。

彼らの船を見た毛利勢は、「家康が伊勢に上陸した」と勘違いし、慌てふためいたという。

8月中旬、長宗我部盛親、鍋島勝茂、龍造寺高房らの援兵が到着し、伊勢の西軍は3万人規模に膨らむ。

が、城攻めにかなりの時間を要したため、安濃津城が落ちたのは8月25日。全体に戦意が乏しかったようだ。

そこから毛利勢、長束正家、長宗我部盛親ら2万人は、家康軍の西上に備えるため、美濃方面へ向かう。

鍋島勝茂らが残り1万人の軍勢を率いて、松阪城（三重県松阪市）を囲む。が、城は容易に落ちず、日数ばかりが経過していく。その側面を、福島正頼（正則の弟、伊勢・長島城）が襲ったりもする。

9月14日、関ヶ原の戦いの前日。

家康軍の到来により、鍋島勝茂の兵を、三成は〈松阪→関ヶ原〉と移動させようとするが、もう間に合わなかったという。

15日になって、西軍の大敗を聞いた勝茂は大坂に引き揚げる。

一方、**美濃**方面では——。

8月5日、三成は大坂城から佐和山城に戻る。城の守備を父・正継と兄・正

澄に託した三成は、9日、東山道を美濃方面に進む。

　三成自身の「備之人数書」によれば、6700人の兵を率いて。

　相前後して、佐和山城にいた島津義弘、小西行長らも軍勢を東に進める。

　義弘はもとより、毛利輝元からも、在国中の当主・島津忠恒に「国中の人数を召し連れ、上洛いただきたい」と要請しているが、国許の義久・忠恒に応じる気配はない。

　その前から、義弘は「無人（軍勢が少数）なので、何事も思いどおりにならず、面目を失った」と嘆いている。やむなく、支配地の武士に直接、上洛を求めている。

　わかりやすくいえば、軍役ではなく、旅費自前で手弁当の義勇兵募集である。それに応じて、300人近くが駆けつけてくる。

　それはさておき、三成が美濃へ出陣する目的は、真田昌幸宛ての書状のとおり、「岐阜中納言・**織田秀信**と相談して、尾張へ兵を出す」こと。

　三成の想定する主戦場は、矢作川である。

　美濃・垂井に到着した三成は、西軍に属する伊藤盛正（美濃・大垣3万4000石）の家臣を招き、**大垣城**の明け渡しを要請する。

　盛正が応じたため、三成は10日に大垣城に入る。なお、真田昌幸宛ての最後の書状は、ここで書かれる。

　岐阜城の織田秀信は、かつての三法師。信長の嫡孫であり、旧織田領国（美濃、尾張）内の旧織田系大名に対する潜在的影響力は大きい。

　秀信も上杉征伐に従軍する予定だったが、三成の勧誘を受け、西軍参加を約束している。三成はその威光を背景に、美濃の諸大名を西軍に味方させる。

　しかし、前述のとおり、尾張・清洲城の開城勧告は拒否される。その場合、美濃口と伊勢口の諸将が一緒に攻める、と三成はしていたが、伊勢方面は安濃津城攻めでてこずっている。

　結果論かもしれないが、西軍にいえるのは、軍勢が各地に分散され、しかも戦術にスピード感が乏しいこと。盟主・毛利輝元が、陣頭指揮を取っていない点もマイナス材料だ。

　三成に力量があったにせよ、「従五位治部少輔」の官位は諸大名の同僚に過ぎず、どうしても遠慮するケースがある。言い換えれば、指示命令系統のトップには立ち難い。

　それに引き換え、家康の「正二位内大臣」は武家のトップであり、しかも自ら出馬している。この違いは、やはり大きい。

結局、三成は「清洲城挟撃作戦」を敢行できなかった。それは、矢作川決戦の放棄を意味する。
　早い段階で清洲城を攻め、三河・吉田城付近まで進出しないかぎり、矢作川での迎撃は無理筋だったのだ。
　近距離で、所要日数が短い清洲城挟撃ですら、容易に機能しえないのが現状。
　となると、家康への東西挟撃説は、まず実現不可能と思う。
　奥羽から上方まで約3週間、江戸から上方まで約2週間。その間、書状か密使しか連絡手段がない。移動状況をコントロールできる者もいない。
　仮に景勝が南進したとしても、行く手で敵と交戦すれば、それだけで目算は大幅に狂う。距離の壁は大きく、東西挟撃説は机上の空論といわざるをえない。

　誤算によって、急遽、三成は戦術の**練り直し**が求められる。
　しかも、彼の予想以上の速さで家康軍（東軍）は西上し、13日に清洲城に入る。小山から反転してきた部隊だ。西軍が手をこまねいているうちに。
　その間、三成は〈佐和山→大垣〉を移動したに過ぎない。

［西軍の移動］

5 東国の模様

東軍の動向

　小山評定で、家康・秀忠父子が機能を分化したことは、前に述べた。
　父子で「東西の合戦」を分担した点に、注意を払いたい。当時、細く長い日本を、一元的に管理対応するのは不可能に近い。
○**対会津**（宇都宮防衛部隊）：徳川秀忠、徳川系大名
○**対上方**（東海道西上部隊）：徳川家康、豊臣系大名

　当初、上杉征伐では5口からの攻撃を計画していたが、棚倉口・佐竹義宣は景勝と手を結び、信夫口・伊達政宗と米沢口・最上義光は景勝の与党となっている。
　また景勝の旧臣が越後で一揆を起こす。一方、前田利長も越後へは派兵できない状況なので、津川口も機能しない。
　結局、白河口を秀忠以下が守り、景勝の南進に備えている。

　一方の家康は、会津戦線を秀忠に託すとともに、小山から福島正則、池田輝政、黒田長政らを上方に反転させ、自身は8月6日に江戸に戻る。
　だが、豊臣系大名と一緒に、家康は東海道を上ったわけではない。
　背後の景勝を懸念する家康は、動くに動けず、ようやく西へ向かったのは9月1日のこと。
　8月13日、清洲城に入った福島正則らがジリジリとして、家康の到着を待っていたのは想像に難くない。
　なお、〈家康軍＝東海道、秀忠軍＝東山道〉を西上するのだが、初めから予定していたわけではない。
　実際、東西両軍の決戦場がどこになるのか？
　三成は矢作川を想定したが、そのとおりには、ならなかった。というのも、敵の動きを掴みきれなかった点が大きい。
　矢作川などに触れることなく、最初から「関ヶ原ありき」で物語るのは容易だが、本質はまるで見えてこないと思う。
　家康は、西の上方の様子が気になるが、東の景勝によって領国が侵される

のも、非常に脅威なのだ。

家康は、「今、景勝に向って、容易く戦える者はほとんどいない」(意訳、『藩翰譜』)と、武将としての景勝を恐れている。

下手すれば、存立基盤を失いかねないリスクに曝されている。また、家康が上方に転じれば、徳川系大名や奥羽の諸大名に動揺が走る、景勝党を勢いづかせる。

そういう波及を考えれば、苦慮せざるをえず、動くに動けない。結局、家康の江戸滞在は26日間に及んだ。

関ヶ原の戦いによって、私たちは家康が戦った事実を知っているが、現在進行形の時点では、家康には講和という選択肢もありえたはずだ。たとえば、毛利輝元と手打ちして、その後に会津再征を行うとか……。

しかし、家康の最終判断は、上方との**直接対決**だった。

上杉景勝は、公儀軍(会津遠征軍)に備え、白河口での防御を固めていた。

8月上旬、家康が小山から引き返したとはいえ、依然として3万人もの秀忠軍が、東山道の〈下野・大田原―宇都宮〉を防御している。

景勝とて、簡単に関東へ進攻はできない。背後を固める必要もあって、景勝軍も会津に引き揚げる。

そして、8月24日、対会津戦線が小康状態になったタイミングで、秀忠は宇都宮防衛を兄の結城秀康に託し、秀忠自身は真田成敗(信濃・上田城攻撃)に転戦する。といっても、上杉征伐の一環としての動きである。

上杉景勝の動き――関東乱入

景勝が記した8月25日付け書状の写しが、真田氏に残っている。

宛名は毛利輝元、宇喜多秀家に書き換えられたようで、たぶん昌幸宛てのものであろう。このタイミングでは、東西間の連絡はできなかったと思う。

「上方の変化に動転した内府(家康)は、4日、小山から江戸に戻りました。本来ならば関東へ出陣すべきところですが、思いがけず最上と(伊達)政宗が見合わせたので、奥口(背後の米沢口、信夫口)の手当を終え次第、関東に専念したく存じます」

「軽はずみに関東へ出陣した場合、奥口で蜂起されれば、見苦しいことになります。ただし、内府が上洛と決まれば、佐竹と相談して、万事をなげうって関東へ乱入する支度は、油断なくしています。ご安心ください」

「諸口の守りを固めるため、直ちに関東へ出陣できるわけではありませ

ん。しかし、来月中（9月）には佐竹と相談し、ぜひ行動に移したいと思います。なお、関東での仕置について、最上も政宗も（景勝の）指図次第で、味方すると申しております」（意訳）

　東国の景勝党は、次のとおり。
○同盟：佐竹義宣、佐竹親族（相馬義胤、岩城貞隆、蘆名義広、結城朝勝）
○同心：最上義光、伊達政宗、小野寺義道

　佐竹義宣と伊達政宗とは、過去の確執を捨てて、連携態勢を敷いている。
　最上義光は、「私は上杉家中の者、同然です。嫡子を人質に出します。お指図があれば、1万人の軍勢を率いて、どこへでも出向きます」（意訳）と、景勝に書状で約束しているほどだ。
　景勝の関東乱入のスクラムは、整った。
　ところが、最上義光・伊達政宗が同陣（統一的軍事行動）を見合わせたので、いったん会津に戻ったのだ。
　だが、家康上洛ともなれば、9月には佐竹義宣とともに、関東へ攻め入る。そのときは、義光・政宗も協力するはず……。
　9月初旬、家康が西上し始めたころ、直江兼続も上杉氏重臣に、「景勝の関東出馬、政宗に対する同陣要請、関東静謐中の警戒」を伝えている。
　複雑なのだが、義光・政宗は家康とも繋がっている。二股外交で、形勢を眺めながら、旗色のいい方へ靡く。そういう色合いが濃厚である。
　上方蜂起とともに、家康は彼らに在国待機を指示していたが、まず義光が景勝に叛旗を翻す。関東出陣要請と人質提供を拒否したのだ。
　最上勢が朝日軍道を襲えば、上杉領国は会津領と庄内領に分断されてしまう。かつての係争地・庄内は、今は兼続の領分と考えていい。義光はその奪回を意図している。
　そこで、9月8日、兼続は上杉勢の一部（直江勢）を引き連れて、**最上成敗**に向う。関ヶ原の戦いの1週間前である。有名な前田慶次も、牢人衆として従軍している。
　この最上成敗（山形城攻め）は、兼続にすれば所領の防衛に等しい。また全体の構図は、景勝・兼続主従が、領国の南北の軍略を分担した形。依然として、景勝は主力部隊を待機させ、南進（関東乱入）の機会を窺っている。
　詳しくは、拙著『直江兼続』を参照いただきたい。

9月15日、関ヶ原の戦い——。

その勝敗が会津に伝わったのが、2週間後の29日。と同時に「家康の会津再征」の噂が流れたため、翌30日、景勝は直江勢を山形方面から撤退させる。

今度は義光と連携した政宗も敵に廻り、南進して上杉領国への侵入を開始する。その攻撃は、翌1601（慶長6）年4月まで続く。

関ヶ原の半年後まで、景勝は独自の抵抗を貫いたのだ。

真田成敗

8月24日、対会津戦線を結城秀康に託した徳川秀忠は、**真田昌幸成敗**に転戦する。以下の文脈からしても、上杉征伐の流れ、といっていい。

「当面、宇都宮が手隙になりましたので、信州・真田表の仕置のため、明日、出馬します」（意訳、8月23日付け『秀忠書状』）

まだ江戸にいる家康は、24日、浅野長政（甲斐）にその旨を連絡して、支援するように指示する。

その約1週間後、家康は「景勝が越後に攻めてくるときは、ただちに堀氏に加勢してください」（意訳）と、真田信幸に命じている。

このような事実からも、家康が懸念したのは「甲信越」なのが、おわかりいただけると思う。

徳川氏の本隊というべき秀忠軍が、徳川領国の**国境**（奥羽＆甲信越）を警衛する。それは、当たり前のことだろう。小山評定で、上方反転を豊臣系大名に任せたのだから。

秀忠軍は、景勝党の昌幸の動きを牽制するために、東山道・碓氷峠を越えて、9月4日に信濃・上田城付近に到着する。

この動きを、『三河物語』では、まるで寄り道をしたように記す。

「将軍様（2代秀忠、現時点は未就任）は宇都宮を出発され、中仙道（東山道）を通って（上方へ）攻め上られたが、通りがけに真田の城に攻撃を仕掛けられた。将軍様は22歳と若いので、本多正信（目付）がお供についた」（意訳）

『三河物語』や通説のとおり、最初から秀忠軍が上方を目指したのであれば、碓氷峠を越えて〈軽井沢→追分〉と進み、そこから進路を南にとって東山道を木曾谷へ向うのが普通だ。

しかし、実際は〈追分→小諸→上田〉と、秀忠軍は信濃の北国街道を北上した。標的は、明らかに昌幸である。

合戦の経過は略すが、昌幸に翻弄された秀忠軍は、いったん小諸に退く。そこへ、家康の使者が到着する。

家康の上洛決定（9月1日）に伴い、秀忠軍は甲信越警衛を中断して東山道を西上せよ。集合場所は尾張・清洲城——。

大幅な**作戦変更**であり、家康は上方優先の判断を下したのだ。

その指示を持った使者は、8月29日に江戸を出たものの、川止めなどで遅れ、ようやく9月9日になって秀忠の許に着く。

突然の変更に驚愕した秀忠軍は、東山道をひたすら急ぐ。だが、4万人近い大軍の移動である。容易なことではない。

結局、秀忠軍は関ヶ原には間に合わずに終わる。

15日の関ヶ原の勝敗を、秀忠が聞いたのは、2日後の17日、場所は木曾の妻籠宿だった。これが有名な、秀忠の**関ヶ原遅参**である。

三成と昌幸の関係

一連の出来事を、「昌幸は縁戚の三成と結んでいた、あるいは西軍に加盟したので、西上する秀忠軍の行く手を上田城で阻んだ」と、通説では描くことが多い。

が、正しくは次のような流れとなる。

まず昌幸は景勝に恩義があり、東国での景勝謀反に加担しようとした。

景勝を討伐すべく、公儀軍（会津遠征軍）が編成され、家康が上方から東国に下ると、その留守を狙った三成は上方で蜂起する。

蜂起後、三成は初めて昌幸と連絡を取り、以降、さまざまな情報連携を図るが、具体的な依頼事項は、〈佐和山→上田→沼田→会津〉の連絡ルートの確保だけだ。

反家康は共通しているものの、三成らは景勝の敗北を予想している。また、距離の壁があるため、東西での軍事的統一行動は一切取っていない。

事実、書状で三成は、昌幸の東山道西上を要請していない。一方の昌幸も、上洛する素振りを示さない。越後侵入を計画していたから、景勝党の昌幸は上田城を動かなかったのだ。

それを三成も知っているからこそ、「（西軍が家康を矢作川で討ち取れ

ば、)東国の上杉、佐竹、真田は袴をはいたままで、関東に乱入できるでしょう」と、書状に記す。

もし西軍参加を望むなら、昌幸に「信濃から美濃までお越しください。」と書き送っても不思議ではない。

また昌幸は、秀忠軍を待ち構えたのではない。景勝・昌幸間を分断する目的で、秀忠軍が来襲してきたのだ。

上田城の位置は、東山道沿いではない。従って、秀忠軍の目的が上洛ならば、それを無視して進軍し、目的地へ急行すればいい話。

先入観を捨て、正しい視点に立てば、歴史のポジとネガが逆転する。その典型だと思う。

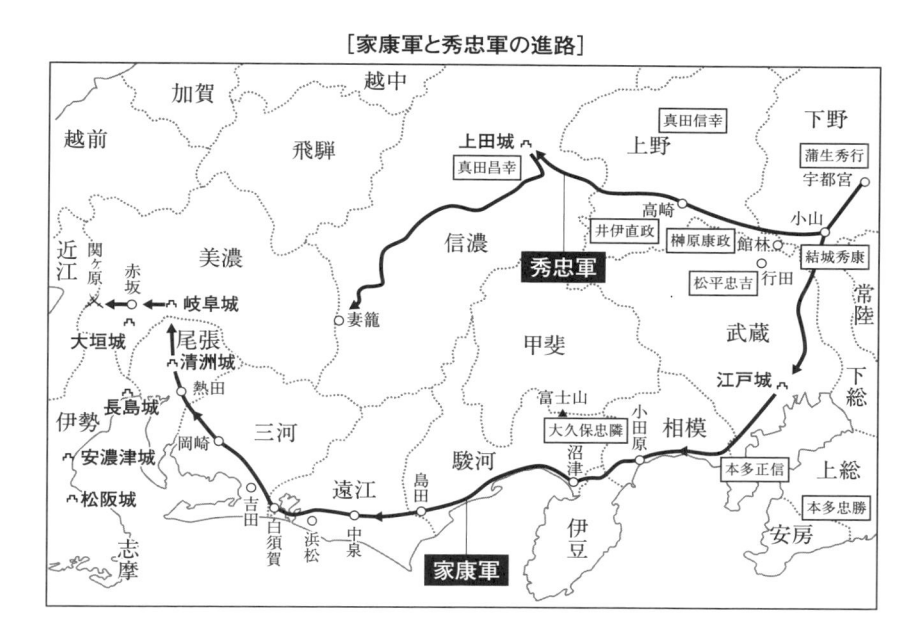

[家康軍と秀忠軍の進路]

九州の情勢――毛利輝元の関与

ついでながら、九州の情勢にも触れておきたい。

九州の大名の多くは、軍勢を引き連れて領国を離れている。西軍への参加者が目立つ。

○**東軍参加**：黒田長政、寺沢広高

○**西軍参加**：小早川秀秋、小西行長、島津義弘、立花宗茂、鍋島勝茂、太田一吉、垣見一直、熊谷直盛、秋月種長、相良頼房……

　一方、在国していた有力大名は、黒田孝高（豊前・中津）、加藤清正（肥後・熊本）、島津忠恒（薩摩・鹿児島）などで、旗色を鮮明にしない忠恒以外の2人は東軍（家康派）に属したとされる。
　毛利氏取次だった孝高は、その座を奪われた過去がある。嫡子・長政も、三成を襲撃した七将の1人で、家康の養女を娶っている。ともに反三成の急先鋒。これは間違いない。
　三成と対立した清正も、通説では長政と同様のはずだが、なぜか在国している。
　その理由は、「家康は西軍の多い九州を心配して、清正に見張らせた」と説明されることが多い。そのため、家康は清正に「肥後、筑後2か国」を約束したという。
　清正は家康の養女を娶っている。隣国は「犬猿の仲」の小西行長の領国（肥後南部）、薩摩の島津氏の動静も気になるところ。
　また東九州の豊前からは、瀬戸内海航路を利用できるが、西九州の肥後からでは難しい。そういう物理的な事情もあったのだろう。

　しかし、『看羊録』では、**清正**に関しては微妙な記事が多い。要するに、家康と一枚岩とはしていないのだ。
　「清正の性質は、元々邪で、激しい」「家康に叛き、前田肥前守（利長）らと同盟を結んだ」「（前田征伐のとき、家康は諸大名を召集したが、）清正だけは、命令を聞いても自領にそのまま留まり、3か月が過ぎてから上京してきた」と、断片的に記している。
　何か家康との間に不協和音が、あったのかもしれない。
　その状況を見越したのだろうか、毛利輝元と増田長盛らは、8月中旬、伏見城襲撃に加わった毛利吉成（豊前・小倉）を熊本に派遣している。明らかに西軍への勧誘のためだ。
　「坂西の儀」の輝元は、以前、福原直高の処分を九州大名に伝えており、西国大名への影響力は大きかった、と考えるべきであろう。なお、『看羊録』では、〈家康＝関東の大帥、輝元＝京西の大帥〉と記している。
　おそらく加増などで、清正と交渉の余地があったのだろう。清正の所領拡

大意欲は、朝鮮でも見られたように旺盛である。

それに関して、『藩翰譜』にも気になる記事が登場する。

要約すれば、当初、清正は西軍に加わろうとしたが、望み（恩賞）が叶わなかったので東軍に転じた、という内容だ。ありそうな話である。

「（上方蜂起のとき、）清正は輝元に使者を派遣して、『中納言殿（輝元）は三成に与すると承りました。清正が大和国一円を賜れば、急ぎ上洛して関東攻め（家康成敗）に下りましょう。内府（家康）に従って奥（奥州）に下っている上方大名（豊臣系大名）は、皆、清正に与すると思います。内府を滅ぼすことは、清正一人にお任せください』と伝える」（意訳）

ところが、大和・郡山は増田長盛の所領なので、輝元は難色を示す。

そのため、使者は「大坂（上方）は新しい味方を失った。清正の望みを叶えなければ、（上方の）軍に利はない。これでは、清正は味方に参上しないだろう」と、知人に語って肥後に帰ったという。

第1次朝鮮出兵のとき、敵前逃亡したため、豊後1国を没収された大名がいる。戦国大名・大友宗麟の跡を継いだ吉統だ。

その後、〈毛利輝元→佐竹義宣〉に預けられた**大友吉統**は、大名復帰の機会を窺っていた。

それを知る輝元は、吉統を〈上方→周防→豊後〉と瀬戸内海を移動させ、9月9日、現在の大分県別府市付近に上陸させる。もちろん、援兵を付けて。

旧守護家の帰国であり、大友氏の旧臣が続々と参集してくる。

大友勢は、豊後・杵築城を攻撃する。杵築城は、細川忠興（東軍）が家康から与えられた新領である。そのため、豊前から黒田勢が応援に駆けつける。

9月13日、大友勢900人と黒田・細川連合軍1200人は、石垣原の戦いで激突するが、15日に吉統が降伏を告げて東西両軍の代理戦争は終わる。

奇しくも、関ヶ原の戦いの当日のこと。

17日、吉統の敗北を知った清正は、小西行長の本城・宇土城に猛攻撃を加える。その後、関ヶ原の勝敗が伝わると、宇土城は開城する。

なお、清正の行動に懐疑的な『藩翰譜』では、宇土城攻めを行ったのは10月8日。関ヶ原での東軍勝利を聞いた後、軍令を発したのではないか、としている。

6 家康の出陣

清洲城参集の諸将

　8月14日、小山から上方へ反転した豊臣系大名が、相前後して尾張・清洲城に集結する。東軍の中核をなす部隊（家康軍）であり、総勢3万4000人を数える。

　なお、当然のことながら、兵力に関する統一データは存在しない。諸書に記される数値はマチマチであり、おおよその規模とご理解いただきたい。

　東軍の突端というべき清洲城と、西軍の岐阜城との間は、約7里（28km）。その間を木曾川が流れている。岐阜城の背後の大垣城には、三成、小西行長、島津義弘らが入城したばかり。

　一方、清洲城の諸将は、苛立ちを隠せない。**福島正則**は、相当立腹したようだ。

　家康は遅れて上洛する予定だが、一向に江戸を離れる気配はない。

　いつ家康は清洲城にくるのか？　これから進路をどう取るのか？　西軍と戦端を開くのか？　それとも家康は出馬を見合わすのか？

　目付の本多忠勝、井伊直政も知らされておらず、いずれもが不透明。

　前に「三成（西軍）は誤算の連続」と記したが、東軍とて公儀軍（会津遠征軍）を含めれば、同様である。家康が政局を見誤った一面は、否定できないと思う。

　西軍は、伊勢（東海道）、美濃（東山道）、北国口（北陸道）の3方面に重点を置いたものの、九州・四国では東軍大名の所領を侵すなど、他にも兵力を分散させがちだった。しかも戦果は、さして上がっていない。

　三成は東進策を主張したとはいえ、江戸まで攻め込むまでの意思はない。

　基本は迎撃――。西上する東軍をどこで防御するか？

　矢作川決戦を唱えたのも、兵力を東海道だけに限定できるからだ。

　尾張まで進出されれば、東軍は東海道を伊勢へ、東山道を目指して美濃へ進む2コースが選択できる。それは、西軍にとって兵力の分散を意味する。

　一応、三成の次なる策は、前線となる濃尾国境を、〈岐阜城―大垣城〉ラインで守ることになるのだろう。

が、東軍に呼応する前田利長が、北陸道・北国街道を南進するケースにも、依然として備えなければならない。

背後を断たれれば、三成らの大垣城籠城組は孤立する恐れもある。

一方の東軍は2方面に分かれ、秀忠軍（宇都宮防衛部隊）は迎撃で、家康軍（東海道西上部隊）は攻撃態勢。ほどなくして、秀忠軍も東山道を上り、上方攻撃に転換するが、決戦には間に合わなかった。

となると、目算の狂いの少ない方（失点の少ない方）、兵力を集中させ、かつ多い方、戦闘意欲の旺盛な方に、展開は有利に働くのだろう。

戦闘意欲とは、現代風にいえばモチベーションのアップ。具体的には、恩賞の約束、その信用度、公正な論功行賞の実施、敵への怨念、総大将の出馬などだ。

8月19日になって、家康の使番・村越直吉（なおよし）が清洲城に到着する。村越茂助の通称で知られる旗本だ。

福島正則が詰め寄ると、茂助は彼らに「諸将の向背（こうはい）を明らかにすること」を求め、次のように語る。

「（家康が）御出馬されないわけではありません。各々（諸将）が手出ししないゆえ、御出馬がないのです。手出しさえあれば、早速、御出馬されるでしょう」（意訳、『慶長記』）

豊臣系大名の裏切りを恐れる家康は、彼らが自主的に西軍と戦端を開くことを求めたのだ。**戦闘開始**こそが、味方の証だとして。

『慶長記』によれば、扇を広げた正則は、茂助の顔を二度、三度、仰いで、「（家康に）尤もなことですので、直ちに手出し仕（つかまつ）る、と申し上げてください」（意訳）と述べる。豪傑肌の正則を彷彿させるエピソードだ。

彼が先鋒を買って出た。これが諸将の戦闘意欲をかき立てる。

岐阜城攻撃――木曾川渡河作戦

清洲城で軍議が開かれ、諸将は岐阜城攻めを決める。

そのとき、福島正則と池田輝政が先陣を争う。正則は尾張の地理に詳しく、輝政は大垣城主、岐阜城主だったこともあり、美濃に精通している。

木曾川を渡るのは、上流の河田（こうだ）（岐阜県羽島郡）と下流の尾越（おこし）（愛知県尾西市）の2コースがある。川幅の広い後者は、難度が高く、かつ迂回路。

目付が両者の仲裁に入り、8月22日早朝、諸将は二手に分かれて進発する。

○**上流渡河組**1万8000人：池田輝政（三河・吉田）、浅野幸長（甲斐・府中）、山内一豊（遠江・掛川）、堀尾忠氏（遠江・浜松）、有馬豊氏（遠江・横須賀）、戸川達安（宇喜多氏旧臣）ら
○**下流渡河組**1万6000人：福島正則（尾張・清洲）、細川忠興（丹後・宮津）、加藤嘉明（伊予・松前）、黒田長政（豊前・中津）、藤堂高虎（伊予・板島）、田中吉政（三河・岡崎）、寺沢広高（肥前・唐津）、井伊直政、本多忠勝ら

一方、岐阜城の織田秀信（13万石）の兵力は、三成の「備之人数書」によれば5300人。実際は6500人ともいう。

大軍の来襲にもかかわらず、秀信は籠城策を採らず、城外での迎撃戦を決める。自らも出陣しようとする。岐阜城が山城なので、籠城に不適という事情もあったらしい。

上流では、木曾川を挟んで両軍が銃撃戦を始める。が、多勢に無勢。織田勢は岐阜城に戻る。夕刻には、大垣城へ援軍を要請する。

下流では、川を渡った東軍が竹ヶ鼻城（織田氏の出城）を攻め落とし、岐阜城を目指す。

正則、輝政の激しい先陣争いがあり、翌23日、東軍の岐阜城攻撃が始まる。本丸への一番乗りは、正則と輝政の同着と、目付の忠勝と直政は判定した。確執の再燃を防ぐ措置であろう。

が、城は「もぬけの空」に近く、あっけなく落城したようだ。

投降を決めた秀信は助命を乞い、それを正則が認めたという。秀信は高野山に入り、1605（慶長10）年、26歳で没する。

また、下流を渡った部隊の一部（黒田長政、藤堂高虎、田中吉政）は、長良川左岸の合渡の渡し場で、大垣城からの西軍援兵を破る。

このとき、黒田長政の家臣・後藤又兵衛基次も奮戦したとされる。

大垣城からは、三成の家臣・舞兵庫（舞野兵庫助、前野長康）が1000人を引き連れて長良川右岸にきたが、銃撃戦に敗れて城に後退したという。なお、舞兵庫は、豊臣秀次の旧臣で、三成に5000石で召し抱えられた。

三成自身が出陣した、という話もある。

ともあれ東西両軍の緒戦は、東軍の完勝に終わる。それも家康の臨戦を仰ぐことなく。

家康の出馬

　8月27日、岐阜城攻略の4日後、その知らせが江戸城に届く。緒戦の圧勝が、家康に上洛を決意させる。

　そして、福島正則らに戦勝の感状を送る際、家康は「我ら父子をお待ちください」と付言する。

　そこで、秀忠軍に作戦変更(甲信越警衛→清洲城集合)を伝える使者を、29日に派遣する。その連絡がうまくいかず、秀忠軍が遅参したのは、前述のとおり。

　家康父子＆徳川系大名抜きで、豊臣系大名だけで西軍と戦う――。その構図だけは避けたい、と家康は考えたのだろう。

　兵力不足のまま、乾坤一擲の勝負に臨むわけにはいかない。

　また、万が一、豊臣系大名だけで勝った場合は、臨戦していない徳川氏の発言力が大幅に低下する。負ければ、徳川氏の崩壊に繋がりかねない。

　9月1日、3万2700人の軍勢(旗本などの徳川家臣団)を引き連れた家康は、江戸を立つ。

　同日付けの書状で、家康は真田信幸に上方出馬を伝えるとともに、越後口の守備を命じている。かなり背後の景勝の動きを気にしている。

　「大垣城に、石田治部少輔(三成)、島津、備前中納言(宇喜多秀家)、小西摂津守(行長)が籠っているそうなので、城を取り巻いて水攻めにするため、早速、出馬します」(意訳)

　西軍に関する情報を、東軍は入手していたようだ。

　出陣に際して、「ひっそりと、旗や馬印が目立たないように」と、家康は指示する。

　隠密行動を採った理由は、「家康出馬」を西軍に察知されないため、といわれる。確かにそのとおりで、大垣城に籠る三成らは、東軍の情報をほとんど把握していない。

　しかし、筑前中納言・**小早川秀秋**は知っていた。

　3日、小田原。家康の許に、秀秋の使者が到着する。

　が、家康は「倅の申すことは、実儀(誠、真実)ではなかろう。取り合わなくていい」(意訳、『慶長記』)と、近臣に指示している。この場合の「倅」は、秀吉の息子、若輩者のどちらとも取れる。

秀秋は、西軍の伏見城攻撃に加わっているが、重臣・平岡頼勝経由で、黒田長政に「やむなく参加した」旨を伝えている。基本は「内府の御方」と。なお、平岡頼勝の妻は、黒田長政の従姉妹にあたる。
　その後、秀秋は伊勢に向ったものの、途中で引き返し、近江・高宮（佐和山城付近）に兵を留めている。病気療養と称して。
　今回も秀秋は、「東軍に味方する」と連絡したかったのであろう。
　8日の浜名湖付近でも、秀秋の使者がやってきている。
　家康は会わなかったが、「よきご挨拶」と近臣経由で伝えている。先日、秀秋を無碍にしたことを、道中で多少悔いたのかもしれない。秀秋が内応すれば、有力な援軍になるのは間違いない。
　家康の感情を別にして、秀秋に対しては、終始、黒田長政と浅野長政が東軍内応を働きかけている。
　一方の三成は、秀秋に関白と上方2か国を約束して、西軍陣営に留めようとした、といわれる。が、ご存知のとおり、関ヶ原で秀秋は西軍を裏切り、東軍に転じる。
　その一方で、毛利家中の**吉川広家**も、黒田長政と接触している。では、広家は長政経由で、何を家康に申し出たのか？
　その概要は、黒田長政の返書（8月17日付け）で窺うことができる。当時の広家は、伊勢・安濃津城攻めに従軍中。
　「（今度の上方蜂起について）輝元はご存知なく、安国寺1人の才覚であることは、内府公（家康）もご了解されています」
　「内府の真意を輝元に伝えていただき、（徳川氏と毛利氏が）昵懇になるように、（広家が）御才覚を働かせてください。貴様（広家）次第で、こちらは拙者（長政）が整えます。合戦になって此方（東軍）が勝てば、講和も整わないので、御分別をお願いします」（意訳）
　広家は、開戦の責任を恵瓊に押し付け、輝元を守ろうとする。家康も、輝元との講和が実現できれば、それに越したことはない。
　もし、大坂城の輝元が、秀頼を奉じて戦場に現れれば、東軍の豊臣系大名に動揺が走るのは必至だからだ。
　毛利氏重臣の福原広俊も、御家安泰のために、広家に同調したようだ。このように、水面下の毛利氏は分裂状態に陥っている。
　しかし、さまざまな思惑が交錯し、再び広家が黒田長政と連絡を取り合うのは、関ヶ原決戦の直前である。

家康の到着

家康が清洲に着いたのは、9月11日のこと。かなりの急行軍である。

それ以前に、岐阜城を攻略した東軍は、東山道を西に進む。揖斐川を越えた彼らは、8月24日、美濃・**赤坂**（岐阜県大垣市）に陣を構える。西軍の籠る大垣城までは1里強（5km）。至近距離である（267ページ地図参照）。

岐阜城の下を木曾川が流れ、西に長良川、揖斐川と続く。揖斐川岸に大垣城がある。赤坂は、その北方に位置している。

東山道でいえば、美濃では加納（岐阜）から西に〈河渡―赤坂―垂井―関ヶ原…〉と連なる。

福島正則らは、赤坂の陣地で家康の到着を待っている。

清洲城に滞在した家康は、赤坂から藤堂高虎を招き、密談を交わす。

かつて豊臣秀長に仕えた高虎は、家康が最も信頼する豊臣系大名である。赤坂の様子を聞くとともに、清洲合流を伝えたはずの秀忠軍が未着なので、その善後策を相談したと思われる。

事実、東山道の進軍が難航する秀忠は、高虎に「心中に任せざる段、御察しあるべく候」と嘆くとともに、「随分急いでいますが、道中で難所も多く、遅々として進まず難儀しています」（意訳）と、途中で報告を入れている。

清洲城で秀忠の到着を待つか、それとも家康だけが赤坂の陣地に急ぐか？大きな**賭け**である。

13日、清洲を発った家康は、岐阜に入る。

状況が見えない秀忠軍を諦め、豊臣系大名を核として戦うことを決意したのだろう。

家康は「スピード」とともに、福島正則らの「勢い」を買った。

家康が到着すれば、味方の士気は一気に盛り上がる。その勢いで、勝負に決着を付ける。秀頼を奉じた輝元が、戦場に現れる前に。

また岐阜から、家康は前田利長に南進を要請する書状を送っている。

岐阜から長良川を渡った家康は、14日、赤坂に到着する。侍医は「伊勢方面に陣を構える長束正家、龍造寺高房（西軍）の旗が見えた」と、記す。

高台の岡山に設けられた本営に入った家康は、大垣城方面に金扇の馬印、葵の旗7本、白旗20本を掲げさせる。

岡山の本営からは、大垣城を遠くに見下ろす格好になる。

家康の馬印、旗を眺めた大垣城の西軍に、大きな衝撃が走る。ある日、突然、家康が姿を現したのだから。

関が原の決戦は、翌15日のこと——。

7 西軍の動向

大垣城籠城

9月14日、家康が赤坂に到着した時点で、三成らは美濃・大垣城に籠っている。これまでの西軍諸勢の動きを、時系列で整理しておきたい。

○8月10日

三成、島津義弘、小西行長、福原長高らが、大垣城に入る。なお、東軍の清洲城到着は13日。

○8月23日

岐阜城（織田秀信）が、東軍によって攻略される。東山道を進んだ東軍は、赤坂に陣を構える。

同日、宇喜多秀家勢が大垣城に入る。

⇒伊勢に向かおうとする秀家を、三成が美濃に転進させたという。このころの三成は、**大垣城籠城策**を考えている。

また秀家は、到着早々東軍への夜襲を提案したが、湿地を理由として、三成は同意しなかったという。これが、当初、家康が水攻めを考えた理由でもあろう。なお、水攻めをあきらめた理由は、秀忠軍の遅延が大きい。

○8月26日

三成は、大坂城の毛利輝元に出馬を要請する。また、越前で前田利長に備えていた大谷吉継らに、美濃参集を求める。

三成自身は、いったん佐和山城に戻り、防備強化を指示する。

⇒東軍は大垣城に押し寄せずに、東山道の垂井・関ヶ原で放火を繰り返す。そこで、三成は「東軍は東山道を直進して、佐和山城を襲うかもしれない」と考えたとされる。

なお、大坂城への使者は東軍に捕まったという。

○9月3日

大谷吉継らが、関ヶ原付近の山中村に陣を敷き、東山道（美濃・近江間）

を警戒する。脇坂安治、平塚為広、朽木元綱などの諸将も同様である。
⇒同じころ、瀬田橋の番をしていた熊谷直盛、垣見一直、秋月種長らも、大垣城近くの杭瀬川(くいぜ)付近に移動してくる。
○9月7日
　伊勢方面から、毛利勢など（毛利秀元、吉川広家、安国寺恵瓊、長宗我部盛親、長束正家ら3万人）が到着して、南宮山(なんぐう)の山上に陣を張る。10日ごろの到着ともされる。
⇒大坂城の増田長盛が、東軍の動きを吉川広家に伝え、美濃転戦を指示したという。
○9月10日
　再度、三成は輝元に出馬を要請する。輝元は佐和山城へ赴くつもりだったが、結局、出馬を見合わせる。大坂城の増田長盛が東軍に内通している、という噂が流れたためだ。

○9月12日
　西軍に属していた京極高次が、近江・大津城に籠って叛旗を翻したため、毛利元康、毛利（小早川）秀包、立花宗茂ら1万5000人が城を攻撃する。
⇒大津城は15日に開城したため、攻撃軍は美濃に向おうとするが、同日、西軍は関ヶ原で敗れ去る。
○9月14日
　近江から東進してきた小早川秀秋勢が、松尾山に陣を構える。
⇒すでに**秀秋謀反の噂**は流れていたので、通説では大谷吉継が彼を訪ね、説得したという。
　しかし、三成が美濃参集を要請したわけではない。松尾山には、大垣城を

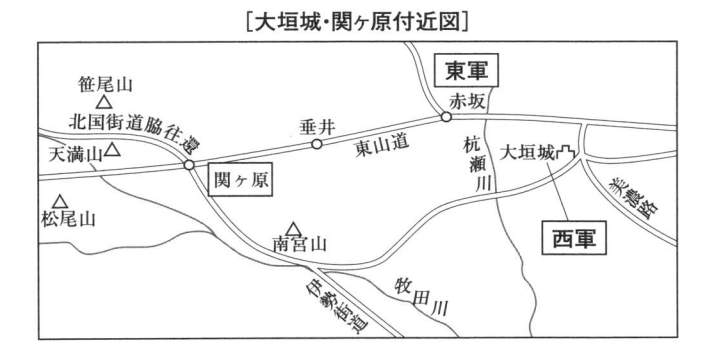

[大垣城・関ヶ原付近図]

提供した伊藤盛正の陣があった。1か月以上、滞陣しているのだから、実際は砦に近い。その伊藤勢を追い出して、突如、秀秋は着陣したのだ。

むしろ、秀秋が「家康の赤坂到着日」に歩調を合わせた可能性が高い。

『藩翰譜』には、「徳川殿が既に尾張国に打ち入られたと聞いて、（秀秋は）関ヶ原の松尾の山に至って、陣を取る」（意訳）と記す。

矢作川決戦が実現不能となったため、三成は濃尾国境での防御策に切り替える。ところが、あっけなく岐阜城が陥落したので、目算は大きく狂い、西軍は大垣城だけの片肺に陥る。川で防御線を表示すれば、〈矢作川→木曾川→揖斐川〉と、徐々に後退している。

東軍は、大垣城近くの赤坂まで進出する。そのため、急遽、三成は大垣城籠城策を採り、諸国に分散している西軍を大垣城周辺に呼び集める。

この時点での三成は、関ヶ原を主戦場とは考えていない。家康も同様である。その点に注意を払いたい。

三成に召集された西軍諸将は、大垣城を観望できる場所に、各自で陣を張ったのだ。大垣城決戦のために。

三成最後の書状Ⅰ——西軍は戦意なし

関ヶ原決戦の3日前、9月12日、三成は**増田長盛**に書状を認める。

おそらく彼にとって最後の書状だが、使者が東軍の徳永寿昌（美濃・高須城）の配下に捕まったため、大坂城には届けられずに終わる。

逆に奪われた手紙は、赤坂を目指す家康の手許に送られてしまう。そのため、三成は手の内を家康に曝け出す結果となる。

「西軍は戦意なき烏合の衆」と、本質をズバリ書いてしまったからだ。

長文なので、内容を意訳の上、ダイジェストで紹介したい。

○**東軍の動向**

赤坂の敵は行動を起こさず、何かを待っている模様です。当方では、皆が不思議がっています。

⇒なぜか、家康の西上とは、考えなかったようだ。豊臣系大名は西上したにせよ、家康本人は会津に掛かりきり。そう思いこんでいたのだろう。

○**味方の戦意の乏しさ**

本日、軍議を開きます。一昨日（10日）に、長束正家と安国寺恵瓊の陣所（南宮山付近）を訪ねて所存を確認しましたが、事はうまく運ばないと思い

ます。

　というのも、大事をとって敵を壊滅させる工夫をせず、身の安泰ばかりを考えているからです。陣所は垂井の上手の高い山で、人馬の水もなく、合戦が始まっても、軍勢の上り下りができないほどです。

　ここを陣所にするとは、味方は不審に思っています。敵もそう思っているでしょう。

　正家と恵瓊は、合戦を決断しようとしません。伊勢から到着した毛利秀元、吉川広家、北陸からきた脇坂安治、小川祐忠らも合戦を好まないようです。後者の中には、東軍内通の噂がある者（脇坂安治を指す）もいます。

○人質対応の厳正化

　味方の心中も計り難く、分別（決断）されるときでしょう。敵味方の下々の者は、貴殿（長盛）と家康が内密に「人質を成敗せず」と取り決めた、と噂しています。裏切りを防ぐために、敵（東軍）の妻子を、数人成敗すれば、味方の心中も変わるだろう、と当方では話しています。

　間諜の報告では、佐和山口から出動した大軍を擁する者（小早川秀秋を指す）が敵に内通した、という噂があります。敵は勇気づいたようです。とにかく、人質を成敗しなければいけません。

⇒三成は、「人質への寛大な対応が、士気の緩みに繋がっている」と指摘する。なお別項では、「成敗しない人質は、毛利領国の安芸・宮島へ移送するように」と提案している。

○連絡体制の確立

　連絡用の城には、毛利輝元の軍勢を入れておくべきでしょう。伊勢、美濃と、近江と美濃の境目にある松尾の城（松尾山）や番所にも中国衆（輝元勢）を入れる必要があります。

⇒三成が、小早川秀秋を松尾山に据えるつもりならば、「筑前衆、筑紫衆」といった表現になるはずだ。

三成最後の書状Ⅱ──西軍は烏合の衆

　引き続き、書状の内容を追いたい。三成は、不満山積である。

○結束力の弱さ

　当地（大垣城）で諸将が心を合わせれば、20日以内で敵を破れるでしょう。しかし、現状では、味方の内部に不慮のこと（裏切りなど）が起こりそうです。島津義弘、小西行長も同意見ですが、遠慮しています。

正家、恵瓊は引っ込み思案で、当地の様子を貴殿にお目にかけたいほどです。敵のうつけ（間抜け）状態、味方の不一致は、想像以上ですが、味方の方が蔑(さげす)むべき体たらく（みっともない有様）です。
⇒現状は文章のとおり惨々たる状態だが、三成は長期戦を想定している。

○毛利輝元の不出馬
　輝元の不出馬は、私は尤もだと思います。家康が西上しないならば、出馬は不要でしょうが、下々は不審に思っています。
⇒同日、家康は清洲にいるが、三成はそれを知らない。

○三成の金銭感覚
　金銀米銭を使うのは、このときです。私は手許に持っているだけ、すべてを出しました。人を召し抱えたので、逼迫しております。ご推察ください。今が一番大事な時期なので、貴殿も同様の心積もりで。
⇒『慶長記』にも、佐和山城落城後の話として、「（佐和山に）金銀は少しもなし。治部貯え申さず候由」と記されている。蓄財は一切なし。
　また、「落城後、18万石の城なので、さぞかし居所も華麗だろう、と人々は思ったが、居所は荒壁のまま上塗りをせず、屋中は板張りのまま」（意訳、『甲子(かっし)夜話』）という話も伝わる。かなり質素な生活だったようだ。

○裏切りに対する懸念
　近江から出動してきた者（小早川秀秋を指す）に、万一不慮のことが起こるかもしれません。輝元が未出馬であれば、中国衆5000人を佐和山城に入れてください。

○籠城者の覚悟
　宇喜多秀家の覚悟は天晴れで、一命を捨てて働こうとしています。島津義弘、小西行長も同様です。
⇒三成にとって信頼できるのは、大垣城籠城組だけのようだ。

○丹後方面軍の大垣派遣
　丹後方面（田辺城攻め）の人数が、いらなくなったそうです。ついては、その人数を少しでも当地へ差し向けてください。
⇒別項で、京極高次の大津城籠城にも触れ、徹底した討伐を望んでいる。

　三成からすれば、籠城組以外の戦意の乏しさ、味方の不一致（三成の指揮権のなさ）、東軍人質への緩やかな対応、秀秋らの裏切りの可能性……と、**西軍はマイナス要因**ばかり。

しかも、家康が清洲まできていることすら掴んでいない。これでは、西軍が「負の連鎖」に陥っても仕方がないだろう。

このような状態を見たせいのだろうか、吉川広家は内密に東軍・黒田長政と連絡を取る。毛利勢は不戦として。

東軍からすれば、内応になるのだろうが、広家は「毛利勢は東西決戦に参戦しない、どちらの味方もしない」とする。

広家の内通も噂になっていたようだ。それも背景にあるのだろうが、広家のスタンスは、小早川秀秋の〈東軍内応→西軍攻撃〉とは微妙に異なる。

なお、秀秋と広家の窓口は同じ黒田長政だが、彼らが共謀した様子はない。

家康が赤坂に到着した14日。

東軍目付の本多忠勝と井伊直政は、広家・福原広俊に対して、以下の内容の**起請文**を差し入れる。
○家康は輝元を疎略にしない。
○広家・広俊が家康に忠節を尽くす上は、家康は両名を疎略にしない。
○忠節が明らかになれば、家康は直々の御墨付を輝元に渡す。
○毛利氏の分国（領国）などは、現在と相違なく安堵する。

それを、黒田長政と福島正則が内容を保障する起請文を、別途、差し入れる。現代でいえば、振り出した手形に裏書保証する形で、信用度がよりアップする。とはいえ、家康本人が振り出した手形でない。その点に注意したい。

通説では、「宗家を思う広家が、独自の判断で、東軍と内通を約束した」とされるが、実際は輝元の**二股外交**だった可能性が高い。

というのも、広家ばかりでなく、輝元の腹心・福原広俊も参画しているからだ。

後世、輝元は優柔不断タイプとされる。だが、機を見るに敏な一面もある。

三成の蜂起には積極的に参加し、四国や九州では、東軍参加者の所領侵略を企てている。その意味では、大義というよりも、自己権益重視型だったのかもしれない。

西軍の総大将の立場では、三成らをバックアップするのは当然。しかし、万一の事態に備え、毛利氏当主として、〈家康＆東軍〉に保険を掛けてお

Ⅶ ● 関ヶ原の戦いと三成

く。
　大胆にいえば、毛利勢の戦意の乏しさも、輝元の態度が反映しているのかもしれない。三成によれば、ともに密事を企てた恵瓊ですら、今や腰が引けているのだから。

8 決戦前夜

東軍の作戦

　長期戦の構えを見せる三成に対して、家康は**短期決戦**を望んでいる。
　奪った「三成書状」からすると、毛利輝元の出馬はないにせよ、西軍では毛利勢の後詰派遣、丹後方面軍・大津城攻撃部隊の参陣といった手筈が整い始める。
　となると、西軍の人数が圧倒的に多くなるのは間違いない。東軍も秀忠軍が赤坂に到着すれば、拮抗できるのだろうが……。
　秀忠の到着を待つのか、それとも現有勢力で臨むのか？
　ここで、家康はやむなく秀忠を見切る。

　赤坂陣屋の軍議で、東軍諸将は大垣城攻めを主張する。ようやく総大将が来たのだから。
　が、短期決戦を志向する家康は「宇喜多や石田らが、（覚悟を決めて）立て籠る城を攻めても、直ちに成果は出ないでしょう」（意訳）と語り、大垣城攻めは中止される。
　代わりに浮上したのが、一気に東山道を西に進んで佐和山城を攻め、大坂城へ南進する作戦といわれる。
　堅固な大垣城よりも、相対的に手薄な佐和山城を狙う。その策を想定した三成も、防備の強化（中国衆5000人の派遣など）を図っている最中。
　仮に東軍が佐和山城を突破すれば、次の西軍防御拠点は京都の手前の瀬田橋となる。が、そこの防衛部隊も、三成は大垣城付近に呼び集めている。
　ただし、東軍の佐和山攻撃作戦も机上の構想ならば成り立つが、こちらも実際は大変な話。佐和山城を攻撃中の東軍は、西軍に背後を襲われるのだから。間違いなく挟撃のリスクに曝される。西軍の大津城攻撃部隊も押し寄せてくる。

ということは、家康は佐和山城攻めの噂を立てて、西軍を大垣城からおびき出そうと考えたのかもしれない。
　よく「家康は野戦が得意」とか、尤もらしく書かれるが、そういう次元の問題ではなく、城攻めに要する時間と労力を嫌ったのだ。
　言い換えれば、**時間**を買おうとしたのである。これから西軍が増強されれば、東軍は勝負の機会を逸してしまう。
　現時点で小早川秀秋と吉川広家は、個別に内応を約束しているが、情勢が動けば、彼らがどう転ぶかわからない。

三成の関ヶ原転進

　ところが、事態は思いがけない方向に進み出す——。
　大垣城の西軍が、家康到着を知ったのは9月14日の日中。
　赤坂の岡山本営を見張る物見（斥候）が、東軍の兵が急増していることに気付く。予期せぬ出来事に、城内は大騒動に陥る。
　「そこに、（岡山本営の）白旗が見えたので、内府（家康）に疑いなし、とさらに怯えた」（意訳、『関原合戦当時記』）
　小早川秀秋らを除けば、西軍諸将の多くは、「家康は景勝と戦闘中、もしくは江戸」と思い込んでいたようだ。
　東軍からの内応者がいないので、三成にも家康の情報は伝わっていない。
　そのとき、重臣・島左近が「一戦交えて武威を示し、味方を立て直す必要があります」と、三成に申し出たという。
　石田勢500人を率いた左近と蒲生郷舎は、大垣城と岡山の間を流れる杭瀬川に向う。後詰は、宇喜多勢の明石全登ら800人。
　左近らは伏兵を配備して川を渡り、稲を刈る。
　駐屯していた東軍・中村一栄※2勢は、その挑発に乗って攻め込む。が、そこを伏兵が襲い、30人前後を討ち取る。
　この戦闘を岡山から見ていた家康は、目付の本多忠勝に命じて、中村勢を撤退させる。これを**杭瀬川の戦い**という。

　同日の夜7時過ぎ。
　突如、密かに**大垣城籠城組**が城を出て、移動を始める。城を守備するため

※2　中村一栄：兄の一氏（駿河・府中）が、7月17日、突然病死したために、弟の一栄が代わって中村勢を指揮した。

に、残留したのは福原直高以下5000人。

城を出たのは、順に〈石田→島津→小西→宇喜多〉の諸勢3万人であり、出発してから間もなく、大雨が降り始める。

東軍に移動を悟られないように、西軍は篝火(かがりび)を点けず、馬の口を縛る。そして暗闇の中を、迂回しながら進む。いったん南下して伊勢街道に入り、南宮山横の牧田路を行軍する。

関ヶ原を目指して——。約4里(16km)の行程だ。

先頭の石田勢が関ヶ原に到着したのは、翌15日の午前1時ごろ。当時の9月中旬は、新暦では初冬にあたる。雨も激しく、かなり寒い。

深夜から未明に掛けての大移動作戦。

通説では、このとき、単独で大垣城から馬を飛ばした三成は、長束正家、安国寺恵瓊、平岡頼勝(小早川秀秋の重臣)、大谷吉継を歴訪し、その後、関ヶ原へ赴く。

特に平岡頼勝とは、明日15日の決戦に備え、狼煙(のろし)を合図に小早川勢が松尾山を降り、東軍の横と後方を襲う手筈を整えたとする。

西軍の移動は、東軍の砦から家康の許に報告される。家康はすでに就寝していたが、起きるや否や全軍の出動を命じる。

吉川広家が、福島正則へ移動を内報したともいう。

関ヶ原転進の謎

では、なぜ大垣籠城組は、城を出て関ヶ原に向かったのだろうか？

通説では、東軍が「大垣城を差し置いて、東山道を進んで佐和山城を攻める」という噂を流した。それを知った三成ら西軍首脳は、東軍の動きを阻止するために移動を開始した、とする。

関ヶ原は、東軍の西進の防衛ライン。〈家康&徳川家臣団〉の到着で、東軍の士気は上がっており、その要素は否定できないだろう。

ただし、それですべてが説明できるわけではない。

意外かもしれないが、**西軍移動**の理由を、家康の侍医は「謀反の噂が流れる小早川秀秋を仕置するため」と記しているからだ。

「この時(14日の夜)、備前中納言殿(宇喜多秀家)、小西摂津守(行長)、石田治部少輔(三成)、大柿(大垣)を出て関原(関ヶ原)へまいられ候由、仔細は筑前中納言殿(小早川秀秋)むほんと風聞候。仕置いたすべきとて、出られ候由」(『慶長記』)

秀秋は、三成書状に「敵と内通の噂あり」と書かれるほどの要注意人物だ。

　その秀秋は三成らに相談することなく、突如、松尾山に着陣した。しかも、家康の赤坂到着が確認された同日に。

　三成らが、疑心暗鬼に陥るのも無理はない。

　繰り返すが、2日前まで、三成らは大垣城籠城を前提に、長期戦を想定していた。

　赤坂の東軍が大垣城に押し寄せたとき、南宮山に陣取る毛利勢が東軍の側面を衝く。これがメイン戦略である。毛利勢の戦闘意欲とかは、別としての話だが。

　また、東軍が佐和山城攻めに向うケースも考えて、**東山道**沿いの松尾山には伊藤盛正勢、山中村に大谷吉継勢などを配置している。

　前述の三成書状にも、「松尾山は連絡拠点なので、中国衆を入れるように」とあるとおり、要地である。

　ところが秀秋が松尾山に進駐したため、西軍の構想は根底から覆される。

　秀秋が東軍に寝返れば、東山道は西軍の防御が利かなくなり、一転して敵の手に落ちる可能性が高い。

　そうなると、大谷吉継ら北国帰還組と大垣城籠城組は寸断され、上方からの援兵も通行を遮断されてしまう。

　そのリスクを回避するために、急遽、三成らは**作戦変更**して、関ヶ原を目指したのだ。

　彼らが、秀秋を成敗するつもりだったのか、それとも封じ込めるだけだったのか？　それは、今となってはわからないが……。

　最終的な西軍の布陣を、よく歴史本では「三成の考えた必勝の陣形」と記すが、実際**緊急事態発生**に対応するもの。言葉は悪いが、泥縄の一面は拭えない。

　なぜならば、南宮山への毛利勢配置が、この陣形ではまったく意味をなさなくなったからだ。

　元々、彼らは「籠城組の側面支援」を役割としたが、それが宙に浮いてしまう。

　毛利勢の陣地からは、当然、大垣城は見える。だが、山頂が邪魔をして、関ヶ原方面は見通すことができない。

逆にいえば、それほどまでに「秀秋の仕置」が切羽詰まっていたか、戦闘意欲に乏しい毛利勢への移動連絡は「明日でも構わない」と、三成が判断したか、であろう。

　これで、前項の「三成が、小早川勢の平岡頼勝と決戦の打ち合わせを行った」という話が虚偽であることが、おわかりいただけると思う。
　三成が「明日15日、関ヶ原で東軍と戦う」と語る場面も、よくドラマや時代小説に登場するが、かなり眉唾だと思う。
　大雨の中、深夜の行軍を行った石田勢の着陣が午前1時。後続部隊はもっと遅く、最後の宇喜多勢は15日の明け方（午前4〜5時）の到着だ。
　それからずぶ濡れになりながら、陣地を作ったのだろうか？　疲労困憊状態にもかかわらず、銃撃戦に備えて塹壕を掘ったのだろうか？
　時間的にも、物理的にもネガティヴにならざるをえない。
　関ヶ原転進の目的は、何よりも「秀秋の仕置」にある。深夜、三成の目は東山道・赤坂方面を見ていたのではなく、松尾山を見上げていたのだ。
　15日の朝から秀秋を包囲しよう、または攻撃しようと思いながら。
　確かに東軍の動きも気掛かりだが、まずは要地・松尾山を占拠した秀秋を駆逐する方が、西軍にとって喫緊の課題である。
　その上で、〈関ヶ原―松尾山―山中村〉の新防衛ラインを構築し、東山道を守ろう、東軍の攻撃に備えようと、考えたのだろう。
　援兵が西からやってくれば、数の上では東軍を圧倒できるのだ。急いで、家康と戦う必要性は乏しい。まずは陣形の建て直し。
　だが、その隙を与えることなく、東軍が襲い掛かる。

⑨ 関ヶ原決戦Ⅰ──9月15日早朝

西軍の布陣と陣容

　関ヶ原は、美濃・不破郡に所在する。律令制のころには、不破関が設けられた辺り。関ヶ原の「関」は、三関の1つとされた不破関に由来する。
　三関とは、東海道の鈴鹿関（伊勢）、東山道の不破関、北陸道の愛発関（越前）をいう。
　平時は畿内と地方との出入口、戦時は畿内を防御する軍事拠点である。古

代では、三関の東が東国とされた。厳密にいえば、鈴鹿・不破関の東が東国、愛発関の北が北国である。

さらに朝廷の中央集権化が進むと、関は東へ移動して、東海道の箱根関（峠）と東山道の碓氷関（峠）の東が、東国もしくは関東とされる。

ただし、明確な決まりがあるわけでもなく、旧の鈴鹿・不破関以東を東国、関東と称することも多い。

その具体的な例は、『藩翰譜』の「関ヶ原の軍起こりし時、……関より西悉(ことごと)く御敵となり」と、いった表現に見ることができる。この「関」は不破関を指す。

また、律令制のころ、都と地方を結ぶ七道には**駅**が置かれた。

関ヶ原は、東山道の駅の1つ。駅とは、七道の一定距離ごとに置かれ、駅長が人馬に食料などを提供する施設である。

江戸期になると、東山道は整備されて中仙道になる。その中仙道69次の宿場が、駅の進化した形。現在の鉄道駅も、律令制の駅に由来するもので、駅の所在地は交通の要地や分岐点が多い。

関ヶ原は山に囲まれた小盆地。東西4km、南北2kmの広さで、四方に街道が走っている（280ページ地図参照）。

東西を結ぶのが東山道で、東は信濃（木曾路）へ通じており、また尾張にも出ることもできる。

前者の木曾路コースを秀忠軍が西進中。後者は、家康軍が西へ辿った道だ。東軍の陣地である赤坂も駅の1つ。

東山道の西は近江へ通じており、分岐点の近江・鳥居本駅から北に進めば、北陸道に繋がる。逆に南進すれば、佐和山城があり、京都・大坂に至る。

関ヶ原の南は伊勢街道で伊勢へ、北は北国街道脇往還で越前へ、それぞれ通じている。

改めて、東山道の駅を、東軍の本陣のある赤坂から西に挙げておこう。〈美濃・赤坂―垂井―関ヶ原―今須―近江・柏原―醒井―番場―鳥居本―高宮―愛知川―武佐―守山―草津―大津〉となる。

近江の醒井・番場が現在の米原市、鳥居本・高宮が彦根市で、佐和山城は高宮の近くに所在する。

9月15日の払暁、関ヶ原転進後の西軍の布陣は、以下のとおり。なお、前述のとおり、兵数は確実なものではない。なお、笹尾山と天満山の間を、北国街道脇往還が走っている。
○笹尾山（関ヶ原の北、北国街道脇往還を警衛）：石田三成5800人
○小池村（同上、石田勢の反対側）：島津義弘・豊久1700人
○天満山北方（関ヶ原の西、東山道を警衛）：小西行長6000人
○天満山前方（同上、東山道北側を警衛）：宇喜多秀家1万7000人

　すでに布陣している西軍は、次のとおり。とりあえず小早川秀秋も、この中に含めよう。なお、松尾山と山中村の間に、東山道がある。
○松尾山（関ヶ原の西、東山道の南側）：小早川秀秋1万6000人
○山中村など（同上、小早川勢の反対側、東山道を警衛）：大谷吉継1500人、脇坂安治1000人、朽木元綱600人、小川祐忠2100人、赤座直保600人、平塚為広400人など
○南宮山（関ヶ原の東、大垣城の西）：毛利秀元・吉川広家1万6000人
○岡ヶ鼻（同上、南宮山の東南）：長束正家1500人、安国寺恵瓊1800人
○栗原山（同上、南宮山の東南端）：長宗我部盛親6700人

　その他の兵を含め、西軍は約8万2000人。他に大垣城残留部隊が5000人いる。
ただし、数字の羅列は読者の混乱を招きかねないので、「総勢8万7000人」と置き、あらかじめ参戦、内応などのファクターで仕分けしてみよう。
○**参戦組**3万5700人：石田・島津・小西・宇喜多勢3万500人、大谷勢1500人など
○**東軍内応組**2万300人：小早川勢1万6000人、脇坂・朽木・小川・赤座勢4300人
○**不戦組（南宮山布陣組）**2万6000人：毛利・吉川勢1万6000人、長束勢1500人、安国寺勢1800人、長宗我部勢6700人
○**籠城残留組**5000人

　要するに総勢8万7000人の内、戦闘に参加したのは3万5700人程度。実働率は41％と、半分も稼動していない。
　しかも、その大半が**関ヶ原転進組**3万500人である。兵力数に多少異同はあ

るものの、全体の傾向は窺えると思う。

東軍の総数は10万1000人で、参戦は7万5000人。

西軍と比較すれば、参戦者数で、東軍は西軍の2.1倍。実働率は東軍が74%となる。

逆にいえば、西軍の戦力は、東軍の半分程度という劣勢。

ランチェスターの法則によれば、西軍は負けるべくして負けた――。

個人的には、石田勢以下の関ヶ原転進組は、東軍との戦闘準備も十分にできていなかったのではないか、と思う。

また、「西軍は鶴翼（かくよく）の陣形を取り、万全の臨戦態勢を整えた」とされるが、三成がそのような陣形を考える時間も、余裕もなかったはずだ。

おおよその合意はあったにせよ、転進する諸将の判断で関ヶ原に布陣したら、たまたま鶴翼の形になったのだろう。いくら陣形に拘っても、秀秋という「獅子身中の虫」がいれば、機能するはずもない。

ちなみに鶴翼の陣形とは、鳥が左右の翼を張ったようにして、その中に敵を取り込み、両翼に配置された鉄砲隊が敵を銃撃する。

関ヶ原転進組が目指したのは、あくまでも「小早川包囲網」なのだ。東山道と北国街道脇往還の閉鎖を目論んで。

もし、東軍来襲を想定した備えであれば、南宮山一帯に陣取る毛利勢などを、至急、移動させる方が先であろう。

それを動かす前に、思いがけず東軍に攻撃された。

東軍の陣容

関ヶ原転進組の動きに即応した家康は、午前3時、出陣の命令を下す。東軍は、東山道を赤坂から関ヶ原へ向う。

先頭は2縦隊で、左翼が福島正則、右翼が黒田長政。以下、諸将が続く。参戦者（7万5000人）を、掲げよう。

○**徳川氏**3万7100人：徳川家康3万人、松平忠吉3000人、井伊直政3600人、本多忠勝500人

○**豊臣系大名**3万7900人：福島正則6000人、黒田長政5400人、細川忠興5100人、京極高知3000人、加藤嘉明3000人、田中吉政3000人、筒井定次2900人、寺沢広高2400人、生駒一正1800人、金森長近1100人、古田重勝1000人など

人数的には、徳川氏と豊臣系大名は拮抗しているが、名だたる徳川系大名

は秀忠軍に属しているので、関ヶ原には参戦していない。

　関ヶ原参戦組は家康の旗本部隊で、井伊直政、本多忠勝は東軍全体の目付を務めている。

　なお、家康の4男の松平忠吉（武蔵・忍12万石）は、直政の娘を娶っており、直政が補佐する形で参戦している。母は秀忠と同じで、実際は彼が東軍の大将格だったようだ。7年後、28歳で病死を遂げたため、事蹟が忘れられたのだろう。

　「上方の軍勢が起こったとき、徳川殿（家康）御代官として守殿（薩摩守忠吉）は海道の大将を承り、井伊、本多を軍奉行（目付）とし、御方（東軍）の大名を引き連れて攻め上った」（意訳、『藩翰譜』）

　他の東軍の兵力は次のとおり。参戦者と合わせると、10万1000人の規模になる。
○南宮山への備え1万4000人：池田輝政4600人、浅野幸長6500人、山内一豊2000人、有馬豊氏900人
○岡山本営、諸砦守備1万2000人：堀尾忠氏5400人、中村一栄4400人

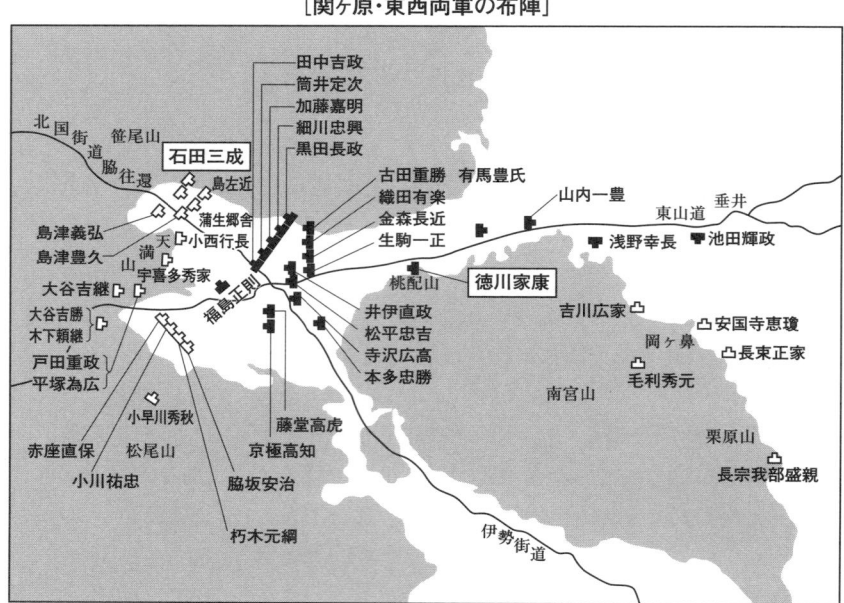

［関ヶ原・東西両軍の布陣］

280

西軍の南宮山一帯の陣容は、2万6000人。対して、東軍の備えは1万4000人だから、吉川広家の「不参戦」という約束を前提に置いたのだろう。

　15日の朝は小雨。
　昨夜来の雨は小振りになったが、山間の盆地なので朝霧が深く、視界は極めて悪い。
　『慶長記』によれば、霧が晴れれば、多少見通しも良くなるが、霧が降りたままだと、敵の旗が少し見えるかどうか、やがて見えなくなる。
　先鋒の福島正則勢は、明け方に関ヶ原の東側に着く。物見によれば、関ヶ原西側の山や丘陵には、西軍が陣を敷いている。
　残念ながら、正確な時間はわからないが、宇喜多勢が着陣（午前5時ころ）した後、間もなくして東軍が関ヶ原に姿を現したことになる。
　それが、霧のために見えない。
　否、宇喜多勢の殿軍と福島勢の先鋒が、霧の中で、偶然接触した。そのため、東軍は進軍をストップしたともいう。
　ともあれ、家康は関ヶ原東南の桃配山に本陣を置く。
　「家康公が御馬を立てられたのは、治部少輔（三成）、小西摂津守（行長）、備前中納言殿（秀家）、大谷刑部少輔（吉継）の陣場との間が、1里余りの所」（意訳、『慶長記』）
　約4kmの距離間隔もさることながら、東軍サイドが「石田・小西・宇喜多・大谷勢」を、一団の敵と見做している点に注意したい。
　東軍から見れば、彼らは関ヶ原西側に密集している。

10 関ヶ原決戦Ⅱ──天下分け目の15日

東西両軍、戦闘開始──午前8時

　霧がまだ晴れやらぬ午前8時。
　西軍・宇喜多勢を前にして、戦機を窺う東軍先鋒・福島正則の陣の横を、物見と称した松平忠吉・井伊直政が300人を引き連れ、抜け駆けする。
　直政の思いは「娘婿に一番槍を」だが、本来は軍律違反である。
　しかし、それを機に福島勢は東山道を進み、宇喜多勢に対して発砲する。負けじと、宇喜多勢も応戦する。

かくして東西両軍の戦端が開かれる。
　『関ヶ原の役』などを参考にして、東軍の攻撃を記すと、おおよそ次のとおり。通説と理解いただきたい。
○福島正則勢→宇喜多秀家勢
○黒田長政・細川忠興・加藤嘉明・田中吉政勢など→石田三成勢
○寺沢広高・古田重勝・戸川達安勢など→小西行長勢
○藤堂高虎・京極高知勢など→大谷吉継勢

　福島勢と宇喜多勢は旗が入り乱れて、一進一退の状況。正則は、東軍きっての猛将である。
　「正則は心が猛々しく、行いは凶暴。人の命を断つことを、昆虫を殺すとも思わない」（意訳、『藩翰譜』）
　三成を狙う**黒田長政**は、部隊に石田勢前隊（島左近）の側面を攻撃させる。そのため、島部隊は大きな被害を受ける。
　『常山紀談』によれば、三成と不和だった黒田長政は、選りすぐりの馬廻15騎で周囲を固め、三成と手勢を討とうと用意していた。
　そこへ、槍を片手にした島左近が、柵から100人を引き連れて進む。下馬した長政がそれを睨む。そのとき、黒田勢の鉄砲が横合いから火を吹く。
　長政らがどっと押しかかると、負傷した左近は退く──。
　後年、黒田家中で関ヶ原の戦いを回顧したとき、「石田が士大将で、鬼神をも欺くといわれた島左近のその日の有様は、今もなお、目の前にあるようだ」「今思い出すと、身の毛がよだち、汗がでる」（意訳）と語り合ったという。
　他にも、「左近の『懸れ、懸れ』の号令が、今も耳について離れない」などの逸話が残っている。
　それはさておき、島部隊の退却を見た細川・加藤・田中勢も、先を争いながら、石田勢本隊（三成）を攻めたので、石田勢は後退する。
　「（細川）忠興は、また先軍して敵の多勢を打ち破る」「（加藤）嘉明は、先陣を賜って、石田三成の陣を打破る」（意訳、『藩翰譜』）
　細川忠興自身も、「今度、（家康は）関ヶ原表にて一戦に及ばれ、ことごとく切り崩し、数千人を切り捨てました。我々の手勢も首級200余りを討ち取りました」（意訳、9月22日付け書状）と、東軍の圧勝を伝えている。首級200余りが石田勢を指すのだろう。

ただし、西軍の戦死者は数千人とある。かなりの将兵が戦場から逃げ出した。それが実態かも知れない。

かつての親友・小西行長を攻撃した寺沢広高は、小西勢を破ると方向を変え、宇喜多勢の側面を攻める。

「広高は初めより徳川殿に従い、東国（上杉征伐）に向ったが、御方（東軍）の人々と東海道を攻め上がり、美濃・尾張の間に戦う」（意訳、『藩翰譜』）

しかし、合戦の真っ只中でも、**島津勢**に動く気配はない。

三成は家臣を派遣して、援助を依頼させるが、家臣が馬上で伝えたため、島津勢は軍礼を咎める。

やむなく三成自身が赴くと、島津豊久（義弘の甥）が「銘々勝手に戦いたいと思います。前後左右に構っている暇はありません」と拒絶する。仕方なく三成は戻ったという。

その一方で、藤堂勢などの攻撃を受けた大谷勢は、奮闘中。

「（藤堂高虎は）先陣に在って、松尾の山に向う」（『藩翰譜』）

東西両軍の激闘──午前10時〜12時

10時ごろ。

かねての約束どおり、三成は合図の狼煙を上げ、松尾山の小早川勢、南宮山一帯の毛利勢などに出撃を要請する。ところが、ともに応じようとはしない。形勢を観望するばかり。

「毛利の先陣・吉川広家は心変わりして、（毛利）秀元の下知に背き、諸卒を制して戦わなかった」（意訳、『藩翰譜』）

秀元は、広家の東軍内応を知らない。

先陣の広家は出撃に反対する。その一方、**毛利勢**の背後にいる長宗我部勢は、出陣を求めてくる。広家が進まないかぎり、通行できないからだ。

板挟みになった秀元は、苦し紛れに長宗我部盛親へ「兵卒は腹ごしらえのため、食事中」といい、時間を稼ごうとした。これを「宰相殿（秀元）の空弁当」という。

三成、小西行長、大谷吉継は、それぞれ急使を松尾山に送って督促するが、小早川勢も動こうとはしない。

昼ごろ。

小西勢は苦戦しているものの、宇喜多勢と大谷勢は、東軍と互角の戦いを展開している。また、石田・島津勢も持ち場を維持している。
　東軍の予想以上に、西軍の頑強な抵抗は続いている。
　勝敗の鍵は、小早川勢が握る。内通する東軍に加わるはずだが、依然として動く気配はない。
　「秀秋に惑わされた」と思った家康は、黒田長政に確認をとるとともに、秀秋の向背を確認するため、旗本に松尾山へ向けて射撃させる。
　家康は「倅めに計られて口惜しや」と、しきりに指を噛んだともいう。
　しかし、この「問い鉄砲」をキッカケとして、秀秋は出撃を命じる。松尾山を駆け下りた**小早川勢**は、大谷勢に殺到する。
　秀秋の裏切りを察知していた吉継は、動じることなく、平塚・戸田勢とともに防戦する。
　「（大谷勢は）槍衾（やりぶすま）を作って、秀秋に向う。吉継は目を病んでいたので、士卒は平塚に下知させ……竹輿に乗っていたが、裏切った秀秋が討って掛かってくると、……敵の旗本を目掛けて切り入れと命じる」
　「秀秋の先陣は敗北するが、藤堂高虎などの東国の軍が押しかけてきたので、秀秋の先陣も再び盛り返す」（意訳、『常山紀談』）
　と同時に、脇坂・朽木・小川・赤座の4勢が東軍に寝返ったため、大谷勢以下は壊滅する。
　脇坂安治らは、藤堂高虎に内応を約束していたのだ。
　また朽木元綱は、「徳川殿に心を寄せていたが、力がないので（西軍の）軍勢の催促に従い、北国に向った。9月14日、松尾山の麓に陣取り、翌日、関ヶ原が始まると、松尾の人々（脇坂勢など）と敵（大谷勢など）に切り入る。前後の敵は防ぐことができず、上方の軍（西軍）はたちまち敗れた」（意訳、『藩翰譜』）と記録されている。
　寡兵では、大軍の襲撃を防ぎようがない。**大谷吉継**は、自害して果てる。
　なお『慶長記』では、太田牛一（『信長公記』の著書）の記録を引用して、「大谷刑部少輔は合戦に負けたので、馬上で腹を切る」と記すとともに、次のようにも書いている。
　「（吉継）は煩って盲目になっていたので、戦場には乗物で出た。小者に『負けになったら申せ』と伝えていたので、再三『合戦は負けか』と尋ねた」
　「敗北必至のとき、小者が『御合戦御負け』というと、（吉継は）乗物から

半身を出して、首を打たれた」(意訳)

西軍の敗走——午後

　小早川秀秋の内応によって、大谷勢が敗走する。とともに、士気を失った小西勢も敗退する。次いで宇喜多勢も崩れる。

　石田勢は激戦を繰り返すが、宇喜多勢などの敗走を見るに及び、午後3時ごろ、ついに潰走する。

　三成は伊吹山方面に遁れる。黒田勢が追跡したが、途中で諦めたという。

　西軍総崩れの中で、異彩を放ったのは**島津勢**だ。

　東軍が充満している戦場から、脱出を敢行したのだ。まさに「敵中横断三百里」、敵陣の中央突破作戦である。

　全軍が斬死すると見せかけ、突如、進路を変更して南へ進み、伊勢街道に抜けようとする。

　それを見た東軍目付の井伊直政・本多忠勝が、追撃を始める。福島勢も加わったという。

　それに対して島津勢は、退路に槍を突き刺して追撃の馬を阻む。また退路の左右や後方に兵を潜ませ、狙撃する。

　義弘の家臣や甥・豊久が、義弘の身代わりとなって戦死を遂げる。追撃する井伊直政も落馬して負傷する。

　追う者、追われる者の激しい戦闘が展開されたが、かろうじて義弘ら50人は伊勢路に入り、難を逃れる。

　戦場離脱を図る島津勢は、途中で、長束正家(南宮山岡ヶ鼻)の物見と出会い、西軍の敗北を伝える。

　正家も吉川広家が前方にいるため、下山できない状態だった。結局、南宮山一帯の諸将は、誰も決戦に参戦せずに終わる。傍観者に終始したわけだ。

　正家は伊勢路経由で近江・水口城に戻る。長宗我部盛親と安国寺恵瓊も伊勢方面へ逃れる。

　その一方で、吉川広家は、福島正則・黒田長政の指示で近江方面へ退却する。毛利秀元は大坂で再挙を期そうとしたが、広家や福原広俊に説得されて近江方面に退いた。

11 関ヶ原決戦Ⅲ——終結

西軍の敗北

「15日午刻、濃州山中において一戦に及び、備前中納言、島津、小西、石治部人数悉く討ち取り候」

当日付けで、家康が伊達政宗に書き送った勝利宣言であり、**関ヶ原転進組4将**を敵と位置づけている。

さて、前に関ヶ原参戦者数を、東軍は7万5000人、西軍は3万5700人と記したが、兵力の実数ではない。あくまでも、軍役を〈100石＝3人〉と仮定した『関ヶ原の役』の試算である。

西軍の内訳を改めて掲げると、石田勢5800人、島津勢1700人、小西勢6000人、宇喜多勢1万7000人——。

三成のケースでは、石高19万4000石なので、3人役では5820人になると算出したものだ。

しかし、これから述べるように、佐和山城守備部隊もいるので、実際の関ヶ原出陣組はもっと少なかったはずだ。小西行長もまた、領国の肥後・宇土城に兵を置いている。

島津勢の「無勢」については、これまでしばしば述べた。

最大規模を誇ったとされる宇喜多秀家の場合も、微妙である。

宇喜多騒動により、主家を退散して東軍に加わった一族・家臣が、少なからず存在する。にもかかわらず、退散組の兵力は上記1万7000人（西軍）にカウントされている。

となると、西軍の主戦力部隊（関ヶ原転進組）は、かなり深刻な**兵力不足**に陥っていた可能性が高い。

しかも毛利勢の戦意は乏しく、小早川秀秋の内応は現実のものとなる。

そういう局面なのだから、丹後派遣部隊（小野木重次など）、伊勢転戦部隊（鍋島勝茂など）、大津城攻撃部隊（立花宗茂など）、応援部隊（大坂の輝元勢）が関ヶ原に参集しないかぎり、とても戦える状態ではなかった、と思う。

通説にあるように、いくら大谷吉継が奮戦したといっても、越前・敦賀5万石（動員兵力1500人）が、筑前・筑後52万石（小早川秀秋、動員兵力1万

6000人）に敵うはずがない。なにせ10倍以上の兵力なのだから。

「三成最後の書状」を読み直すと、彼が置かれた厳しい状況がよくわかる。

改めて私なりに整理すると──。

三成ら関ヶ原転進組4将は、急遽、秀秋の仕置に向った。松尾山を包囲するために。

仕置後に、三成らは大垣城に戻る予定だったのかもしれない。再び大垣城に籠って援兵を待つ。

関ヶ原に到着した三成らは、雨中の行軍をしたばかりで、兵卒は疲れ果て、その銃器は湿り、陣を構える余裕すらなかった。

ところが、突然、短期決戦を急ぐ東軍に側面攻撃された。

通説では、「関ヶ原で東軍に備えているところを、秀秋の裏切りに遭い、三成ら西軍は潰滅した」と書かれるケースが大半だ。

ところが、実際は**設定**が逆ではなかったか？

「関ヶ原で秀秋を包囲しようとするところを、東軍から予期せぬ攻撃を浴びたので、三成らは潰滅した」

彼らは奮戦したが、多勢に無勢。半日で総崩れとなる。西軍に陣地があれば、負けたにせよ、もう少し長期戦になったのではなかろうか？

大胆に記せば、西軍の動きをキャッチした東軍の**奇襲作戦**が、見事に成功した──。

当日10時に上げたとされる合図の狼煙も、本当か、どうかはわからない。そもそも東西決戦の場が関ヶ原になったのは、当日の午前8時のことなのだから。

狼煙は、主戦場が想定されている場合に、連絡手段として用いるはずだ。ところが、関ヶ原とは、直前まで誰も想定していない。少なくとも西軍はそうだ。

そもそも三成らは秀秋の仕置に向ったのだから、合図をするはずがない。

また、南宮山一帯に陣取る諸勢は、大垣決戦を想定して配置された部隊なので、鬨の声・銃声や東軍の備えによって、関ヶ原で戦闘が始まったことを知る。

ここからは、関ヶ原が観望できないからだ。ということは、彼らも狼煙は

見えない可能性が高い。

当日の合戦の様子を、『慶長記』は「矢や叫びの声が天を響かし、地を動かす。黒煙が立ち日中も暗闇となる」（意訳）と描写している。

このような状況下では、とても西軍の狼煙は見えず、東軍の「問い鉄砲」も聞こえない。視聴覚系は、無理筋——。

そのような連絡手段を、あえて用いるはずがない。伝令が飛ぶか、物見が偵察にくるか、のいずれかであろう。

隠密行動を採った三成らが、南宮山一帯への連絡は15日と考えていたら、毛利勢などは関ヶ原に転進したことも、知らなかったのではなかろうか？

そのため、最後は関ヶ原転進組の総崩れで終わる。

突然の作戦変更。予期せぬ東軍の側面攻撃。これが関ヶ原の粗筋だと思う。

佐和山城の落城

合戦後、約2週間の流れを、あらかじめ年表でまとめておこう。
〇9月17日：東軍の佐和山城攻撃
〇9月18日：佐和山城の落城、大垣城の開城
〇9月19日：小西行長の捕縛
〇9月20日：家康の大津城到着、秀忠の遅延謝罪
〇9月21日：石田三成の捕縛
〇9月23日：安国寺恵瓊の捕縛
〇9月27日：家康の大坂城入城
〇9月30日：長束正家の自殺
〇10月1日：三成、行長、恵瓊の処刑

「合戦の終わった後、（秀秋が）徳川殿の御陣に参上すると、大層喜ばれた。秀秋は佐和山攻めの先陣を望む。17日、城を攻め破り、石田の一族は悉く誅せられた」（意訳、『藩翰譜』）

小早川秀秋の先鋒を許した家康は、脇坂安治、朽木元綱、小川祐忠を秀秋に付属させた。合戦当日（15日）の夜、軍勢1万5000人が移動を始める。西軍からすれば、いずれも東軍内応メンバーである。

翌16日には、近江出身の田中吉政らも攻撃軍に加わる。

佐和山城では、本丸には三成の父である正継、縁戚の宇多頼忠・頼重父子らが、三ノ丸には兄の正澄、甥の朝成（正澄の子）らが留守居をしている。

三成の重臣の山田上野介、河瀬織部などとともに、正澄の重臣・津田清幽も籠っている。

また大坂からの援軍として、赤松則英（阿波1万石）、長谷川守知※3（美濃1万石）も本丸に詰めている。総勢2800人という。

手筈を整えた小早川勢や田中勢は、17日早朝から城を攻撃する。

このとき、秀秋に内通していた長谷川守知は、城を脱出する。同様に赤松則英も城を脱するが、進退に窮まり、10月1日、京都で自殺する。

さて、西に進んだ家康は佐和山城の南方に陣を構える。城中には、家康が存知よりの者がいる。

織田一族の**津田清幽**。彼は、信長や家康に仕えた後、家康の口利きで正澄に仕えた経緯がある。家康は開城を勧めるため、東軍に参加した舟越景直（秀吉の旧臣）を、清幽の許に派遣する。

17日の夕刻、両者は城外で会う。

そのとき、舟越景直は降伏を勧告し、戦場で捕らえた石田勢・鉄砲頭を証人として引き渡す。

城内に戻った清幽の報告で、正澄らは初めて関ヶ原の敗北を知る。

城明け渡しを決めた正澄は、自らの切腹を条件に、将兵の助命を願い出る。

ところが、翌18日、和睦交渉を知らない田中吉政が城に突入する。また城内に内応者が出る。

そのため、正継・正澄父子以下の石田一族、三成の妻、宇多頼忠父子らは、天守閣で自害して果てる。

なお、佐和山城は炎上したといわれ、今は跡形もない。ところが、三成の旧領を与えられた井伊直政が、翌1601（慶長6）年入城したとされる。

そして彦根城の完成は1603（慶長8）年。ということは、佐和山城の一部が彦根城に移築された、ということなのだろう。

されはさておき、落城後、城を出た清幽はなおも抵抗を続けたが、家康は許す。そのとき、清幽は三成の嫡子・**重家**の助命を乞うたという。

当時、重家は大坂城にいたらしい。関ヶ原の敗報を聞くと、城を出て京都妙心寺の塔頭・寿聖院に入る。三成が父のために建立した塔頭であり、ここで重家は剃髪する。

※3　長谷川守知：『戦国人名辞典』（吉川弘文館）によれば、「三成の父正継の従弟だといわれている」。家康に所領1万石を安堵されたが、子供に分知したため、子孫は旗本になった。

法号は宗享。上記の清幽や住持の尽力によって、彼は助命が認められ、生涯、三成ら石田一族の菩提を弔う。1686（貞享3）年まで長らえたという。

佐和山城と同じころ、**大垣城**も開城する。
三成らが関ヶ原転進後、本丸には福原直高、二ノ丸には熊谷直盛・垣見一直、三ノ丸には秋月種長・相良頼房・高橋元種らの九州大名が詰めて、城を守備していた。なお、秋月と高橋は兄弟である。
関ヶ原で勝利した家康は、水野勝成[※4]（後に備後・福山10万石）、西尾光教らを城の備えとして残し、自らは東山道を西に進む。
18日になって、「西軍敗北」が伝わる。それを知った三ノ丸の諸将は、二ノ丸の諸将を誘い出して殺害し、東軍に降伏する。
それでも福原直高は抗戦を続けるが、水野勝成の勧告を受け入れて和議を結び、23日に本丸を明け渡した。
伊勢・朝熊（あさま）に退去した直高は、そこで自殺を遂げた。また自害を命じられたともいう。

12 三成の最期

三成の逮捕――東軍の落ち武者狩り

佐和山城を攻めた**田中兵部少輔吉政**は、江北出身の大名（三河・岡崎10万石）。三成とも親交がある。
その吉政が、9月17日、江北一帯に以下の通達を出す。
「石田治部（三成）、備前宰相（秀家）、島津（義弘）両3人」を捕らえた場合は、褒美として永代無役（年貢免除）とする。
また捕らえることができず、討ち果たした場合は、当座の褒美として金子100枚を与える。

戦争首謀者3人に対する指名手配書であり、三成はその筆頭とされたが、消息は不明。

※4 水野勝成：元々、家康の家臣だったが、徳川氏を離れて数多くの主人に仕えた。織田信雄、羽柴秀吉、佐々成政、小西行長、三村氏（毛利輝元の家臣）であり、関ヶ原直前に家康の許に戻った。猛将と知られ、家康から「明智光秀にあやかれ」と光秀の槍を授けられたという。ちなみに、勝成は日向守（光秀の官職）に就いている。

『慶長記』でも、家康は吉政に三成逮捕を命じ、吉政は「近江国北の郡（江北）を、草を分けるように尋ねたが、居所は知れない」（意訳）とする。

9月19日、西軍首脳の1人・**小西行長**が、捕らえられる。自首といった方が適切だろう。

関ヶ原の林蔵主（りんぞうす）という者が、伊吹山中を歩いていると、武士に呼び止められる。

武士は小西摂津守と名乗り、「私を連行して褒美を貰え」という。林蔵主は、ここから落ち延びるように勧めたが、行長は「キリシタンなので、自害はできない。生け捕りにしてほしい」と頼む。

そこで林蔵主は領主・竹中重門（しげかど）※5に知らせる。馬に乗せられた行長は、家康が宿営する近江・草津へ送られる。行長の身柄は、村越茂助に預けられる。

続いて22日、**三成**が召し捕らえられる。

通説では、近臣とともに関ヶ原を脱した三成は、大坂での再挙を期して伊吹山中に潜む。

最後まで磯野平三郎ら3人が同行を願ったが、三成は現在の滋賀県東浅井郡浅井町で彼らと別れ、単身、伊香郡古橋村の法華寺・三珠院を訪ねる。第Ⅰ章の「三献の茶」で登場した寺だ。

だが、村では噂が広まる。そこで三成を庇う百姓・与次郎が、彼を岩窟に隠して食事を運ぶ。それを知った名主は、与次郎に三成引き渡しを勧める。

当時、激しい下痢で体調も悪かった三成は、これを天命と知り、覚悟を決める。

知らせを受けた吉政は、三成を捕らえ、駕籠に乗せて陣所の井ノ口村（伊香郡高月町）へ運ぶ。さらに、家康が本陣とする大津まで連行されたという。

家康の9月22日付けの書状に、「田中兵部が、江州北部越前境にて生け捕った」（意訳）とあるように、吉政の手の者が、三成を逮捕したのは間違いない。

ただし、状況や場所には諸説ある。

たとえば、次のような話。「逃亡中の三成は樵（きこり）の風体で、岩窟の中で病に

※5　竹中重門：「秀吉の軍師」といわれる竹中半兵衛重治の子。北条征伐などに従軍し、美濃・不破郡5000石を与えられた。徳川幕府では交代寄合（参勤交代を行う旗本）となる。その子孫の重固は、鳥羽伏見の戦い（1868年）で幕府陸軍奉行を務めた。

臥せていた。それを吉政の家臣が怪しみ、召し捕らえた」と。

　上記の通説の内容も、「名主が与次郎を難詰した」「与次郎の養子が訴え出た」とかアレンジされる場合もある。

　『慶長記』では、次のような話を載せている。

　雨がそぼ降る夜、田中吉政の宿所（井ノ口村）の前を通ろうとする者がいる。

　番の者が「何者だ」と問うと、「台所の水汲み」と答える。「水汲みでも何者でも、通すわけにはいかない」と、番の者が怪しんで男を捕らえると、それが三成だった。

　小袖を着て、腰蓑を端折った姿。吉光の脇差だけを帯びていた。

　大津に運ばれた三成は、本多正純（正信の子、家康の側近）に御預けとなる。当時、三成は腹をこわしており、昼夜寝ていた。

　本多忠勝が見廻りに来たとき、忠勝は畏（かしこ）まって両手をつき、「治部少輔殿（三成）御分別御違い、その体（てい）にならせられ候」といったが、三成は挨拶することなく、寝ていたという。

　以上の話を、家康の侍医は、本多正純の家臣で番をしていた者から聞いたとする。最も信頼できる内容であろう。

　他にもさまざまな話がある。
○三成は親しい吉政を「田兵（たひょう）」と呼び、雑炊を所望した。
○吉政が敗軍の将・三成を慰めると、「秀頼様の御為に、太閤様の御恩に報いようとしましたが、運が尽きてしまいました。悔やむことはありません」と答え、貞宗の脇差を形見として渡した。
○家康の本陣（大津）に着いたとき、三成は門前で待たされる。そこへ福島正則が通り掛かり、馬上から「汝は無益の乱を起こし、今、その有様は何だ」と、罵声を浴びせる。

　三成は言い返す。「汝をこのようにできず、残念だ」と。
○同様に黒田長政も通り掛る。下馬した長政は、「不本意なことでしょう」と声を掛け、自分の羽織を脱いで三成に着せた。
○小早川秀秋が来たとき、三成は罵倒する。「太閤の恩を忘れ、約束を違えて裏切った汝は、恥ずかしくないのか」と。赤面した秀秋は、その場から立ち去る。

　また、三成は「日本国中で、筑前中納言（秀秋）ほど卑怯な侍がいよう

か。まるで内股膏薬だ」と、秀秋にいった。そういう話もある。
○三成を預かった本多正純は、「貴殿は諸将が同心しないのも知らず、軽々しく軍を起こされた。しかも戦いに敗れても自害をせず、搦め捕られたのは、どうしてなのでしょう」と問う。一種の皮肉である。
　三成は、「それは、武略を弁えぬ者が申すことです。切腹は葉武者※6がするもの。その昔、源頼朝公が土肥（神奈川県湯河原町）の洞で身を潜めていた気持は、少しもわからないと思います。もし、頼朝公が大庭景親に搦め捕られたとすれば、（貴殿のような者に）嘲笑されたでしょう。大将の道を語っても、（貴殿の）耳には入るまい」と語り、口を閉ざす。

　大将たる者は、頼朝が再起を目指したのと同様に、身を大切にするものだ——。三成は、自身を頼朝の姿に投影したのだろう。
　1180（治承4）年、相模・石橋山で平家討伐の兵を挙げた頼朝は、平家方の大庭景親勢に敗れ、山中に隠れる。
　ようやく真鶴に出た頼朝は、三浦一族と合流して、海路、安房へ落ち延びる。やがて頼朝は勢力を回復し、「武家の棟梁」征夷大将軍に就く。それも、石橋山の敗北、房総への逃避行があってのことだ。
　三成の愛読書は、『源平盛衰記』である。

西軍諸将のその後Ⅰ

　安国寺恵瓊は、伊勢街道を落ち延びたとされるが、『慶長記』では、「16日、毛利秀元と同行して、近江坂田郡の磨針を通過した。服装は、笠を被って黒い羽織」（意訳）という目撃情報を載せている。
　また、いったん落ち延びたが、吉川広家の陣を訪ね、毛利氏の行く末を頼んだともいう。
　いずれにせよ、京都に潜入した恵瓊は、鞍馬寺に身を隠す。さらに懇意な本願寺に潜むが、捜索の手が伸びる。
　9月23日、2人の家臣に守られた恵瓊は、輿に乗って脱出しようとするが、京都所司代・奥平信昌※7の家臣によって捕縛される。

※6　葉武者：端武者とも書く。「とるに足らない武者、侍」の意味で、雑兵を指す。
※7　奥平信昌：三河・長篠城主。家康と築山殿の間に生まれた亀姫（加納殿、信康の妹）を、妻に娶った。関ヶ原の戦いの直後、家康から京都所司代に任ぜられる。後に美濃・加納10万石を与えられた。

敵中を突破した**島津義弘**は、〈近江・水口→伊勢・関→伊賀・上野→大和・奈良→摂津・住吉〉を経て、ようやく堺に出る。

　22日に乗船した義弘は、九州を目指す。大津城攻撃に参加した立花宗茂も、同じ海路を辿る。

　日向で上陸後、10月3日、薩摩へ戻った義弘は、桜島で謹慎する。

　東軍は、義弘は首謀者の1人であり、兄・義久や当主・忠恒の関与も疑ったようだ。一時期、島津再征まで検討されたほどだ。

　それに対して、義久と忠恒は、「談合の企て（上方蜂起）を、義弘は聞かされていない、とのことです」（意訳）と弁明する。

　また義久は、「初めより、徳川殿に二心はありません。舎弟の兵庫入道（義弘）の所業は甚だ奇怪です。彼が本国に逃げ戻っても、対面を許さず、桜島に押し込めています。下知があれば、早急に厳科に処します」（意訳、『藩翰譜』）と回答している。

　義弘は主謀者ではない。敵対行為は彼の独断であり、島津氏としては関与していない。義久は、その一点張り——。

　その後、義久は上洛して、家康に謝罪する。1602年4月、井伊直政の取りなしもあって義弘は赦免され、島津氏は本領を安堵される。

　関ヶ原から5年後、忠恒は家康から「家」を拝領し、諱を家久と改める。

　他の西軍諸将と比較して、家康は非常に寛大な措置を取ったわけだが、背景には「島津勢の強さ」と「島津領国のロケーション」があったと思う。

　もし、家康が島津再征を敢行したとしよう。場所は南九州。

　となると、上杉征伐の再来となる可能性が出てくる。そう、また上方蜂起が起こることを懸念したのだ。

　それと、強兵を相手に戦えば、死傷者も多くなる。ならば、島津氏に恩を売っておいた方が……。

　宇喜多秀家は、重臣・明石全登の勧めで、伊吹山中に落ち延びる。従う者は家臣の進藤三右衛門正次ら数人。

　主従は、途中で出会った江北の猟師・矢野五衛門の家に、半年間も匿われる。その間、正次は大坂・宇喜多屋敷へ赴いて、正室・豪姫に秀家の安否を伝える。

　豪姫は金子を与え、密かに家臣を秀家の許へ送る。これが「秀家救出作戦」のスタートで、まず、秀家の死を偽装する。

本多正純の許へ出向いた正次は、秀家の脇差を証拠の品として、秀家自害を報告する。捜索の手が緩むと、1601年に秀家は薩摩に潜行する。島津義久が密かに大隅に匿ったが、やがて徳川氏の知れるところとなる。

1602（慶長7）年、上洛した忠恒は、秀家が領国にいることを報告し、助命を願い出る。

また義兄・前田利長の嘆願もあり、助命された秀家は駿河・久能山に幽閉後、1606（慶長11）年、八丈島に流罪処分となる。配流地で、秀家は84歳まで生きた。

戦場を離れた**長束正家**は、近江・水口城に戻る。

しかし、東軍に属した池田輝政の弟・長吉に取り囲まれため、9月30日、抗戦を諦めて開城する。正家は和睦と思っていたが、翌日、切腹を強要されたという。

同じく五奉行の**増田長盛**は、戦闘に参加しなかったので、所領没収処分となったものの、助命された。助命理由は、膨大な蓄財を家康に引き渡したためという。高野山追放後、武蔵・岩付城に預けられた。

長宗我部盛親も戦うことなく、関ヶ原を離れた1人。彼は、〈伊勢→伊賀→大坂〉経由で、海路土佐に戻る。

井伊直政を通じて、家康に謝罪しようとしたが、実兄を殺害したことが重視され所領を没収される（74ページ参照）。

西軍諸将のその後Ⅱ──毛利輝元

南宮山に陣取った**毛利秀元**は、戦うことなく戦場を離れ、近江路（東山道）を経て18日に大坂城へ戻る。東軍の佐和山城攻撃のころで、大坂再戦を秀元は輝元に望んだが、輝元が応えることはなかったという。

次のように、輝元は直ちに大坂城を空けたという話もある。

「（秀元は）戦うに堪えず、東国の多勢を押し分け、押し分け大坂に帰る。輝元大いに驚き、秀元にも謀らず、大坂の城を去っておのが別業（別荘）に遁れ、入道して降人に成りて参る」（『藩翰譜』）

ところが、実際は違うようだ。

ここで、関ヶ原の戦いの前日、東軍サイド4人が、吉川広家・福原広俊に差し入れた**起請文**を確認いただきたい（270ページ参照）。その続きである。

9月17日、家康は福島正則・黒田長政に命じて、輝元宛てに書状を書かせる。広家らの希望を、家康はよく知っていたわけだ。

「このたび、奉行どもの逆心により、内府公（家康）は濃州表（関ヶ原）へ御出馬されました。吉川殿、福原は輝元御家（宗家）を大切に思っており、その旨を内府公へ申し上げたところ、『輝元に対して疎略には思っていません。これからも御忠節をお願いします』と、私どもから伝えてくださいとのことです」（意訳）

やはり輝元は、三成と結ぶ主戦派（毛利秀元、安国寺恵瓊）と、東軍への内応を画策する**和睦派**（吉川広家、福原広俊）とを使い分けていたようだ。

そして、上記の書状を受け取った輝元は、東軍の起請文を信じた——。

保証人の福島正則と黒田長政が、今度は家康のコメントを伝えてきたのだから。

しかし家康の本音は、早く大坂城の秀頼と輝元をセパレートしたい。輝元を城から追い出したい。秀元のような西軍参加者が「大坂再戦」を叫び、「秀頼を奉じて」と言い出す前に。

輝元が在城するかぎり、大坂城が西軍の拠点となるリスクは付きまとう。それゆえに、家康は輝元を欺く。現代風にいえば、外交上の信用詐欺、騙しのテクニックを用いて。

9月22日、輝元は当事者の井伊直政・本多忠勝宛てに「分国（毛利領国）相違なしという誓詞を預かって、安堵しています。この上は、（大坂城）西ノ丸も明け渡します」（意訳）と書状を記す。

それを受けて、福島正則・黒田長政以外の東軍諸将（藤堂高虎、池田輝政、浅野幸長）も所領安堵を保証する。

要するに〈家康＆東軍諸将〉は、輝元に次のような理屈で訴求したのだ。ただし、家康自身は一切文書に署名していないのだが……。

「戦争首謀者は三成らであって、輝元に責任はない。豊臣公儀における家康と輝元の関係は、従来どおり。だから毛利領国を奪うはずがない」と。

25日、輝元は城を退去する。大津で待機していた家康・秀忠父子は、27日、大坂城に入って秀頼に謁見する。

上杉征伐に出陣して以来、3か月ぶりの大坂。勝者としての凱旋である。

なお、合戦に遅参した秀忠は、大津で家康に面会を請うが、家康はすぐには会おうとしなかった、と伝えられる。

侍医も「(家康の) 御機嫌は悪かった」と書いている。

なぜならば、今回は合戦に勝った。が、もし家康が負けていれば、弔い合戦を行うべく、秀忠は人数を揃えて上洛しなければならない。にもかかわらず、道を急ぐ秀忠軍は、バラバラに到着したからだ。

秀忠を家康に取りなしたのは、秀忠軍に属した榊原康政という。

10月早々、家康は**毛利領国**の没収を決め、防長2か国（周防、長門）を吉川広家に与えようとする。

大坂城入城後、輝元が西軍に関与した事実が判明した、という理由で。

広家はそれを辞退し、輝元への2か国給与を願い出る。そのため、輝元は改易を免れたといわれる。

詳細は略すが、「防長2か国を広家へ」という話は、吉川氏がそう伝えているだけで、当初から家康は輝元の減封を考えていたらしい。

関ヶ原の首謀者であるとともに、輝元は九州・四国の東軍諸将（たとえば黒田長政、藤堂高虎）の領国を侵犯したのだから。

その結果、毛利氏は120万5000石から36万9000石と、**大幅減封処分**となる。10月10日、輝元は頭を丸め宗端と号し、家督を嫡子・秀就に譲る。

目付や東軍諸将には、所領に関する権限はない。勝者の家康だけが権限を行使できる。にもかかわらず、輝元は「保証のない起請文」を信じた。

余談ではあるが、この減封処分は、江戸期の毛利氏と吉川氏の関係に大きなしこりを残す。時代が移り、当時の事情がわからなくなると、毛利宗家には、庶家の広家がしでかした不始末に映る。

その一方で、徳川幕府は、吉川氏を大名（将軍の直臣）として遇した。長州藩（毛利氏）の支藩として。

だが、毛利氏はそれを認めず、吉川氏を家来（将軍の陪臣）として扱い続けた。結局、吉川氏が藩として認められるのは、明治維新後である。

三成の最期──運命の10月1日

生け捕られた三成、行長、恵瓊の3人の身柄は、家康の大坂城入城に伴い、9月26日に大坂に移される。

『慶長記』によれば、首枷をはめられ、乗り物に乗せられて。

犯罪者、謀反人としての市中引き廻し。それは、武士にとっては最大の辱しめだ。

彼らの警衛は、柴田左近、松平重長が務める。そう、左近はかつて佐和山城を訪ねた家康の家臣である。
　大坂、堺を引き廻された三成らは、京都所司代・奥平信昌の許に送られる。
　10月1日、3人は〈三成→恵瓊→行長〉の順に車に乗せられ、京都市中を引き廻された後、六条河原に向う。
　そこで彼らは処刑された。ここに三成は41歳の生涯を終える。
　3人の首は、長束正家の首とともに、三条橋の脇に晒されたという。
　毛利輝元が、「所領安堵が叶った」と思い込んでいたころだ。まさか、裏切られるとも知らずに……。

　三成に関する有名な**干し柿**の話は、京都市中引き廻しのとき。
　喉が渇いた三成は、警衛の武士に湯を所望する。武士は、「湯はないが、干し柿ならばある。これを」と差し出す。
　ところが、三成は「干し柿は痰の毒」といって断る。それを武士は、「今から首を刎ねられる者が、毒を断つのか」と嘲笑う。
　三成は、「それはもっともな料簡だが、大義を思う者は首を刎ねられる前まで、一命を惜しむのだ。本望を達そうと思うがために」と、語ったという。

　三成の最期について、『常山紀談』では2つのエピソードを載せている。
　1つは**小袖**にまつわる話。
　三成らが破れた木綿の衣服のまま、と聞いた家康は、3人に小袖を与える。その理由を、家康は「三成は日本の政務を取る者、行長は宇土城主、恵瓊は賤しい者ではない。……命をみだりに捨てないのが将の心。将たる者に恥をかかせるのは、私の恥となる」と語る。
　小袖を賜った三成は、「誰が与えたのか」と問う。「江戸の上様」という回答に、三成は「それは誰のことか」と確認する。今度の答は「徳川殿」。
　三成は「どうして徳川殿を尊ぶのか」といい、一言も礼をいわず、嘲笑ったという。
　なお、『武功雑記』では後半が少し違い、「小袖は上様からの賜りもの」と聞いた三成は、「上様（太閤秀吉）は、過日亡くなられた」といい、小袖を着なかったとする、

　もう1つは、**処刑場**での話。

六条河原でも、三成の顔色は平常と少しも変わらない。そして、三成は側の者に次のように語る。
「私が大軍を率いて、天下分け目の合戦をしたのは、天下に隠れもないことだ。少しも心に恥じることはない」（意訳）と。

東軍の論功行賞

関ヶ原の戦いの論功行賞が、大坂城で発表されたのは、合戦1か月後の10月15日。配分は11月である。

家康・秀忠が大坂城に入った9月27日に、東軍の目付ら6人が諸将の**殊勲判定**に着手したのだ。最もバランス感覚を求められる作業である。

現代でいう「格付、仕分け」を行ったのは、以下のメンバー。徳川系大名が判定のメインなので、数は秀忠軍従軍者の方が多い。

○**家康軍**（上方蜂起対応）：井伊直政、本多忠勝（ともに目付）
○**秀忠軍**（上杉征伐対応）：本多正信（目付）、榊原康政、大久保忠隣
○**豊臣系大名**：徳永寿昌

『慶長記』では、これを「西国大名衆へ知行割り」と記す。

これまで述べてきたように、目付（軍監）が非戦闘員で、戦場では軍令の遵守、戦功の判定に務めた意味合いが、おわかりいただけるだろう。最終的に、この作業を行うためだ。

なお、この時点で、東国の戦いは終わっていない。上杉征伐の論功行賞は、翌1601年8〜9月のことである。

東軍諸将に対する加増配分の源泉は、西軍諸将からの没収所領となる。

没収されたのは、石田三成（19万4000石）、小西行長（20万石）、安国寺恵瓊（6万石）、宇喜多秀家（57万石）、長宗我部盛親（22万石）、大谷吉継（5万石）らの所領。もちろん、毛利輝元の削減分（83万6000石）も含む。

東軍の殊勲一等は、**福島正則**とされた。

「関ヶ原で戦って、多くの敵を討ち滅ぼし、毛利・島津などを下して、天下を悉く徳川殿のものにした。正則の功は莫大である」（意訳、『藩翰譜』）

正則には安芸・備後の2か国と決まる。

本多忠勝と井伊直政が使者となり、「不足しているのでは」と気を揉みながら行くと、思った以上に正則の機嫌は良く、「過分に存じます」と礼を述

べる。2人は大喜びしたという。

　確かに正則の加増高は、〈尾張・清洲20万石→安芸・広島50万石〉の30万石で、池田輝政の37万石、黒田長政の34万石と比較すれば、多少見劣りがする（300ページ表参照）。

　見過ごされがちだが、ポイントは、正則が2か国の**国持大名**（国主）となった点にある。

　国持大名とは、「1国か、それ以上を領国とする大名」の意味である。室町期の「守護」と同じでステータスが高く、御屋形様と敬称される身分。

　しかも東軍諸将の中で、1国を与えられた大名はかなり存在するが、2か国を与えられたのは正則だけ。

　2か国以上の国持大名は、関ヶ原参戦組では正則以外に小早川秀秋（中納言、備前・備中・美作）がいるが、彼は元来が筑前・筑後の太守である。なお、彼の所領は宇喜多秀家からの没収地だ。

　他の前田利長（中納言、加賀・能登・越中）と島津忠恒（薩摩・大隅）は所領維持組、毛利秀就（周防・長門）は所領削減組。

　日本68か国で、複数の国を領することは、官位を別にして大変な名誉なのだ。正則の機嫌が良かったのは、そのためである。

　東国の模様も触れておこう。西国の関ヶ原とは、異次元の合戦である。

　降伏謝罪を家康に告げるため、上杉景勝が上洛したのは、1601年7月。関ヶ原の終結以来、約10か月が過ぎたころだ。

　景勝を取りなしたのは、対会津戦線を守った結城秀康である。その結果、景勝は大幅減封処分となり、出羽・米沢30万石に移される。

　佐竹義宣の場合はさらに遅く、上洛は1602年5月のこと。彼も同様に減封となり、秋田20万石に国替えされる。

　〈西国＝関ヶ原〉と〈東国＝上杉征伐〉の2つの合戦で、増減封を整理すると、下表のとおり。

　意外かもしれないが、増封ベースでは上杉征伐の方が手厚い。

　〈関ヶ原＝豊臣系大名〉と〈上杉征伐＝徳川系大名〉とのバランスを、目付らが取った一面はあるが、家康が景勝の「関東乱入」を重大視したことの証でもある。

[関ヶ原・上杉征伐の増封、減封]（単位：万石）

処置	関ヶ原の戦い	上杉征伐
増封	①松平忠吉：清州52（＋40） ②池田輝政：姫路52（＋37） ③黒田長政：福岡52（＋34）	①結城秀康：北ノ庄67（＋55） ②蒲生秀行：会津60（＋42） ③最上義光：山形57（＋33）
減封	①毛利秀就：萩37（－84） ②宇喜多秀家：没収（－57） ③長宗我部盛親：没収（－22）	①上杉景勝：米沢30（－90） ②佐竹義宣：秋田20（－35）

　1603（慶長8）年、征夷大将軍に就いた家康は、**徳川幕府**を開設する。
　豊臣公儀の朝廷官位では、家康は天下人（関白）になれないからだ。そのために、室町幕府以来の武家身分（将軍）を用いて、新政権を樹立した。新たな家格、席次をすべて定め直して。たとえば御三家や老中が、それである。
　その中に、武家の朝廷官位も取り込まれた。
　外様大名・伊達政宗のケースを挙げてみよう。
　知行は陸奥・仙台62万石。国持大名として遇され、家臣からは御屋形様と敬称される。当時の官位は従四位近衛少将・陸奥守（後に中納言まで昇進）。また松平姓の名乗りも許される。
　つまり政宗は松平陸奥守を名乗るが、彼以外に陸奥守に就ける大名はいない。しかも領国と官職が一緒なのだ。
　同様に島津氏は松平薩摩守を認められた。この国持（国主）は、当時では非常な名誉である。朝廷官位が残ったとは、そういう意味である。

　しかし、嫌われた官位がある。**治部少輔**だ。
　実は三成以外にも、治部少輔だった大名がいる。
　幕府創業に尽力した大久保忠隣である。だが、彼は本多正信との権力抗争に敗れ、大久保長安事件（幕府転覆の謀議）に連座して失脚する。
　徳川殿の「御敵」である三成は、悪臣の代名詞。忠隣も、謀反への関与を疑われた人物。
　以来、徳川300年の長きにわたり、治部少輔に就いた大名は誰一人としていない。

第VIII章

人物略伝

■ **豊臣諸侯列伝**
石田三成／大谷吉継／宇喜多秀家／毛利輝元／島津義弘／小早川秀秋／吉川広家／安国寺恵瓊／小西行長／加藤清正／福島正則／黒田長政

■ **豊臣公儀**
関白・豊臣秀吉／内大臣・徳川家康

豊臣諸侯略伝 ❶ 上方で蜂起した治部少輔

石田三成 ● いしだ みつなり

DATA	
生没年	1560（永禄3）〜 1600（慶長5）年
享年	41
通称	佐吉
諱	三也
官位	治部少輔
死因	処刑
死没地	京都

◆ 才覚に優れた目付の適任者

　徳川幕府体制になってからの三成は、「天下の悪臣」が通り相場となった。なにせ、神君家康公に戦いを挑んだ「御敵」なのだから、まさに悪の権化、謀反人である。

　そのため、豊臣公儀での不透明な事件も、すべて三成に押し付けられた感が強い。それも、武士にあるまじき讒言(ざんげん)を用いたとして。

　三成は、千利休自刃、蒲生氏郷毒殺、豊臣秀次切腹事件に関与し、加藤清正の蟄居、黒田長政らの一部所領没収、蒲生秀行の減封・転封、小早川秀秋の減封・転封の背後にも彼の讒言があったとされた。

　秀吉が裁定を下した事柄でも、事件の裏で三成が糸を引いている。だから、豊臣諸侯はこぞって三成を憎んだのだと。秀吉の死後は、なおさらのこ

とだ。

　加藤清正ら七将による三成襲撃事件（1599年）には、その要素が色濃く反映されているから、すべてを否定するつもりはない。
　が、とにかく三成の場合は、最初から「悪意あり」のイメージで見られる点が、気の毒だと思う。まさに、敗者を鞭打てとばかりに——。

　近江に生まれた三成は、長浜城主・羽柴秀吉との出会いによって、運が開ける。三成の智慮、才覚を認めた秀吉が、彼を取り立てて寵愛する。
　結果、三成は豊臣公儀きっての権勢家となった。それゆえに、周囲からは横柄と映ったようだ。
　ここまでは、誰も異議を唱えないだろう。
　だが、秀吉は三成の**硬質**な面を愛した可能性がある。
　秀吉が三成を五奉行に抜擢した理由を、『甫庵太閤記』では、「諫めについては、秀吉の気色（気分）を取らず、諸事有姿を好みしものなり」とする。
　そこには、秀吉の顔色や機嫌を窺わず、理想形を追求する三成がいる。
　また関ヶ原の戦い（1600年）の後、東軍がチェックすると、五奉行の増田長盛や長束正家には膨大な蓄財があったが、意外にも三成は一切なし。佐和山城の壁も剥き出しのまま。質素な暮らしぶりだったという。
　というのも、島左近や蒲生備中といった「武辺誉れの者」を、高禄で召し抱えたからだ。そのために、惜しげもなく金を使った。
　合戦の直前、増田長盛に「人を召し抱えたので、手許が逼迫しております」と、三成が書状で伝えるほどに。
　ここにも、奉公のため、清貧に甘んじる三成が存在する。

　有るべき姿を追えば、周囲と摩擦が生じるのは世の常。
　三成の場合も、その要素が大きかったのではなかろうか？
　本人は正しい振る舞いのつもりでも、周りには逆恨みする者もいる。
　詳しくは本文に譲るが、武家には**目付**という職制がある。三成も務めているが、平時は武士の行動を監視し、非違行為を糺す。戦時は将兵の働きをチェックし、軍令違反を取り締まる。
　目付にうってつけの人材——。それが三成だったと思う。

豊臣諸侯略伝 ❷ 三成に加担した刑部少輔

大谷吉継

おおたに　よしつぐ

DATA

生没年	1559（永禄2）〜1600（慶長5）年
享年	42
通称	桂松、紀之介
諱	吉隆
官位	刑部少輔
死因	自刃
死没地	美濃・関ヶ原

関ヶ原で奮戦した病躯の将

　吉継の出自は、豊後説と近江説があり、前者では「大友宗麟の家臣・大谷盛治の子で、三成の斡旋によって秀吉に仕えた」とする。が、かならずしも確証のある内容ではない。

　一方の近江説では、「大谷氏は伊香郡の侍で、父の吉房は六角氏に仕えた」とする。ただし、なぜ、江北在住の者が江南の守護に仕えたのか、は疑問として残る。

　活躍した地域からすれば、「近江説の方が……」と思うが、確実なのは吉継の母が**東殿**という点だけ。

　東殿は、秀吉生母の大政所、秀吉正室の北政所に仕えた上臈（高級女中）で、どちらかと縁続きだったようだ。

大政所の縁者で、豊臣公儀（政権）の大名となった者には加藤清正、福島正則らがいる。それと同様に、東殿は豊臣内儀（家政）で重用され、関白秀吉・北政所夫妻に近侍している。

　その母の縁で秀吉に仕えた吉継は、25歳のとき、賤ヶ谷の戦い（1583年）で戦功を挙げたとされる。実際、戦闘に参加したか、どうかはわからないが、三成と同様に、秀吉の側近、取次を務めたのは間違いない。

　その2年後、秀吉の関白就任に伴い、吉継も従五位下刑部少輔に任官した。以後の吉継は、「刑部、刑部少」と呼称される。

　北条征伐の軍事動員が発布されたころ、1589年末、吉継は越前・敦賀5万石の大名となる。

　敦賀は日本海海運の重要港で、物資の集積地。船や物質への課税収入により、吉継の財政は豊かだったと思われる。1597年、伏見の自邸に秀吉の御成があったとき、数多くの進物をして列席した家康以下を驚かせたという。

　さて、北条征伐（1590年）に従軍した吉継は奥羽に留まり、出羽の上杉領国で検地を担当している。

　第1次朝鮮出兵（1592年）では、三成とともに船奉行（兵站機能）を、さらに一緒に渡海して朝鮮奉行（目付、軍奉行）を務めている。

　このように吉継は三成との接点が多いことから、通常、「武断派に対する文治派（三成派）に属した」とされる。

　その一方で、秀吉の死の前後から、吉継は徳川家康に接近したようで、有力な**家康派**の一員となっている。

　ところが、家康から託された宇喜多騒動（1599年）の調停が不調に終わり、叱責されたため、吉継は家康に恨みを抱いたといわれる。

　それでも吉継は家康派として振る舞い、上杉征伐（1600年）の際も、遅れて公儀軍（会津遠征軍、総大将は家康）に合流しようとする。

　その機会を捉えた三成は、吉継を佐和山城に招き、上方蜂起への参加を求める。渋る吉継も、最終的に加担を決める。ただし、心変わりの理由は「年来の朋友にて」という友情説もあるが、今一つハッキリしていない。

　吉継はハンセン病だったといわれ、出陣も輿に乗ってだったという。

　関ヶ原の戦いでは、東軍に内応した小早川秀秋勢の攻撃を浴びたため、最後は自刃を遂げた。

豊臣諸侯略伝 ❸　西軍の副大将・備前中納言

宇喜多秀家
　● うきた　ひでいえ

DATA	
生没年	1572（元亀3）〜1655（明暦1）年
享年	84
通称	八郎
号	休復
官位	中納言
死因	病死
死没地	八丈島

◆ 関ヶ原の後、流刑50年

　室町期、備前（岡山県の一部）の守護は赤松氏で、守護代が浦上氏。

　下剋上によって、浦上宗景は赤松氏の守護国（播磨、備前、美作）を奪い、織田信長と誼（よしみ）を通じる。

　その宗景の有力被官が、備前の国人・**宇喜多直家**であり、毛利氏の支援を得た彼は、1577年に浦上氏を放逐する。この直家が秀家の父にあたる。

　以降、直家は毛利氏に属するが、織田信長の毛利攻めが始まると、山陽道方面軍の羽柴秀吉に通じて降伏する。

　が、1581年に直家が没したため、翌年、当時11歳の秀家が跡を継ぎ、秀吉から備前・美作などの領国を安堵される。そのとき、「母のお福が秀吉の側室になった」という俗説もある。

ともあれ秀家は、秀吉から親族同様に愛され、「秀」の偏諱を受けて猶子（相続権のない養子）になるとともに、秀吉の養女・豪姫（前田利家の娘）と結婚する。

四国征伐以降、秀吉の「戦闘譜」に名を連ねた秀家は、第1次朝鮮出兵では総大将、第2次出兵では副大将（総大将は小早川秀秋）を務めている。

そして、中納言に昇進した秀家は、**五大老**に列する。秀吉にとっては、身内同然なので、特に秀家は後継者・秀頼の後見を託されている。

同じく五大老の毛利輝元との縁組（秀家の娘が、輝元の嫡子と結婚）も、予定されていたようだ。

ところが、秀吉の死後、豊臣公儀内部での政争が激しくなる。

1599年初め、宇喜多氏内部で**騒動**が発生し、多くの家臣が退去するという事件が起こる。秀家の領国統治、家臣団の対立などに起因するが、『看羊録』では、その様子を次のように描写している。

「部下が、秀家の所行を怒り、いっせいに刀や槍を佩びて進み出て、『所業を改めませぬと、どのような　禍　が身に降りかかるかもしれませぬぞ』と、秀家を脅かした。秀家は、あわてふためくばかりで、なす術を知らなかった」（意訳）

この事件によって退散した重臣も多く、関ヶ原の戦い（1600年）における「宇喜多勢の戦力ダウン」の要因となる。そして大敗を喫した秀家は、豪姫や家臣の援助で逃避行を重ね、島津氏を頼って薩摩まで落ち延びる。

しかし、家康に降伏した島津忠恒は、いつまでも彼を匿うことはできない。忠恒は家康に「秀家の助命嘆願」を行い、義兄の前田利長も同様に懇願したため、秀家は**八丈島**への流罪が決まる。

1606年、35歳の秀家は、嫡子・秀高、次男・秀継、医師ら13人とともに島に渡る。

八丈島初の流人である秀家は、約50年の在島生活を送り、84歳で没した。

おそらく秀家は、同時代の大名の中では真田昌幸の長男・信幸（1566～1658年、享年93）に次ぐ長命だと思う。徳川幕府は、すでに4代将軍家綱の代になっていた。

なお、妻の実家である前田氏からは、隔年で白米70俵、金35両などの仕送りがあり、明治維新まで続いたという。

豊臣諸侯略伝 ❹ 西軍の盟主・安芸中納言

毛利輝元 ● もうり　てるもと

DATA	
生没年	1553（天文22）〜1625（寛永2）年
享年	73
幼名	幸鶴丸
号	宗瑞
官位	中納言
死因	病死
死没地	長門・萩

◆ 7か国から2か国へ削減

　毛利元就は謀略を駆使して、安芸の国人から10か国の太守となった。
「謀(はかりごと)多きは勝ち、少なきは敗け候」（『元就書状』）
　その結果、毛利領国は安芸、備中、備後、周防、長門、石見、出雲、隠岐、因幡、伯耆に拡がった。
　1571年に元就が没すると、19歳の嫡孫・輝元が家督を継ぐ。輝元の父・隆元がすでに逝去していたためだ。
　若き当主・輝元を支えたのが、叔父にあたる吉川元春と小早川隆景。彼らは安芸国人衆の養子に入り、ともに苗字に「川」の字が付くことから、**毛利両川**といわれた。
　1577年、東西一統を目指す織田信長は、部将・羽柴秀吉に毛利攻めを命じ

る。その攻勢が続いたため、備中、備後、伯耆の3か国割譲を条件に、毛利氏は信長と講和を結ぼうとする。

　本能寺の変（1582年）が勃発したのは、秀吉が備中・高松城を攻めている最中。急遽、講和を申し出た秀吉は、上方へ引き返し、明智光秀を破る。

　信長と秀吉では相手が違う――。そういう異論が毛利氏内部には出たが、結局、隆景や外交僧・安国寺恵瓊の意見が通り、秀吉と友好関係を結ぶ。

　関白となって豊臣公儀を樹立した秀吉も、協力的な毛利氏には恩義を感じ、中納言・輝元を7か国の太守（約121万石）として遇した。

　秀吉の**東西分割統治構想**でも、〈東国＝徳川家康〉〈西国＝輝元＆隆景〉としたほどだ。そのことを、朝鮮人儒者が書いた『看羊録（かんようろく）』では、「家康は関東の大帥、輝元は京西の大帥」と表現している。

　以下は、『藩翰譜』の関ヶ原に関する記事のあらましである。
　この年の夏（1600年7月）、徳川殿（家康）が奥の上杉退治のために出陣すると、輝元は吉川広家（元春の子）と恵瓊を大将として軍勢を出す。
　ところが、三成と謀議を巡らした恵瓊は、輝元を**上方の大将軍**と担ぎ上げて大坂城に入れ、「徳川殿を失うべし」と勧める。
　毛利勢は、輝元の代理・秀元を大将として、伊勢に進む。そのころ、東軍の先陣は美濃・赤坂に陣取る。そのため、毛利勢も美濃に移動するが、吉川広家は東軍への内応を約束する。
　「かくて関ヶ原の合戦、上方の軍勢、悉く敗れ、安国寺が勢、一支え（ひとささえ）もなく逃げ散り、吉川また徳川殿の御陣に参る。秀元、今は戦うに及ばず、大坂に引き返す」
　「東国の軍勢、続いて攻め上ると聞こえしかば、輝元大きに驚き、大坂の城を去り木津の別業（別荘）に遁れ、入道して、降人になってぞまいりける。徳川殿、累代の家、一時に亡びん事、不便の事なりとて、周防、長門を賜りて、其（そ）の余の国々悉く没収せらる」

　このようにして、7か国を領した輝元は、家康から「防長2か国36万9000石」という大幅な減封処分を受けた。上記の記事からは、「西軍盟主の輝元は、三成や恵瓊に踊らされた存在」といった印象を受けるが、実は意欲満々の登板だった。その意味では、やむえない処分だろう。

豊臣諸侯略伝 ❺ 武勇を謳われた兵庫頭

島津義弘 しまづ よしひろ

DATA	
生没年	1535（天文4）〜1619（元和5）年
享年	85
幼名	又四郎
諱	忠平、義珍
官位	兵庫頭、参議
死因	病死
死没地	大隅・加治木

◆ 敵中突破で、関ヶ原から撤退

　鎌倉期以来、島津氏は薩摩・大隅・日向の3か国守護を兼ね、源頼朝の直系と称した名門である。ちなみに鎌倉市にある頼朝の墓は、江戸期に島津氏が修復したものだ。

　一時期、嫡流の勢力は衰えたが、戦国期に3か国を統一した義久・義弘兄弟は、さらに大友氏や龍造寺氏などを攻撃し、ほぼ九州全域を支配した。

　さて、島津勢の攻撃に曝された大友宗麟（豊後の戦国大名）が、秀吉に支援を願い出たため、1587年、秀吉は**島津征伐**を敢行する。

　圧倒的な豊臣公儀軍を前にして、当主・義久は降伏を告げる。その結果、島津氏は占領地を放棄し、本領として薩摩・大隅と日向2郡を安堵される。

　だが、微妙な内部問題が起こる。

というのは、豊臣公儀が弟の義弘を「島津氏の代表」と位置づけたからだ。当主の兄・義久がいるにもかかわらず……。**両殿様**の出現といっていい。
　この島津征伐の前後から、石田三成が島津氏の取次となり、降伏後の義弘は実力者・三成を頼りにする。
　二度の朝鮮出兵（1592年、1597年）で、ともに義弘が従軍したのは、彼が公的な島津氏代表だったからだ。
　しかし、国許では義久の権威が絶大。その家臣は、義弘に好意的なわけではない。そのため、軍勢や物資の補給面で、義弘は常に苦労を強いられる。
　にもかかわらず、義弘が率いる島津勢は、泗川（サチョン）の戦い（1598年）で明・朝鮮連合軍に大勝して、勇猛を謳われた。
　「倭人（日本の諸将）は、『義弘を、武勇を発揮できる地に居らせたならば、日本全国を併呑するのも困難でなかろう』と言った。その部下も、極めて精勇（精鋭、勇敢）で、しかも、みな代々の家臣である」（『看羊録』）

　1600年、豊臣公儀での政争が激化し、石田三成らが上方蜂起を企てると、義弘は三成に加担する。というよりも、義弘も**首謀者**の1人といっていい。
　西軍の主力は、大垣城に籠城した三成、宇喜多秀家、小西行長、そして義弘の4人。家康の認識も同様である。
　しかし、義弘の手勢は1000人前後。そのため、彼は国許に派兵を要請するが、義久と忠恒（義弘の子）は応じようとしない。
　やむなく義弘は、国許の家臣に自前参加を要請したほどだ。義勇兵の募集である。
　関ヶ原の合戦当日、西軍の敗色が濃くなると、義弘は前代未聞の「敵中突破作戦」を敢行し、戦場からの離脱を図る。
　それに気付いた東軍の井伊直政や本多忠勝が、攻撃を始める。
　島津勢は「殿様（義弘）だけは逃がそう」と、ある者は伏兵となり、またある者は影武者となって、追撃をかわす。
　かろうじて助かった義弘は、海路、薩摩へ戻り、桜島で謹慎する。
　義久らは、関ヶ原参戦は義弘個人の行動として、島津氏の関与を強く否定する。そのために、家康は島津氏を赦免し、本領を安堵した。

豊臣諸侯略伝 ❻ 東軍に内応した筑前中納言

小早川秀秋 ● こばやかわ ひであき

DATA	
生没年	1582（天正10）〜1602（慶長7）年
享年	21
通称	金吾
諱	秀俊、秀詮
官位	中納言
死因	病死
死没地	備前・岡山

◆ 三成を憎んだ秀吉の養子

　秀秋は、木下家定の5男として生まれた。家定は、秀吉正室・北政所（ねね）の実兄である。4歳のとき、秀秋は叔父・秀吉の養子となる。北政所の許で養育され、秀吉夫妻から寵愛されたという。

　秀吉の後継者と見做された時期もあるが、1593年、秀吉に実子・秀頼が誕生すると、翌年に小早川隆景の養子となる。また毛利輝元の養女を娶る。

　1597年、養父・隆景の逝去に伴い、16歳の秀秋は筑前・筑後など52万石を継ぐ。そして中納言に列した彼は、**金吾殿**、筑前中納言と呼ばれた。

　第2次朝鮮出兵（1597年）では、総大将に任命される。『藩翰譜』では、「朝鮮を討たん大将軍を承りて、宗徒の大名あまた引き具し」とある。

　副将が備前中納言・宇喜多秀家、安芸宰相・毛利秀元（輝元の代理）の両

名だから、秀秋のステータスの高さがわかると思う。

　ところが、秀秋に対して、秀吉からの帰国命令が届く。蔚山城の戦いで、秀秋は本営を空けるなどの軽挙な振る舞いがあり、それを三成が讒言したからだ、とされる。

　そのことを『看羊録』では、「元帥となって釜山に駐屯したが、賊魁（秀吉）は、彼が軍律を失うことが多かったので、厳しく叱責した」と記し、さらに秀秋の性格は「軽薄で、感情の起伏が激しい」とする。

　三成の讒言か、どうかは定かではないが、秀吉は秀秋を越前・北ノ庄16万石に転封・減封処分とする。

　しかも、旧領は秀吉直轄地となり、三成が代官となる。秀秋が三成を恨んだ可能性は、多分にある。

　秀吉の死後、五大老の協議により、秀秋は旧領を回復する。

　『藩翰譜』によれば、秀吉に叱責されたころから、徳川家康が秀秋を庇ったので、秀秋は「御芳恩に、いずれのときに報いたい」と語ったという。

　関ヶ原の戦いの前。1万5000人の大軍を率いる秀秋は、西軍の伏見城攻撃に参加したものの、病気療養を理由に近江に滞在する。

　その間、東海道を西に上る家康に使者を派遣して、接触を図ろうとしている。東軍への**内応**の約束だ。

　一方、三成らも秀秋を西軍陣営に引き留めるため、「秀頼成人までの関白代行、上方での2か国給与」を約束したとされるが、すでに秀秋の東軍内応は噂になっている。「筑前中納言殿、謀反と風聞候」（『慶長記』）

　9月14日、関ヶ原の戦いの前日。家康が東軍陣地である美濃・赤坂に到着すると、急遽、秀秋は関ヶ原の松尾山に進んで陣を張る。

　明らかに秀秋は、西軍を裏切るつもり。そのため、同日深夜、三成らの大垣城籠城組は、秀秋を仕置するため、関ヶ原に転進する。

　ところが、その動きを察した東軍は、15日の朝から西軍を攻撃する。小早川勢もそれに呼応して、大谷吉継らを攻め、東軍勝利に貢献する。

　西軍の敗北後、秀秋は佐和山城攻撃を家康に願い出て、先鋒を許される。よほど三成が憎かったようだ。

　殊勲大とされた秀秋は、備前・備中・美作の3か国を与えられるが、2年後に病死を遂げる。後継者がいなかったので、小早川氏は断絶した。

豊臣諸侯略伝 ❼　関ヶ原で「不戦観望」を約束した侍従

吉川広家　● きっかわ　ひろいえ

DATA	
生没年	1561（永禄4）〜1625（寛永2）年
享年	65
通称	又次郎
諱	経信
官位	侍従
死因	病死
死没地	周防・岩国

◆ 毛利宗家と庶家の微妙な関係

　広家は、「毛利両川」の1人である吉川元春の3男。幼いころは「うつけ」といわれ、父母を嘆かした問題児だったらしい。

　家督を継げないと思った彼が、勝手に石見国人衆の養子になると決めたとき、元春は「あぶなきは必定候」と記したほどだ。

　ところが、島津征伐の最中、父の元春と兄の元長が相次いで逝去したため、1587年に広家が家督を継ぐ。

　所領は山陰道の伯耆、出雲、隠岐など12万石で、出雲・月山富田城を本拠とした。ただし、その所領は毛利領国内にある。

　以来、広家は二度の朝鮮出兵などに従軍するが、毛利家中では傍流の扱いを受ける。毛利輝元とは折り合わず、輝元の嗣子・秀元（秀吉の娘婿）や外

交僧・安国寺恵瓊とは不和状態だから、仕方がない。
　当時、毛利氏の公儀取次は、黒田孝高らから**石田三成**に変わっていたが、広家は三成からも邪険にされたという。秀吉の吉川邸への御成、秀吉への娘の御目通りなどを三成に依頼しても、実現せずに終わる。
　また毛利家中では「秀元への分領問題」（秀吉の特命事項）を抱えており、広家の所領にも影響を及ぼす。これにも三成が絡んだようだ。

　1600年、上杉征伐のため、徳川家康が会津へ遠征した隙を狙い、三成は輝元、恵瓊らと上方蜂起を企てる。
　その前に、輝元は広家と恵瓊に公儀軍（会津遠征軍）への参加を命じる。出雲を出陣した広家が、明石付近までくると、恵瓊から呼び出されて上方蜂起の密事を伝えられる。
　毛利家中の説得が恵瓊の役割で、それが無事済めば、「輝元は上洛して、大坂城に入る」という段取りだったが、広家は何も知らされていなかった。
　このころから、彼は**黒田長政**（旧取次・孝高の子、家康の娘婿）と接触を持ち、密かに毛利氏（宗家）の安泰・領国の安賭に向けて動き出す。
　西軍に参加した毛利勢の大将は秀元がなり、広家、恵瓊とともに伊勢へ進攻する。総じて戦意に乏しかったようだ。
　さらに東軍が西上してくると、毛利勢は大垣城付近の南宮山に布陣する。
　関ヶ原の戦いの前日、9月14日。戦闘への不参加を決めた広家と毛利氏重臣・福原広俊は、密かに東軍のその旨を伝え、井伊直政・本多忠勝からの「毛利領国の安堵」を記した起請文を貰う。福島正則と黒田長政が保証人。
　当日、広家は山からの下り口を塞ぎ、毛利勢のみならず、長束正家、長宗我部盛親らの動きを封じ込める。
　西軍の敗北後、広家の連絡どおり、東軍諸将が「領国安堵」を約束したため、輝元は大坂城を退去する。だが、思いがけず大幅減封処分（防長2か国約37万石）が下る。結果として、広家は家康に欺かれたのだ。
　その中から、広家は岩国3万石を与えられたが、宗家は支藩（独立藩）とは認めなかった。大名ではなく、家臣の扱いとしたのは、「関ヶ原の恨み」があったから、とされる。
　一方、幕府は藩として遇して岩国城築城を認め、吉川氏を参勤交代させた。

豊臣諸侯略伝 ❽　上方蜂起を企てた毛利氏外交僧

安国寺恵瓊

● あんこくじ　えけい

DATA	
生没年	1539（天文8）〜1600（慶長5）年
享年	62
幼名	竹若丸
号	瑶甫、一任
住持	安国寺、南禅寺、東福寺
死因	処刑
死没地	京都

◆ 僧衣をまとった異色の大名

　恵瓊は、安芸守護だった武田信重の遺児といわれる。ちなみに安芸武田氏は、甲斐武田氏の分流で、さらに若狭守護の若狭武田氏を輩出する。

　安芸武田氏は、1541年、大内義隆の命を受けた毛利元就の攻撃により、滅び去る。

　家臣とともに脱した幼い竹若丸（恵瓊）は、京都の東福寺や南禅寺で修行して、1569年に安芸・安国寺の住持（じゅうじ）となる。

　ちなみに安国寺とは、南北朝期、足利尊氏が戦没者の冥福を祈るため、各国に設立した寺。大胆に書けば、律令制のころ、朝廷（公家）が建立した国分寺の「武家バージョン」となる。

　ここで、恵瓊は東福寺の僧に帰依する毛利氏と接点を持ち、当主・輝元の

取次、対外折衝を担う外交僧として活躍し始める。

1573年、15代将軍・足利義昭と織田信長の調停を図るため、恵瓊は上洛し、信長の取次である羽柴秀吉と面会する。当時、毛利氏が義昭を支援していたことが、背景にある。

そのとき、有名な**予言**を彼は書状に記す。なんと、本能寺の変が起こる9年前に、恵瓊は「信長の蹉跌、秀吉の台頭」を見抜いたとされる。

「信長の代、5年、3年は持たるべく候。明年辺(あた)りは公家などに成るべく候かと見及び申し候。……（信長は）高ころびに、あおのけに転ばれ候ずれに見え申し候。藤吉郎さりとてはの者にて候」

大意は「信長は3〜5年も持つかどうか。公家になれば、信長は転落するでしょう。一方、秀吉はなかなかの人物です」となる。

ただし、八切止夫の『八切日本史』によると、原文は「藤吉郎さりとてハの者」と書かれているそうで、八切は「ハ」は「八」とする。蜂須賀氏、蜂屋氏といった「八（蜂）の者」の意味という。となると、恵瓊は秀吉の台頭までは、予言しなかったことになるのだが……。

ともあれ、秀吉と毛利氏の和睦折衝、関係強化に尽力したため、1586年、恵瓊は伊予6万石の大名に取り立てられる。安国寺にも、寺領1万石が与えられる。

これは、現代でいう**ヘッドハンティング**で、恵瓊は秀吉の取次・目付も務めるようになったのだ。大名として、島津征伐、北条征伐、朝鮮出兵などに従軍する一方で、恵瓊は東福寺などの住持も務めている。

1600年、石田三成は恵瓊と上方蜂起の密事を企て、輝元を西軍の盟主に担ぎ出す。両者は懇意だったようだ。

彼は毛利勢とともに、伊勢攻めから美濃に転じて、南宮山に布陣するが、三成の書状によると「恵瓊や長束正家は、合戦を決断しなかった」という。

実際、9月15日の関ヶ原の戦いで、吉川広家の東軍内応により、毛利勢は不戦に終わる。

戦場を脱した恵瓊は家臣とともに、京都の鞍馬寺、本願寺に潜伏するが、そこに東軍の詮議の手が伸びる。彼は輿に乗って逃れようとしたが、捕縛されて、10月1日に処刑される。

人の将来は見通せても、自分の先々はわからなかったようだ。

豊臣諸侯略伝 ❾　明と講和を結んだ小西摂津守

小西行長

● こにし　ゆきなが

DATA	生没年	1555？（弘治1）〜1600（慶長5）年
	享年	46？　通称 弥九郎　洗礼名 アウグスティヌス
	官位	摂津守　死因 処刑　死没地 京都

◆ 三成とともに処刑されたキリシタン大名

　堺の商人で、キリシタンの小西隆佐（りゅうさ）の次男といわれる。父は秀吉直轄領（和泉や摂津の蔵入地）の代官などを務めた。

　若き日の行長は、備前の宇喜多直家（秀家の父）に仕えたらしく、やがて秀吉の直臣となった。秀吉が賤ヶ岳の戦い（1582年）に勝利し、日の出の勢いのころだ。行長は船手（水軍）の一翼を担い、船奉行として兵糧などの輸送を担当した。

　島津征伐後、肥後には佐々成政が封ぜられたが、一揆発生を問われて切腹を命じられる。一揆平定後の1587年、行長は肥後南部14万石（宇土城、後に20万石）の大名となる。なお、肥後北部を領したのが、ライバルとなる加藤清正だ。

　第1次朝鮮出兵（1592年）のとき、行長は1番部隊、清正は2番部隊を命じられる。朝鮮上陸後の両者は先陣を争い、漢城（ソウル）には行長が一番乗りを果たす。さらに彼は北上して、平壌（ピョンヤン）まで進む。

　しかし、明・朝鮮連合軍の攻撃を浴びた行長は、三成ら朝鮮奉行と相談の上、**講和**を結ぶが、合戦継続派の清正らから非難される。

　明との交渉が決裂し、再び朝鮮派兵（1597年）が決行される。詳しくは本文に譲るが、蔚山城救援問題や日本帰還時点の対応で、さらに両者の亀裂は深まる。

　1600年、三成が上方蜂起を企てると、行長は**西軍**に加わり、三成らとともに大垣城に籠る。さらに関ヶ原に転進して、行長は東軍と戦うが、早い段階で小西勢は総崩れとなる。この点については、「行長の蓄財は相当あったが、武功誉れの士は高禄なので、召し抱えなかった。その結果、見苦しい結果になった」とされる。三成とは対照的な姿勢である。

　敗戦後、伊吹山中で逮捕された行長は、三成や恵瓊とともに京都市中引き廻しの上で、処刑される。そのとき、行長は聖母マリアの画像を高く掲げて死に臨んだといわれる。

豊臣諸侯略伝 ⑩　虎退治で知られた加藤主計頭

加藤清正
かとう　きよまさ

DATA	生没年 1562（永禄5）～1611（慶長16）年
享年 50　通称 虎之助　号 日乗　官位 主計頭、侍従、肥後守　死因 病死　死没地 肥後・熊本	

◆ 肥後で形勢を観望

　母が大政所（秀吉生母）の従妹だった縁で、清正は長浜城時代の秀吉に仕えたという。賤ヶ岳の戦い（1583年）では、七本槍の1人として活躍し、3000石を与えられる。秀吉の関白就任時には、清正も主計頭（かずえのかみ）となる。

　島津征伐後、1588年に肥後を領した佐々成政が処分されると、清正は肥後北部25万石（熊本城）の大名となる。

　以後、二度に及ぶ朝鮮出兵（1592、1597年）に従軍するが、肥後南部の大名・小西行長や石田三成との間に**確執**が生まれる。

　第2次出兵に際しても、『看羊録』によれば「三成は否定派、清正は積極派」だったとされる。清正は所領拡大欲が旺盛だったようだ。

　秀吉の没後、豊臣公儀での政争は激化の一途を辿り、反三成派（武断派）の清正、福島正則ら七将は、三成襲撃事件（1599年）を起こす。

　その仲裁をしたのが、五大老の家康や毛利輝元であり、三成は五奉行を解任されて失脚する。

　実はこの時点で、家康と清正が不仲になったという話がある。『藩翰譜』では、「清正が三成を討とうとしたとき、徳川殿が制止したことから不仲になり、前田利長が帰国したころ、清正も肥後に戻った」（意訳）とする。

　それと符合するのが、『看羊録』の記事で、「清正は、家康に三成を攻めるよう勧めたが、家康と三成が和解すると、前田利長らと結んで家康に叛こうとした」（意訳）とある。

　要するに、清正は「反三成」の急先鋒だが、かならずしも「家康派」とはいえない。むしろ「利長派」である。

　当時の**対立軸**は、東軍、西軍といったシンプルなものではない——。そういう視点に立てば、清正の行動も理解できる。

　在国中の清正は西軍参加の条件として、「畿内の大和への転封」を望むが、色好い返事がなかった。そのために肥後を動かず、関ヶ原の勝敗がわかると、隣の小西領国に攻め入った。この『藩翰譜』の記事を信用すべきだろう。

豊臣諸侯略伝⓫ 家康に大功があった福島左衛門

福島正則
● ふくしま　まさのり

DATA	生没年	1561（永禄4）～1624（寛永1）年
享年 64	通称 市松	号 高斎　官位 左衛門大夫、侍従
死因 病死	死没地 信濃・高井郡（配所）	

◆ 秀吉の縁戚にして股肱の猛将

　母が大政所（秀吉生母）の妹とされる。つまり正則は秀吉の従弟にあたり、秀吉の中国攻め（毛利攻め）のころから活躍を始める。

　賤ヶ岳の戦い（1583年）では、**七本槍**の筆頭として殊勲を挙げ、5000石を与えられる。他の者が3000石だから、完全に別格の扱いだ。

　以降、左衛門大夫に任官するとともに、大名に取り立てられ、北条征伐（1590年）、第1次朝鮮出兵（1592年）などに従軍する。

　その後、尾張・清洲20万石を与えられ、正則は羽柴清洲侍従と称された。

　1600年、上杉征伐のため、徳川家康が豊臣公儀軍（会津遠征軍）を率いて東下すると、正則も公儀軍に加わる。

　その隙を狙って石田三成らが上方蜂起を企み、家康の許に情報がもたらされる。家康は小山評定で、従軍中の豊臣系大名の意向を確認しようとする。

　そのとき、正則が口火を切った1人といわれる。

　「上方で軍が起こったのは、秀頼の仰せという風聞ですが、秀頼はわずか8歳。これはひとえに三成の計画で、天下を乱そうとするものです。皆の心はどうであれ、正則は関東（家康）の御方として、かの凶徒（三成）を誅罰する所存です」（意訳、『藩翰譜』）

　居合わせた大名は正則の意見に従い、家康は大いに喜んだという。

　小山から反転した豊臣系大名（東軍）は、東海道を上って正則の居城・清洲城に入る。この清洲城を拠点として、東軍は岐阜城（西軍）を攻め落とした。その先鋒が正則である。

　続いて関ヶ原当日（9月15日）、東軍の先鋒を務めた正則の活躍は大きく、「莫大な功」とされた。合戦後の論功行賞でも、**殊勲一等**として安芸・備後2か国50万石の太守となった。

　しかし、秀頼ゆかりの大名として、徳川幕府から警戒された正則は、大坂の陣（1614～15年）では江戸留守居を命じられる。その後、広島城を無断修築したと咎められ、減封処分・蟄居の身となった。

豊臣諸侯略伝 ⑫　三成を襲った黒田甲斐守

黒田長政
くろだ　ながまさ

DATA	生没年	1568（永禄11）～1623（元和9）年
享年 56	幼名 松寿	通称 吉兵衛
官位 甲斐守、筑前守	死因 病死	死没地 京都

◆ 家康へ奉公し続けた豊臣系大名

　黒田氏の発祥は近江・伊香郡黒田で、江北守護・京極氏の末流とされる。やがて子孫が播磨・邑久郡福岡に移り、守護代の小寺氏に仕えたという。これが、九州の福岡市の由来となる。

　小寺姓を許された職隆（のりたか）の子が**黒田官兵衛孝高**（よしたか）、後の如水である。

　孝高は「秀吉の軍師、懐刀」とされた人物で、実際は毛利氏との取次を務めた。島津征伐（1587年）の後、豊前・中津12万石を与えられた。

　その2年後、家督を嫡子・長政に譲ったものの、孝高自身も北条征伐や二度の朝鮮出兵に従軍している。熱心なキリシタンだった、という。

　さて、長政は秀吉の子飼いで、毛利攻めに続く賤ヶ岳の戦い（1583年）で戦功を挙げ、知行450石を獲得した。以来、父とともに多くの合戦に従軍し、1589年に家督を継いだ。そのとき、甲斐守に叙任している。

　22～23歳の長政と会った外国人巡察使ヴァリニャーノは、彼を非常に高く評価している。

　「きわめて優れた理解力と知識の持主で、その秀でた勇気と勤勉と相俟（あいま）って、日本で彼に優る者はごく僅かしかなく、したがって関白殿から気に入られ寵遇されていた」と。

　長政は、二度に及ぶ朝鮮出兵に参戦するが、そのときの行動を目付（軍監）から指摘されたりして、公儀内での訴訟にまで発展する。

　そのときの恨みが、長政ら七将を三成襲撃に狩り立てるのだが、以後は一貫して家康派であり、家康の娘婿になる。

　1600年の上杉征伐でも、家康が率いる豊臣公儀軍（会津遠征軍）に九州から参加する。そして、三成らの上方蜂起が起こると、豊臣系大名の中で、長政は率先して家康への奉公を申し出る。

　また小早川秀秋、吉川広家の**内応の窓口**にもなり、東軍勝利の原動力となった。そのため、論功行賞では「類いなき働き」として、筑前52万石（福岡城）を与えられた。

Ⅷ・人物略伝

豊臣公儀・関白　武家関白の仕組を創った天下人

豊臣秀吉
とよとみ　ひでよし

DATA	生没年	1536（天文5）〜1598（慶長3）年	享年	63
幼名	日吉丸	通称	木下（羽柴）藤吉郎	官位	筑前守、関白太政大臣	死因	病死	死没地	京都・伏見

◆ 組織・人事統制の天才

　尾張の出身で、実父は織田信秀（信長の父）の足軽・木下弥右衛門とされる。母（後の大政所）は、後に筑阿弥と再婚して、秀長を産んだという。

　この辺りの話は不明な点が多く、秀吉は「極貧で薪や柴を売って生計を立てていた」、また「木下」は妻・ねね（後の北政所）の実家の姓とされる。

　織田信長に仕えた秀吉が、史上に登場するのは、1565年に「木下藤吉郎秀吉」として。

　彼が出世の階段を上り始めたのは、1573年、旧浅井領を与えられて長浜城主になったころ。石田三成の仕官も、たぶんこの時期であろう。

　その後、羽柴秀吉は織田軍団の毛利攻めの総大将に就き、本能寺の変（1582年）が勃発すると、中国大返しを行い、山崎の戦いで明智光秀を討伐する。

　さらに秀吉は賤ヶ岳の戦い（1583年）で柴田勝家を滅ぼし、信長後継者レースのトップに躍り出る。

　以降の活躍は割愛するとして、秀吉の凄さは、室町幕府の武家身分に捉われず、朝廷官位を軸に独自の武家政権「豊臣公儀」を樹立した点にある。

　公家の頂点である関白（天皇の代理）には、藤原氏嫡流の五摂家しか就任できない——。だが、圧倒的な軍事力を背景に、秀吉は**豊臣**という本姓を天皇から賜り、公家の五摂家と並ぶ家格とする。

　言い換えれば、武家では唯一、豊臣氏が関白に就ける形に変えた。

　いわゆる**武家関白**の創始により、秀吉は「天皇の代理人」として東西一統を推進することができ、彼の後継者は関白に就任することで、諸大名の上に君臨できるようになった。なお、諸大名も朝廷官位で、すべて身分統制されている。

　だが、秀吉はなかなか実子に恵まれなかった。迎えた養子は、さまざまな事情で死んでいる。やっと嫡子・秀頼が誕生したのは、57歳のとき。

　秀吉は死ぬ間際まで、幼い秀頼の将来を五大老に頼み続けたが、秀頼が関白に就くことはなかった。

豊臣公儀・内大臣 ｜ 関ヶ原で勝利した内府

徳川家康
● とくがわ　いえやす

DATA	生没年	1542（天文11）～1616（元和2）年	享年	75
	幼名	竹千代	通称	松平二郎三郎	諱	松平元信、元康	官位	三河守、内大臣、征夷大将軍	死因	病死	死没地	駿河・駿府

◆ 幕府開設に至る戦いの道程

　家康は、三河の国人・松平広忠の嫡子として生まれた。幼いころは、駿河・遠江の守護である今川義元の人質となり、駿府で育った。

　14歳で元服し、諱は義元からの一字拝領で元信。妻に今川一門の娘・瀬名姫（築山殿、義元の姪）を娶る。

　よく「若き日の家康は苦労した」と書かれるが、実際には義元は厚遇したようだ。

　彼の転機となったのは、桶狭間の戦い（1560年）。義元の戦死とともに、三河で自立して、1562年には織田信長と同盟を結ぶ。

　1566年には徳川氏に改姓し、**徳川三河守源家康**を名乗る。

　そもそも三河は足利一族の発祥地であり、それへの対抗上、彼は新田一族の徳川氏の末裔と称する。三河守への就任は、分国支配の大義名分のため。家康の諱は、新田氏の先祖・源義家（八幡太郎）の「家」と、祖父・松平清康の「康」に由来する。

　以来、朝倉・浅井連合軍と戦った姉川の戦い（1570年）、武田信玄に敗れた三方ヶ原の戦い（1572年）、信長とともに武田勝頼を破った長篠の戦い（1575年）と続き、武田氏滅亡（1582年）に伴い、「駿河、遠江、三河、甲斐、南信濃」の5か国の太守となった。

　ところが信長が本能寺の変（1582年）で横死を遂げ、羽柴秀吉が台頭し始める。家康は北条氏と同盟を結び、その一方で小牧・長久手の戦い（1584年）で秀吉に対抗するが、やがて秀吉の妹を娶って臣従する。

　北条征伐（1590年）では、北条氏に与することなく、秀吉に味方したため、関東へ移封された。関八州で256万石という。

　その後、第2次奥州征伐（1591年）に従軍したが、第1次朝鮮出兵（1592年）のときは、肥前・名護屋での待機で終わる。

　秀吉の死後、上杉征伐（1600年）と関ヶ原の戦い（同年）が東西で起こるが、ともに勝利した家康は、1603年に将軍に就いて徳川幕府を開く。

参考文献

本書を執筆するにあたり、以下に掲げた文献を参考にさせていただきました。他にも数多くの文献のお世話になりました。ここに御礼申し上げます。

『石田三成』今井林太郎　吉川弘文館
『石田三成』桑田忠親　中央公論新社
『石田三成』小和田哲男　PHP研究所
『石田三成のすべて』安藤英男　新人物往来社
『真説　石田三成の生涯』白川亨　新人物往来社
『近江が生んだ知将　石田三成』太田浩司　サンライズ出版
『豊臣秀吉』山路愛山　岩波書店
『徳川家康』山路愛山　岩波書店
『徳川家康』山本七平　文藝春秋
『島津義弘の賭け』山本博文　中央公論新社
『真田氏三代』笹本正治　ミネルヴァ書房
『直江兼続伝』木村徳衛　慧文社
『豊臣時代史』田中義成　岩波書店
『武家と天皇』今谷明　岩波書店
『天下統一と朝鮮侵略』藤本久志　講談社
『日本の戦史　関ヶ原の役』旧参謀本部編纂　徳間書店
『関ヶ原合戦と大坂の陣』笠谷和比古　吉川弘文館
『関ヶ原前夜』光成準治　日本放送出版協会
『真説　関ヶ原』桐野作人　学習研究社
『天下人の一級史科』山本博文　柏書房
『日本史に出てくる官職と位階のことがわかる本』新人物往来社編
『フロイスの見た戦国日本』川崎桃太　中央公論新社
『藩翰譜』新井白石　人物往来社
『家康史料集』人物往来社
『看羊録』姜沆　平凡社
『会津陣物語』松田稔　勉誠出版
『常山紀談』湯浅常山　岩波文庫
『戦国人名事典コンパクト版』阿部猛・西村恵子編　新人物往来社
『戦国人名辞典』高柳高壽・松平忠一編　吉川弘文館
『戦国武将事典』吉田龍司・相川司・川口素生・清水昇　新紀元社

著者略歴
相川　司（あいかわ　つかさ）
歴史、ミステリ評論家。日本推理作家協会員。1951年、東京生まれ。1973年、早稲田大学政治経済学部卒業。

主な著作：『龍馬を殺したのは誰か』（河出書房新社）、『土方歳三　新選組を組織した男』（扶桑社）、『戦国・北条一族　関東制覇の栄光と挫折』『直江兼続　家康を挑発した智謀の将』『伊達政宗　野望に彩られた独眼龍の生涯』『上杉謙信　信長も畏怖した戦国最強の義将』『真田一族　家康が恐れた最強軍団』『新選組　知られざる隊士の真影』『掛けていい保険、いけない保険』（以上、新紀元社）

主な共著：『戦国武将事典』『柳生一族　将軍家指南役の野望』（以上新紀元社）、『新選組実録』（筑摩書房）、『やくざ映画とその時代』（斯波司名義　筑摩書房）、『J'SミステリーズKING&QUEEN』（荒地出版社）、など。他に分担執筆や文庫解説が多数ある。

Truth In History 21
石田三成
家康を驚愕させた西軍の組織者

2010年7月29日　初版発行

著　　　者	相川　司 (あいかわ　つかさ)	
編　　　集	株式会社新紀元社編集部 有限会社マイストリート	
発　行　者	大貫尚雄	
発　行　所	株式会社新紀元社 〒101-0054 東京都千代田区神田錦町3-19　楠本第3ビル4F TEL:03-3291-0961　FAX:03-3291-0963 http://www.shinkigensha.co.jp/ 郵便振替　00110-4-27618	
カバーイラスト 本文イラスト	諏訪原寛幸 福地貴子	
デザイン・DTP	株式会社明昌堂	
印刷・製本	株式会社リーブルテック	

ISBN978-4-7753-0831-8
定価はカバーに表示してあります。
Printed in Japan